Kohlhammer

Roland Stein, Hans-Walter Kranert (Hrsg.)

Aus der Schule in Beruf und Arbeit

Teilhabeperspektiven bei
sonderpädagogischem Förderbedarf

Verlag W. Kohlhammer

Dieses Werk einschließlich aller seiner Teile ist urheberrechtlich geschützt. Jede Verwendung außerhalb der engen Grenzen des Urheberrechts ist ohne Zustimmung des Verlags unzulässig und strafbar. Das gilt insbesondere für Vervielfältigungen, Übersetzungen, Mikroverfilmungen und für die Einspeicherung und Verarbeitung in elektronischen Systemen.

Die Wiedergabe von Warenbezeichnungen, Handelsnamen und sonstigen Kennzeichen in diesem Buch berechtigt nicht zu der Annahme, dass diese von jedermann frei benutzt werden dürfen. Vielmehr kann es sich auch dann um eingetragene Warenzeichen oder sonstige geschützte Kennzeichen handeln, wenn sie nicht eigens als solche gekennzeichnet sind.

Es konnten nicht alle Rechtsinhaber von Abbildungen ermittelt werden. Sollte dem Verlag gegenüber der Nachweis der Rechtsinhaberschaft geführt werden, wird das branchenübliche Honorar nachträglich gezahlt.

Dieses Werk enthält Hinweise/Links zu externen Websites Dritter, auf deren Inhalt der Verlag keinen Einfluss hat und die der Haftung der jeweiligen Seitenanbieter oder -betreiber unterliegen. Zum Zeitpunkt der Verlinkung wurden die externen Websites auf mögliche Rechtsverstöße überprüft und dabei keine Rechtsverletzung festgestellt. Ohne konkrete Hinweise auf eine solche Rechtsverletzung ist eine permanente inhaltliche Kontrolle der verlinkten Seiten nicht zumutbar. Sollten jedoch Rechtsverletzungen bekannt werden, werden die betroffenen externen Links soweit möglich unverzüglich entfernt.

1. Auflage 2025

Alle Rechte vorbehalten
© W. Kohlhammer GmbH, Stuttgart
Gesamtherstellung: W. Kohlhammer GmbH, Heßbrühlstr. 69, 70565 Stuttgart
produktsicherheit@kohlhammer.de

Print:
ISBN 978-3-17-042374-9

E-Book-Formate:
pdf: ISBN 978-3-17-042375-6
epub: ISBN 978-3-17-042376-3

Inhaltsverzeichnis

Aus der Schule in Beruf und Arbeit – zur Einführung 7
Roland Stein & Hans-Walter Kranert

Teilhabe als Weg und Ziel 15
Christian Walter-Klose

Teil 1: Theorie der Teilhabe an Beruf und Arbeit – Aspekte und Hintergründe

1 **Ethische Perspektiven** 29
   Michelle Becka

2 **Soziologische Perspektiven** 38
   Mario Schreiner

3 **Psychologische Perspektiven** 45
   Matthias Morfeld

4 **Berufs- und wirtschaftspädagogische Perspektiven** 56
   Ulrike Buchmann

5 **Sozialpädagogische Perspektiven** 66
   Ruth Enggruber

6 **Heil- und sonderpädagogische Perspektiven** 74
   Claudia Schellenberg

7 **Sozialrechtliche Perspektiven** 83
   Katja Nebe & Belinda Weiland

8 **Sozialpolitische Perspektiven** 97
   Harald Ebert

| 9 | Theorie der Teilhabe an Beruf und Arbeit – eine interdisziplinäre Perspektive .... | 107 |

Roland Stein

Teil 2: Praxis der Teilhabe an Beruf und Arbeit – Aspekte und Optionen bei Unterstützungsbedarfen

| 10 | Personen mit Auffälligkeiten im Erleben und Verhalten ..... | 113 |

Hans-Walter Kranert & Roland Stein

| 11 | Personen mit Lernbeeinträchtigungen .... | 123 |

Marc Thielen

| 12 | Personen mit sprachlich-kommunikativen Beeinträchtigungen .... | 131 |

Stephan Sallat & Anja Theisel

| 13 | Personen mit geistiger Behinderung .... | 141 |

Kristina Schmidt

| 14 | Personen mit Körperbehinderung .... | 151 |

Jessica Lilli Köpcke

| 15 | Personen mit Hörbeeinträchtigungen .... | 158 |

Annette Leonhardt

| 16 | Personen mit Sehbeeinträchtigungen .... | 168 |

Dino Capovilla & Andrea Sijp

| 17 | Personen im Autismus-Spektrum .... | 177 |

Christian Lindmeier & Carina Schipp

| 18 | Praxis der Teilhabe an Beruf und Arbeit – bestehende Chancen und weitere Bedarfe .... | 188 |

Hans-Walter Kranert

Perspektiven für einen chancengerechten Arbeitsmarkt – ein Fazit   193

Hans-Walter Kranert & Roland Stein

Verzeichnisse

Verzeichnis der Autorinnen und Autoren 199

Aus der Schule in Beruf und Arbeit – zur Einführung

Roland Stein & Hans-Walter Kranert

Das Tätig-Sein, ein aktives Leben ist Kennzeichen jeglichen menschlichen Daseins. Während in der Urzeit angesichts von Jagen und Sammeln noch kein genuines Verständnis von Arbeit vorhanden war, entwickelte sich mit der Antike eine dichotome Auffassung von geistiger versus körperlicher Arbeit, bei Geringschätzung der Letzteren. Erst in der zweiten Hälfte des 19. Jahrhunderts wandelte sich »die produktive …und auf Erwerb gerichtete Arbeit … zu einer gesellschaftlich positiv bewerteten Aktivität« (Jochum 2018, 117). Zugleich ist damit eine gesellschaftliche Idealvorstellung entstanden, in der die »marktvermittelte, berufliche Erwerbsarbeit … zur normativ ausgezeichneten Normallage« wurde (Kocka & Offe 2000, 11). Dies führt zu einer gesellschaftlichen Ungleichverteilung der Chancen auf Teilhabe an eben diesem bedeutsamen Lebensbereich. Dabei werden auch weitere Formen von Arbeit (vgl. Standing 2014; Fayard 2021) wie etwa bürgerschaftliches Engagement oder Haushaltsarbeit nicht als eben solche bewertet, obwohl auch sie wichtige psychosoziale Funktionen von Erwerbsarbeit erfüllen können (vgl. Jahoda 1983; Bähr, Batinic & Collischon 2022) sowie zugleich gesellschaftlich sehr bedeutsam sind. Stattdessen werden diese Beschäftigungsformen analog einer Arbeitslosigkeit als Nichterreichen einer gesellschaftlichen Normalvorstellung und damit als individueller Makel attribuiert. Zudem ist der Zugang zu Erwerbsarbeit nach wie vor überwiegend berufsförmig gesteuert (Sailmann 2018), d.h. die erfolgreiche Bewältigung einer beruflichen Bildungsphase mit anerkanntem Abschlusszertifikat ist Ausdruck erreichter Beruflichkeit (Seifried et al. 2019). Sind die Zugänge zu diesem Bildungssegment individuell erschwert oder gar verstellt, so gefährdet dies konsekutiv die Teilhabe am Erwerbsleben und damit am sozialen Miteinander (Weber & Weber 2013).

Konsequent ist daher die systematische Einbettung beruflicher Orientierung in allgemeinbildende Prozesse jeglicher Schulstufen, wenn auch in unterschiedlicher Intensität und Quantität (Barlovic, Ullrich & Wieland 2024). Der gelingende Übergang in eine Phase beruflicher Bildung nimmt bildungs- wie auch sozialpolitisch einen hohen Stellenwert ein, insbesondere auch für junge Menschen mit sonderpädagogischem Förderbedarf. Um Anschlüsse zu ermöglichen, ist mit den Systemen der Beruflichen Rehabilitation (Biermann 2008; 2015), insbesondere den Institutionen Berufsbildungs- und Berufsförderungswerke, sowie der Benachteiligtenförderung (Bojanowski et al. 2013; Niedermair 2017) und auch der Jugendberufshilfe (Enggruber & Fehlau 2018) in den zurückliegenden fünf Jahrzehnten eine sich zunehmend ausdifferenzierende Förderstruktur entstanden, die sich unter anderem auch der hier fokussierten Zielgruppe zuwendet. Über individualisierte, prolongierte, adaptive und/oder kompensatorische Lernprozesse werden Wege der beruflichen Befähigung gebahnt und unterstützt. Diese sind in der Regel zielgruppenorientiert ausgerichtet und umfassen zumindest teilweise separierende Lösungen, wenn auch meist nur auf Zeit (vgl. Rauch & Tophoven 2020). Ist eine Beruflichkeit im geforderten Maße nicht erreichbar und/oder ist der Zugang zum Erwerbsarbeitsmarkt anderweitig verwehrt, ist zumindest für einen Teil der jungen Menschen mit sonderpädagogischem Förderbedarf ein Sonderarbeitsmarkt in Form der Werkstätten für Menschen mit Behinderungen etabliert worden (Kranert, Hascher & Stein 2024). In der Diskussion um die Umsetzung der UN-Behindertenrechtskonvention und damit verbunden einer stärker inklusiv ausgerichteten Gesellschaft werden jedoch diese »traditionellen« Formate der Unterstützung und Begleitung hinterfragt. Alternative Formate wie Unterstützte Beschäftigung, Budget für Ausbildung und Budget für Arbeit treten stattdessen auf den Plan.

Dabei erhalten Fragen des gelingenden Übergangs zwischen Schule einerseits und dem Eintritt in berufliche Bildung und Arbeit andererseits einen besonderen Stellenwert (Engels, Deremetz, Schütz & Eibelshäuser 2023; Stein, Kranert & Hascher 2020): Welche Perspektiven beruflicher Teilhabe ergeben sich aktuell für Schülerinnen und Schüler mit sonderpädagogischem Förderbedarf nach Abschluss ihrer allgemeinbildenden Schulzeit? Was sind ihre biografischen Wege, vor allem hinsichtlich einer Beteiligung an Erwerbsarbeit? Welche Gemeinsamkeiten, aber auch Differenzen ergeben sich bei einer zielgruppenorientierten Betrachtung dieser Aspekte? Wie können gelingende Übergänge schulisch, aber auch durch außerschulische Maßnahmen vorbereitet und begleitet werden? Diesen und weiteren damit verbundenen Fragestellungen wendet sich der vorliegende Band zu. Er versucht dabei mitzuwirken, eine Lücke im sonderpädagogischen Diskurs ein Stück zu schließen: Sonderpädagogik als Wissenschaft wie auch als Bildungspraxis wendet sich – in nahezu allen Förderschwerpunkten – weitgehend singulär Fragen schulischer Bildung zu; die nachschulische Lebensphase hingegen wird kaum in den Blick genommen, obwohl hier Unterstützungsbedarfe persistieren, entstehen oder wieder verstärkt zu identifizieren sind – und obwohl diese Phase in der Regel biographisch deutlich umfassender sein wird als die vorangegangene Schulzeit. Zur Unterstützung des hiermit verbundenen und in diesem Buch beschriebenen und diskutierten, recht komplexen Teilhabeprozesses könnte die Sonderpädagogik durchaus einen konstruktiven Beitrag leisten und wird auch immer wieder hierzu aufgefordert (vgl. Bylinski 2021). Auch in historischer Perspektive finden sich zahlreiche Anknüpfungspunkte zum sonderpädagogischen Handeln im Hinblick auf Berufsbildung und Erwerbsarbeit (vgl. Kranert & Stein 2024). Aktuell zeichnen sich hier allerdings (noch) keine größeren »Horizonterweiterungen« ab.

Überblick über den Band

Unter dem Titel »Teilhabe als Weg und Ziel« unternimmt *Christian Walter-Klose* in einem einführenden Beitrag eine erste Annäherung an den für den Band zentralen

Begriff der Teilhabe. Dieser vereint für ihn drei Aspekte: das Einbezogensein, die Selbst- und Mitbestimmung und damit schließlich das selbstbestimmte Einbezogensein. Hinsichtlich der Entwicklung derartiger Teilhabeoptionen im Lebensbereich Beruf und Arbeit entwirft er im Folgenden ein »Passungsmodell zur Inklusion und Teilhabe am Arbeitsleben«, welches das ›Was‹ und das ›Wie‹ der Teilhabe systematisiert in den Blick nimmt.

Den interdisziplinären Diskurs zur *Theorie der Teilhabe* eröffnet *Michelle Becka* mit einem Blick auf ethische Perspektiven. Diese sehen in Fragen der Teilhabe vor allem eine Gerechtigkeitsforderung, die aus menschenrechtlichen Bezügen klar moralisch begründbar ist, vor allem aber politisch realisiert und rechtlich umgesetzt werden muss. Dies drückt sich in einer gegenseitigen Anerkennung der Menschen aus, und zwar auf intersubjektiver, rechtlicher wie auch auf fähigkeitsbasierter Ebene. Gerade letzterer Aspekt kann vor allem auch über eine Teilhabe an Beruf und Arbeit erreicht – oder eben auch vorenthalten werden.

In soziologischer Hinsicht skizziert *Mario Schreiner* Teilhabe als ein von der Mehrheit der Bevölkerung angestrebtes Lebensziel, da es eine grundlegende gesellschaftliche Zugehörigkeit zum Ausdruck bringt. Dabei wird Teilhabe als dynamischer Prozess wie auch Zustand interpretiert, der sich zwischen den Extrema eines ›Drinnen‹ und ›Draußen‹ in unterschiedlichen Konstellationen manifestieren kann. Dem Lebensbereich Erwerbsarbeit wird hierfür eine besonders hohe Bedeutung zugewiesen; Arbeit wird gar als »Schlüssel zur Inklusion« identifiziert.

Matthias Morfeld blickt im Anschluss vornehmlich aus psychologischer Perspektive auf Fragen der Teilhabe. Hierfür wird der Übergang Schule – Beruf in den Mittelpunkt des Diskurses gestellt, der gerade von Schüler*innen mit sonderpädagogischem Förderbedarf als besonders herausfordernd und zugleich als besonders belastend erlebt werden kann. Damit ist dies – im Einzelfall – ein spezifischer Wendepunkt der Lebensgeschichte dieser jungen Menschen. In einem solchen Zusammenhang ergeben sich in der Folge relevante Wechselwirkungen zwischen Schule, Berufsbildung und psychischer Gesundheit, welche spezifische diagnostische und therapeutische Prozesse induzieren können.

Die Reihe der pädagogischen Betrachtungen auf das Themenfeld eröffnet *Ulrike Buchmann* aus berufs- und wirtschaftspädagogischer Perspektive. Ausgehend von einer notwendigen Klärung des Kategorie Inklusion in der Fachdisziplin wird postuliert, eine neue Sichtweise auf junge Menschen, auf Bildungsgänge und -institutionen wie auch auf die zugrunde liegenden Wissensstrukturen einzunehmen, auch in transdisziplinärer Ausrichtung. Dies erfordert neben einer Organisations- und Personalentwicklung wie auch einer Netzwerkstruktur vor allem »überfälliges« professionelles Lehrkräftehandeln. Der sich darin abbildende »common ground« der Fachdisziplin ermöglicht erst die erforderliche Neuorientierung – im Sinne von Inklusion.

Wie sozialpädagogisches Handeln in Angeboten der Berufsbildung zu einem Mehr an Teilhabe führen kann, skizziert *Ruth Enggruber* mit ihrem Beitrag. Hierzu wird der capabilities-Ansatz als normative Grundlage sozialpädagogischer Arbeit herangezogen. Daraus ableitbar ist die Handlungsmaxime, dass junge Menschen das von ihnen gewünschte Leben selbstbestimmt und angemessen für sich realisieren sollen. Hierzu benötigen sie persönliche wie auch gesellschaftliche Möglichkeitsräume, hier etwa in der beruflichen Bildung, welche durch sozialpädagogisches Handeln eröffnet werden können – auf individueller wie auch auf struktureller Ebene.

Als Vertreterin einer »besonderen Pädagogik für Kinder und Jugendliche mit besonderen Problemen« blickt *Claudia Schellenberg* aus heil- und sonderpädagogischer Perspektive auf das Themenfeld. Auf Basis eines bereits realisierten, allgemeinbildenden Anspruchs werden auch entsprechend Zugänge und Unterstützungsmöglichkeiten im beruflichen Kontext für diese Zielgruppe postuliert. Welchen konkreten Beitrag diese pädagogische Teildisziplin zur Teilhabe an Beruf und Arbeit leisten könnte, wird mit Hilfe von vier Thesen skizziert. Für deren Umsetzung wäre allerdings eine stärkere Einbindung heil- und sonderpädagogischen Wissens in diesen Lebensbereich vonnöten, von dem zumal alle junge Menschen in diesem Bildungssegment profitieren dürften.

Den rechtlichen Rahmen zu Fragen der Teilhabe spannen *Katja Nebe* und *Belinda Weiland* in ihrem Beitrag auf. Dabei wird deutlich, dass der Einzelne mit dem Familienrecht, dem Sozialrecht, dem Ausbildungs- und Arbeitsrecht, dem Schulrecht wie auch dem Antidiskriminierungs- und Teilhaberecht in differenten rechtlichen Beziehungen steht, die jedoch eng miteinander verwoben sind. Aufgrund der unterschiedlichsten Rechtsträger erfordert dies eine koordinative Leistung, um alle Beteiligten in die selbstbestimmte Inanspruchnahme einzubinden. Hier ergeben sich trotz eines bestehenden Bundesteilhabegesetzes noch zahlreiche Barrieren.

Teilhabe als sozialpolitische Aufgabe umschreibt *Harald Ebert* mit dem Auftrag zur Befähigung und zur Suche nach Verwirklichungschancen für alle jungen Menschen. Bezogen auf den Lebensbereich Beruf und Arbeit wird hierfür berufliche Bildung als zentrales »Ticket« gesehen. Angesichts aktueller Entwicklungen wird allerdings die Frage aufgeworfen, ob trotz eines Bekenntnisses zur Menschenwürde und eines Rechts auf Teilhabe wirklich alle Menschen miteinbezogen – geschweige denn wirklich »gebraucht« – werden. Dem gilt es, über berufliche Bildungsangebote für alle, zugleich individualisiert und differenziert, entgegenzutreten – ein kompensatorischer Auftrag nicht nur für die Heil- und Sonderpädagogik.

Roland Stein fasst abschließend den interdisziplinären Diskurs um Teilhabe zusammen und zieht hieraus resümierende Konsequenzen für sonderpädagogische Theorieentwicklung wie auch Teilhabeforschung.

Einen Perspektivenwechsel auf die *Praxis der Teilhabe* mit dem Blick auf den Einstig in Berufsbildung und Erwerbsarbeit von jungen Menschen mit unterschiedlichen sonderpädagogischen Förderbedarfen eröffnen *Hans-Walter Kranert* und *Roland Stein*, indem sie Teilhabeoptionen von Menschen mit Auffälligkeiten im Verhalten und Erleben in den Blick nehmen. Hierzu werden vor allem Transitionsphasen – in Berufsbildung, aber auch in den Arbeitsmarkt – als individuell stark verunsichernde Momente charakterisiert. Anhand der wenigen existierenden Forschungsbefunde wird aufgezeigt, dass es biografisch zu mehrfachen und konsekutiven Selektionsprozessen bei dieser Personengruppe kommt, die zwar einerseits den Zugang zu Unterstützungsstrukturen eröffnen, aber andererseits nur in Teilen den Bedarfen gerecht werden. Ein langfristiger Dropout der Zielgruppe aus dem Teilhabefeld ist daher für eine nicht unerhebliche Teilgruppe zu befürchten.

Der in Bildungskontexten größten Gruppe der als behindert klassifizierten Personen – Menschen mit Lernbeeinträchtigungen – widmet sich der Beitrag von *Marc Thielen*. Ausgehend von einer Charakterisierung von Lernschwierigkeiten wird deutlich, dass Diskontinuität und Belastungen für die individuellen Biografien durchaus propädeutisch sind. So mündet etwa die überwiegende Zahl der Schulabgänger*innen zunächst ins Übergangssystem; aber auch der nachfolgende Zugang zu Ausbildung – auch in spezifischen Berufsbildern für Menschen mit Behinderungen – gelingt nicht der Gesamtkohorte. Im Kontext von Erwerbsarbeit existieren mittlerweile Lernformate, etwa für gering literalisierte Beschäftigte; der Zugang zu derartigen Angeboten ist aber noch nicht gelöst. Somit wären lebensbegleitende Unterstützungsangebote bedeutsam, um einerseits vorhandene Potenziale zu identifizieren und andererseits einer drohenden Verarmung entgegenzuwirken.

Für Menschen mit sprachlich-kommunikativen Beeinträchtigungen hingegen existieren im Anschluss an die allgemeinbildende Schule nur wenige institutionalisierte Bildungsangebote, wie *Stephan Sallat* und *Anja Theisel* konstatieren. Dabei stellen jedoch Beeinträchtigungen in diesem Bereich erhebliche Risiken für Berufliche Bildungsprozesse wie auch für die Teilhabe an anderen Lebensbereichen wie etwa dem Arbeitsleben dar. Die unzureichende Unterstützung im nachschulischen Kontext ist einerseits auf die geringe Verbreitung von schulischen Angeboten in der Sekundarstufe I zurückzuführen, andererseits aber auch auf den geringen Wissensstand in der Berufsbildung, etwa zum Zusammenhang von Beeinträchtigungen in der Sprache und in Lernprozessen. So sind Sprachverarbeitungsproblematiken deutlich mit spezifischen Anforderungen in der Ausbildung wie Gesprächsführung, Lesen oder Schreiben verbunden. Hier bedarf es einer stärkeren Beachtung dieses Zusammenhangs, insbesondere auch vor dem Hintergrund einer wachsenden Gruppe von jungen Menschen, die Deutsch nicht als Erstsprache verwenden. Dies würde die Teilhabeoptionen in Beruf und Arbeit insgesamt erweitern.

Kristina Schmidt hält in ihrem Beitrag über die Teilhabe von Menschen mit geistiger Behinderung fest, dass zwar in allen Schulformen eine Vorbereitung auf das Berufsleben erfolgt, strukturell bedingte Benachteiligungen aber den Einstieg erheblich erschweren. Somit ist bundesweit nach wie vor ein »Automatismus« für den Übergang in Werkstätten für behinderte Menschen festzustellen, obwohl etwa mit dem Budget für Ausbildung bzw. Arbeit oder aber auch der Unterstützten Beschäftigung durchaus alternative Bildung- und Arbeitswege beschritten werden könnten. Zur Veränderung der gegenwärtigen Teilhabesituation bedarf es neben eines umfassenderen Aufklärungsprozesses der Zielgruppe auch einer individualisierten und partizipativeren Berufswegeplanung, wie diese etwa im Teilhabeplanverfahren bereits strukturell vorgesehen ist.

Für Fragen der Teilhabe von Menschen mit Körperbehinderungen ist die große Varianz in der Leistungsfähigkeit und in den beruflichen Eignungen innerhalb dieser Gruppe zur berücksichtigen, so *Jessica Lilli Köpcke* in ihrem Beitrag. Dabei gelten berufliche Bildung wie auch das Arbeitsleben als »Brennpunkte« der Rehabilitation dieser Personen. Auch hier spielen Werkstätten für Menschen mit Behinderungen eine bedeutsame Rolle, welche allerdings zugleich von den Einzelnen zum Teil als Barriere wahrgenommen werden, auf dem allgemeinen Arbeitsmarkt tätig zu werden. Gerade aber assistive Technologien bieten für die Teilhabe am

Erwerbsleben vielfältige Chancen; zugleich ist die Verwehrung von erforderlichen Arbeitsplatzanpassungen nach wie vor die häufigste Form der Diskriminierung in diesem Lebensbereich. Dass dies auch unabhängig vom erreichten Berufsabschluss ist, belegt die Situation von Akademiker*innen mit Behinderung am Arbeitsmarkt. Als zentrale Lösungsansätze werden auch hier eine Intensivierung von Beratungsangeboten für alle Beteiligten eingefordert und zugleich ein breites Verständnis von Arbeit – jenseits der Lohnarbeit – zugrunde gelegt, um eine Teilhabe aller tatsächlich realisieren zu können.

Wird demgegenüber die Personengruppe mit Hörbeeinträchtigungen in den Blick genommen, ist grundlegend von einer »besonders guten beruflichen Ausgangsqualifikation« auszugehen, die zudem häufiger in allgemeinen beruflichen Bildungskontexten erworben wird. Dennoch identifiziert *Annette Leonhardt* in ihrem Beitrag Barrieren bei der Teilhabe am Arbeitsleben für diese Personengruppe. Dies betrifft insbesondere die Gestaltung und Beteiligung an Kommunikationsprozessen, aber auch die eventuell daraus resultierende fachliche Unterforderung seitens der Vorgesetzten. Die »Unsichtbarkeit« einer Hörbeeinträchtigung kann diese Herausforderungen nochmals verstärken. Für Menschen, die erst im Erwachsenenalter eine Hörbeeinträchtigung erworben haben, ist vor allem das psychosoziale Belastungserleben zentral. Neben einer intensivierten Aufklärung über Formen der Hörbeeinträchtigung und dem Gewähren von unterstützenden Hilfen sind zukünftig vor allem zusätzliche Weiterbildungsmöglichkeiten zu schaffen, um auch berufliche Aufstiege zu ermöglichen.

Über eine historische Retrospektive in die Anfänge von Blindenanstalten zeigen *Dino Capovilla* und *Andrea Sijp* auf, dass mit Blindenwerkstätten und behinderungsspezifischen Berufskreationen den Bedarfen von Menschen mit Sehbeeinträchtigungen zu entsprechen versucht wurde. Als Konsequenz entwickelte sich hieraus ein lebensumspannendes Fürsorgesystem für die Personengruppe. Aktuell existieren nach wie vor Spezialeinrichtungen, die Menschen mit Sehbeeinträchtigungen über ein angepasstes Ausbildungsangebot zur Erwerbsarbeit hinführen, aber auch stärker inklusiv ausgerichtete Systeme. Dem Mentoringprozess über peer-counseling wird hierfür eine besondere Bedeutung beigemessen. Auch mittels Inanspruchnahme von Arbeitsassistenz eröffnen sich Wege der Teilhabe am Arbeitsleben. Ein stärker inklusiv ausgerichteter Weg in die Arbeitswelt – etwa über innerbetriebliche Unterstützte Beschäftigung – wäre jedoch für mehr individuelle Teilhabeoptionen förderlich. Die mit dieser Beeinträchtigungsform verbundenen Inkompetenzerwartungen seitens Dritter könnten somit auch abgebaut bzw. ihnen präventiv begegnet werden.

Abweichend von der bisherigen Gliederungssystematik des Bandes – sonderpädagogischer Förderbedarf – greifen *Christian Lindmeier* und *Carina Schipp* zur Vervollständigung des thematischen Reigens in ihrem Beitrag die Situation von Menschen im Autismus-Spektrum auf. Für entsprechende Unterstützungsleistungen ist zwar eine psychiatrische Diagnose erforderlich, jedoch werden in dem Beitrag die »autistischen Besonderheiten« als Ausdruck von Neurodiversität verstanden und entsprechend skizziert. Der Übergang aus der Schule in den Beruf ist für diese Personengruppe nicht selten durch »Umwege« gekennzeichnet; die sich anschließenden beruflichen Bildungsmöglichkeiten sind vielfältig und reichen vom Hochschulstudium über Berufsausbildung bis hin zu Bildungsangeboten in Werkstätten für Menschen mit Behinderungen – zum Teil über autismusspezifische Unterstützungsleistungen. Dabei ist hier oft nicht die fachliche Aneignung von beruflichen Inhalten das erschwerende Moment, sondern vor allem das Verstehen und Gestalten von sozialen Prozessen. Trotz zahlreicher und vielfältiger Unterstützungsangebote ist die Beschäftigungssituation schlussendlich oft als prekär zu charakterisieren – trotz formaler Qualifikation. Über Formen der Teilhabeberatung wie auch die Ausbringung von Teilhabeleistungen als persönliches Budget könnten jedoch auch hier Veränderungen induziert werden.

Das entstandene Bild der Praxis der Teilhabe bei verschiedenen Unterstützungsbedarfen wird schließlich von *Hans-Walter Kranert* im Überblick reflektiert; Schlussfolgerungen für das sonderpädagogisches Handeln im Lebensbereich Beruf und Arbeit werden gezogen.

Welche Perspektiven sich aus den einzelnen Beiträgen für einen chancengerechten Erwerbsarbeitsmarkt ergeben könnten, diskutieren abschließend *Roland Stein* und *Hans-Walter Kranert*. Dabei werden insbesondere eine berufliche Bildung für alle, ein erweitertes Arbeitsverständnis (work & labour) sowie auch eine breite Anerkennung individueller Leistungen jenseits einer Verwertungslogik eingefordert.

Literatur

Bähr, S., Batinic, B. & Collischon M. (2022): Heterogeneities in the latent functions of employment: New findings from a large-scale German survey. Front. Psychol. 13:909558. doi: 10.3389/fpsyg.2022.909558

Barlovic, I., Ullrich, D. & Wieland, C. (2024): Ausbildungsperspektiven 2024. Gütersloh: Bertelsmann Stiftung.

Biermann, H. (2008): Pädagogik der beruflichen Rehabilitation. Stuttgart: Kohlhammer.

Biermann, H. (2015) (Hrsg.): Inklusion im Beruf. Stuttgart: Kohlhammer.

Bojanowski, A. et al. (2013) (Hrsg.): Einführung in die Berufliche Förderpädagogik. Münster: Waxmann.

Bylinski, U. (2021): Berufliche Bildung für Menschen mit Beeinträchtigungen im Spannungsfeld von Ausgrenzung und Teilhabe. In: L. Bellmann et al. (Hrsg.), Schlüsselthemen der beruflichen Bildung in Deutschland (S. 93–110). Leverkusen: Barbara Budrich.

Engels, D., Deremetz, A., Schütz, H. & Eibelshäuser, S. (2023): Studie zu einem transparenten, nachhaltigen und zukunftsfähigen Entgeltsystem für Menschen mit Behinderungen in Werkstätten für behinderte Menschen und deren Perspektiven auf dem allgemeinen Arbeitsmarkt. Abschlussbericht. Im Auftrag des Bundesministeriums für Arbeit und Soziales. Im Internet unter: https://www.bmas.de/SharedDocs/Downloads/DE/Publikationen/Forschungsberichte/f626-entgeltsystem-wfbm.pdf?__blob=publicationFile&v=3. Abruf vom 18.06.2024.

Enggruber, R. & Fehlau, M. (Hrsg.) (2018): Jugendberufshilfe. Eine Einführung. Stuttgart: Kohlhammer.

Fayard, A. L. (2021): Notes on the meaning of work: Labor, work, and action in the 21st century. Journal of Management Inquiry, 30(2), 207–220.

Jahoda, M. (1983): Wieviel Arbeit braucht der Mensch? Weinheim: Beltz.

Jochum, G. (2018): Zur historischen Entwicklung des Verständnisses von Arbeit. In: F. Böhle, G. Voß & G. Wachtler (Hrsg.), Handbuch Arbeitssoziologie. Band 1: Arbeit, Strukturen und Prozesse (S. 85–142). Wiesbaden: Springer.

Kocka, J. & Offe, C. (2000): Einleitung. In J. Kocka & C. Offe (Hrsg.), Geschichte und Zukunft der Arbeit (S. 19–22). Frankfurt/M.: Campus.

Kranert, H.-W. & Stein, R. (2024): Berufsbildungswerke als Orte der beruflichen Rehabilitation – historische Einordnung und aktuelle Konstitution. In: M. Weiser & M. Holler (Hrsg.), Berufsbildungswerke (S. 20–45). Weinheim: Beltz Juventa.

Kranert, H.-W., Hascher, P. & Stein, R. (2024). PlaUsiBel lehren und lernen. Ein didaktischer Ansatz zur beruflichen Teilhabe. Bielefeld: wbv.

Niedermair, G. (Hrsg.) (2017): Berufliche Benachteiligtenförderung: theoretische Einsichten, empirische Befunde und aktuelle Maßnahmen. Linz: Trauner.

Rauch & S. Tophoven (Hrsg.) (2020): Integration in den Arbeitsmarkt: Teilhabe von Menschen mit Förder- und Unterstützungsbedarf. Stuttgart: Kohlhammer.

Sailmann, G. (2018): Der Beruf. Eine Begriffsgeschichte. Bielefeld: transcript.

Seifried, J., Beck, K., Ertelt, B.-J. & Frey, A. (Hrsg.) (2019): Beruf, Beruflichkeit, Employability. Bielefeld: wbv.

Standing, G. (2014): Understanding the precariat through labour and work. Development and change, 45(5), 963–980.

Stein, R., Kranert, H.-W. & Hascher, P. (2020): Gelingende Übergänge in den Beruf. Bielefeld: wbv.

Weber, B., & Weber, E. (2013): Bildung ist der beste Schutz vor Arbeitslosigkeit (IAB-Kurzbericht Nr. 4/2013). Nürnberg: IAB.

Teilhabe als Weg und Ziel

Christian Walter-Klose

Zugegeben – der Begriff der Teilhabe klingt im ersten Moment für Menschen, die sich neu im Kontext Behinderung bewegen, fremd, ungewöhnlich und ein wenig altertümlich. Und doch beschreibt er in einfacher Weise das Paradigma, das in den letzten Jahrzehnten der Weg und das Ziel des Engagements für Menschen mit Beeinträchtigungen geworden ist: Menschen mit Behinderung sollen gleichwertig wie ihre Mitmenschen am Leben in der Gesellschaft teilhaben. Teilhabe bedeutet dabei mehr als nur dabei zu sein. Sie beinhaltet die Möglichkeiten, mitzubestimmen und Einfluss auf die Gestaltung der eigenen Lebenssituation zu haben (z. B. DHG 2021, 16 ff.).

Teilhabe hat in diesem Verständnis mit sozialer Gerechtigkeit und gleichwertigen Lebensbedingungen für alle Menschen zu tun – ein Bemühen, das sich auch in den Diskursen um Empowerment, Selbstbestimmung und Inklusion abbildet (z. B. Lindmeier & Meyer 2020). Es geht um die Beziehung von Individuum und Umwelt, die Stärkung des Einzelnen mit Blick auf Selbstbestimmung und persönlicher Entscheidungskompetenz sowie den Abbau von Teilhabebarrieren. Bartelheimer (2007, 4) stellt in diesem Zusammenhang heraus, dass der Teilhabebegriff »in den letzten Jahren zu einem Leitkonzept der wissenschaftlichen und politischen Verständigung über die Zukunft des deutschen Sozialmodells aufzusteigen [beginnt]. Er markiert die Schwelle, deren Unterschreiten öffentliches Handeln und soziale Sicherungsleistungen auslösen soll«.

Trotz dieser Bedeutung ist festzustellen, dass mit dem Teilhabebegriff im fachlichen Diskurs Unklarheiten verbunden sind, so dass es schwer ist, Aussagen, ob und in welchem Ausmaß Teilhabe vorliegt, zu treffen. Diese Herausforderungen sollen im Folgenden skizziert und Lösungsmöglichkeiten im Kontext Arbeit aufgezeigt werden.

1   Annäherungen an den Teilhabebegriff

Die Beschäftigung mit der Teilhabe von Menschen berührt vielfältige Handlungsfelder aus den Bereichen der Selbsthilfe, des Sozial- und Menschenrechts, der Rehabilitation und Gesundheitswissenschaft sowie der Pädagogik und Psychologie. Diese einerseits positive Tatsache – zeigt sie doch die Relevanz des Themas – bedingt andererseits Differenzen und Unschärfen in der Begriffsverwendung. So kommen

Bartelheimer und Kolleg*innen (2020) nach der Analyse des Teilhabeverständnisses in den Handlungsfeldern der Rehabilitation und Behindertenhilfe, der Kinder- und Jugendhilfe und Sozialhilfe zu dem Schluss:

> »Die gemeinsame Bezugnahme auf Teilhabeziele schlägt bisher noch keine Brücke zwischen den Handlungsfeldern. Wo ein ›Mindestmaß‹ an Teilhabe beginnt und wo ›volle‹ Teilhabe erreicht ist, wird entweder unterschiedlich bestimmt oder ein konkreter Maßstab fehlt noch ganz« (Bartelheimer et al. 2020, 15 f.).

Versucht man sich in einem ersten Schritt dem Begriff Teilhabe zu nähern, lohnt ein Bezug zur Internationalen Klassifikation der Funktionsfähigkeit, Behinderung und Gesundheit (ICF) der Weltgesundheitsorganisation (DIMDI 2005) – ein Klassifikationssystem, für das ein biopsychosoziales Modell zur Beschreibung von Krankheitsfolgen oder Folgen von Gesundheitsprobleme entwickelt wurde (▶ Abb. 1). Dieses Modell dient dem Ziel, Auswirkungen eines Gesundheitsproblems, einer Entwicklungsstörung oder einer Krankheit auf die Funktionsfähigkeit eines Menschen zu beschreiben und in der Folge rehabilitative Maßnahmen auszurichten. Einschränkungen der Funktionsfähigkeit des Menschen lassen sich mit der ICF im Bereich körperlicher und psychischer Funktionen sowie Schädigungen abbilden, die bei einem Menschen vor dem Hintergrund seines Lebenskontextes zu Beeinträchtigungen im Bereich Aktivität und Partizipation führen können. Partizipation – sie wurde im Rahmen der Übersetzung mit dem deutschen Begriff Teilhabe gleichgesetzt – kann in diesem Modell in neun verschiedenen Lebensbereichen unterschieden werden. Sie differenziert in die Kategorien Lernen und Wissensanwendung, allgemeine Aufgaben und Anforderungen, Kommunikation, Mobilität, Selbstversorgung, häusliches Leben, interpersonelle Interaktionen und Beziehungen, bedeutende Lebensbereiche sowie Gemeinschafts-, soziales und staatsbürgerliches Leben.

Im Rahmen der ICF wird Teilhabe mit dem »Einbezogensein in eine Lebenssituation« (DIMDI 2005, 19) beschrieben, wobei das Ausmaß des Einbezogenseins in Bezug zur Norm gleichalter Personen eingeschätzt werden kann und stets Aspekte von Mitwirkung und Mitbestimmung umfasst (vgl. Schuntermann 2022). Pretis geht hier einen Schritt weiter, indem er den Altersnormbezug erweitert und personbezogene Perspektiven stärkt. Für ihn zielt »Teilhabe auf all das [ab] […], was eine Referenzgruppe oder Altersgruppe in der aktiven Auseinandersetzung mit sozialen Anforderungen tun kann oder tun sollte, um sich als mitgestaltendes Mitglied dieser Gruppe oder Gesellschaft zu erleben« (Pretis 2022, 8). Teilhabe umfasst nach Pretis Aspekte des sich zugehörig Fühlens, des gemeinsamen Erlebens, der Beteiligung am Diskurs und des aktiven Beitragens, wobei das Ausmaß neben gesellschaftlichen Normen oder alterstypischen Verhaltensweisen auch durch personale Faktoren wie z. B. Alter, Interessen und Kompetenzen beeinflusst wird.

Es wird deutlich: Der anfangs relativ klar erscheinende Begriff der Teilhabe beinhaltet in dieser Logik die Herausforderung der Referenzierung, wobei personbezogene, altersbezogene, regionale und gesellschaftliche Normen und Vorstellungen, welches Maß an Teilhabe angemessen sei, divergieren können (vgl. Bartelheimer 2007, 8). Es stellt sich die Frage, wie individuumsbezogene Perspektiven und Wünsche gegenüber gesellschaftlichen und (sozial-)politischen Normen gewichtet

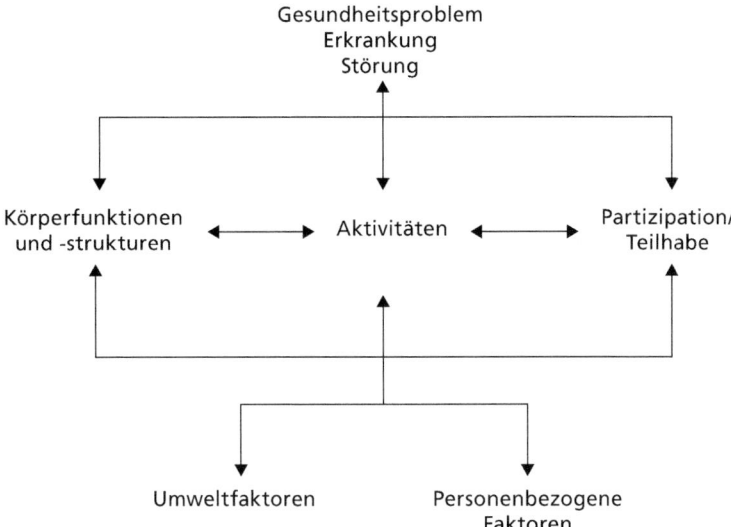

Abb. 1: Das biopsychosoziale Modell der ICF (DIMDI 2005, 23)

werden. Dieses Spannungsfeld löst die ICF nicht – bildet es aber ab, indem neben dem Einbezogensein der Aspekt der Selbst- und Mitbestimmung herausgestellt wird und personbezogene Wünsche und Perspektiven in die Bewertung der Funktionsfähigkeit mit einbezogen werden.

Ein weiterer bedeutsamer Einfluss auf das Verständnis von Teilhabe ergibt sich aus den Bemühungen um Selbst- und Mitbestimmung im Rahmen der Heil- und Sonderpädagogik (vgl. Dederich 2016), der Gesundheitswissenschaften (z. B. Hartung 2012) sowie aus dem Bereich der Kinder- und Jugendhilfe seit den 1990er Jahren (Hart 1992; Gernert 1993). In diesen Ansätzen wird Partizipation eng im Zusammenhang mit Mitwirkungsrechten als »Entscheidungsteilhabe« (ebd., 58) verstanden. Mit Blick auf das Ausmaß an Selbst- und Mitbestimmung formulierten Wright, Unger und Block (2010) in diesem Zusammenhang ein Stufenmodell der Partizipation (▶ Abb. 2). Für sie liegt Partizipation dann vor, wenn Menschen das Recht und die Möglichkeit haben, über Inhalte und Gestaltung des Lebensbereiches und der dort durchzuführenden Aktivitäten mitzubestimmen (Stufe 6) oder teilweise (Stufe 7) bzw. vollständig (Stufe 8) selbst zu bestimmen. Eine reine Einbeziehung in einen Lebensbereich (ohne damit verbundenes Selbst- und Mitbestimmungsrecht) wäre in diesem Sinne eine Vorstufe der Partizipation (Stufe 5) ebenso wie Anhörungen oder eine zielgruppenangepasste Kommunikation. Das Instrumentalisieren von Menschen und ihnen vorzuschreiben, wie sie sich zu verhalten haben, erreicht weder den Status der Einbeziehung noch der Partizipation.

Im Rahmen dieser Logik betont der Partizipationsbegriff die Mitbestimmungsmöglichkeiten, die über eine reine Einbeziehung hinausgehen, so dass diese Schwerpunktsetzung eine andere Konnotation bekommt als die mit dem Teilhabebegriff verbundenen, nicht hierarchisierten Komponenten Einbeziehung und

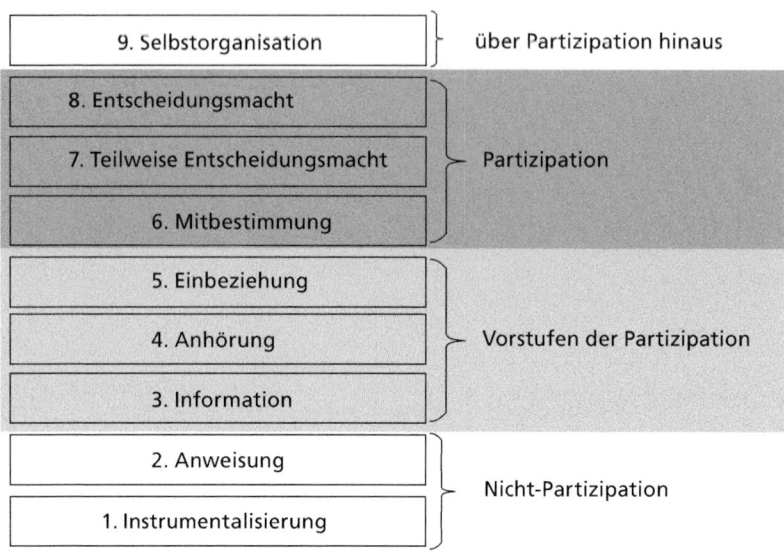

Abb. 2: Stufen der Partizipation von Wright, Unger und Block (2010) (eigene Darstellung)

Selbstbestimmung. Bei einer Gleichsetzung von Partizipation und Teilhabe geht diese Trennschärfe verloren.

Zusammengenommen lässt sich an feststellen, dass der Teilhabebegriff drei Dimensionen vereint: Neben dem Fokus auf das »Einbezogensein in einen Lebensbereich«, welches normativ mit Blick auf eine Referenzgruppe oder subjektiv mit Blick auf eigene Vorstellungen oder Bedarfe bewertet werden kann, ist Teilhabe durch die Möglichkeit der Selbst- und Mitbestimmung gekennzeichnet. Eine dritte Dimension des Teilhabekonzepts kann durch die Konsequenz des selbstbestimmten Einbezogenseins beschrieben werden: Ein »ungehindertes Handeln und aktiv sein können« ist im Rahmen normativer Vorstellungen und individueller Bedarfe möglich.

2 Teilhabebarrieren und Teilhabepotenziale im Arbeitsleben

Die Teilhabe ist für den Menschen in allen Lebensbereichen von großer Bedeutung. Sie ist Quelle von Gesundheit und Wohlbefinden (z. B. Tielking 2019) und Grundlage für persönliches Wachstum. Dies gilt insbesondere im Arbeitsleben: Neben Einkommen und sozialer Absicherung trägt die Teilhabe am Arbeitsleben zu sozialen Kontakten bei, sorgt für Strukturierung des Tages und ermöglicht persönliche Entwicklung über Erfahrungen sozialer Zugehörigkeit und Anerkennung (vgl. Wansing 2012, 385).

Gleichzeitig zeigen Inklusionsquoten in der Praxis, dass weder im Bereich der beruflichen Bildung (Euler & Severing 2014; Zoyke & Vollmer 2016) noch im Bereich der Arbeit (BMAS 2021) Bedingungen bestehen, in denen eine uneingeschränkte Teilhabe im Sinne von altersgemäßem Einbezogensein und Selbstbestimmung möglich ist. Euler und Severing (2014) fordern vor diesem Hintergrund, Separationen und Sondersysteme der beruflichen Bildung zu reduzieren und mehr inklusive Bildungssysteme zu schaffen.

Ähnlich stellt sich die Situation im Arbeitsleben dar. Im dritten Teilhabebericht der Bundesregierung (BMAS 2021) wird – analog zum vorhergehenden Bericht (BMAS 2017) – dokumentiert, dass der allgemeine Arbeitsmarkt noch immer für Menschen mit Schwerbehinderung schwer zugänglich ist, die Erwerbsbeteiligung verglichen mit der Bevölkerung ohne Beeinträchtigung reduziert und die Arbeitslosigkeit von Menschen mit Schwerbehinderung erhöht ist – und das, obwohl vielfältige finanzielle und rechtliche Rahmenbedingungen ihre Teilhabe am Arbeitsleben fördern (BfA 2022). Hierfür werden neben strukturellen Merkmalen des Arbeitsmarktes betriebsbezogene Unternehmensstrukturen und sozialpsychologische Determinanten wie Vorurteile verantwortlich gemacht (z. B. Kardorff & Ohlbrecht 2013).

Besonders Werkstätten für Menschen mit Behinderung (WfbM) als »Sonderarbeitswelten« stehen in den letzten Jahren in der Kritik, wobei Fragen der Entlohnung und der mangelnden Vermittlungsleistung auf den allgemeinen Arbeitsmarkt besonders in den Vordergrund rücken (Schreiner 2019). Spricht man mit den Beschäftigten in der Werkstatt, wie Schreiner (2017) darstellt, zeigt sich, dass die Arbeit seitens der Beschäftigten in positiver Hinsicht als wertvoll, sinn- und strukturgebend erlebt wird. Negativ dagegen wird das Gefühl der Nichtzugehörigkeit zu der Gruppe der »Erwerbstätigen« gesehen, so dass subjektiv ein Mangel an Anerkennung und Wertschätzung außerhalb der Werkstatt erlebt wird. Auch kritisieren Beschäftigte der WfbM, keine Wahl und Alternative zur WfbM gehabt zu haben, so dass im oben skizzierten Verständnis für diese Personen nicht von Teilhabe gesprochen werden kann. Dies bedeutet nicht, dass eine WfbM nicht auch zur Teilhabe am Arbeitsleben beitragen kann (Trenk-Hinterberger 2015), jedoch erscheint eine Stärkung von Wahlmöglichkeiten für Menschen mit Behinderung – auch durch die Schaffung von inklusiven Angeboten – ebenso notwendig wie die (schulische) Förderung von Selbstbestimmungskompetenzen.

3 Handlungsmöglichkeiten zur Verbesserung der Teilhabe

Ein zentrales Modell zum Verständnis des Zusammenspiels individueller und umweltbezogener Bedingungen zur Ermöglichung von Teilhabe entwickelten Bartelheimer (2007) und Kolleg*innen (Bartelheimer et al. 2020) in den letzten Jahren. Das Modell orientiert sich am Capability Approach von Sen (2000). Es soll dazu beitragen, das »›Was‹ und das ›Wie‹ der Teilhabe« näher zu bestimmen (Bartelheimer et al. 2020, 19f). In diesem Modell ist das Vorhandensein von materiellen Ressourcen, die Personen für persönliche Ziele in einem Lebensbereich einsetzen können, eine Voraussetzung für Teilhabe. Dabei ergibt sich das Ausmaß an erforderlichen Ressourcen aus der Interaktion von personbezogenen Voraussetzungen (z. B. körperliche Funktionen, Kompetenzen, Präferenzen, Werten, Bildungsstand) mit gesellschaftlichen Bedingungen wie sozialrechtlichen Regelungen, zur Verfügung stehenden Infrastrukturen oder baulich-räumlichen Bedingungen. So besteht laut Bartelheimer et al. (2020, 32) häufig die Notwendigkeit, dass eine »Person mit gesundheitlichen Einschränkungen in einer durch Barrieren geprägten Umgebung für vergleichbare Teilhabeoptionen mehr Ressourcen einsetzen […] [muss] als eine Person ohne Funktionsbeeinträchtigung«.

Für Bartelheimer ergibt sich aus der Passung von individuellen mit den gesellschaftlichen Bedingungen ein Handlungs- und Entscheidungsspielraum unterschiedlicher Größe, in dem eine Person die Möglichkeit zu Selbstbestimmung hat (▶ Abb. 3). Nach diesem Modell beeinflusst die Gesellschaft die Teilhabe: über Gesetze, Normen und Regelungen, die Gestaltung der physikalischen und sozialen Umwelt sowie über Bildungsmöglichkeiten und Bildungsziele, während das Individuum, je nach eigenen Zielen, Bedürfnissen, Kompetenzen sowie erlebten gesellschaftlichen Erwartungen, die Selbstbestimmungsmöglichkeiten nutzt.

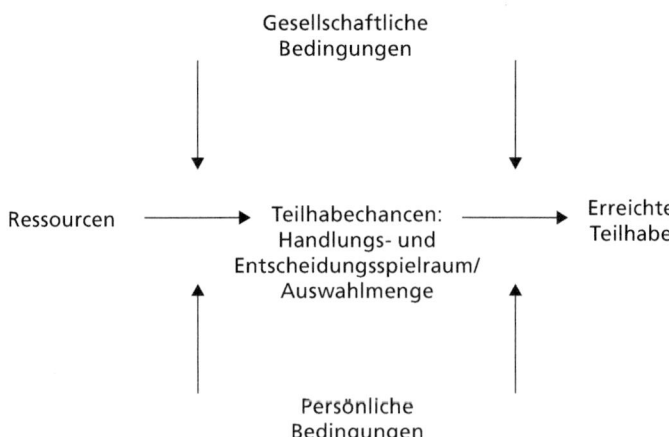

Abb. 3: Das Grundmodell der Entstehung von Teilhabe von Bartelheimer et al. (2020, 32)

Neben der Gestaltung und Reflexion gesellschaftlicher und umweltbezogener Rahmenbedingungen können in diesem Modell auch Ansätze des Empowerments (z. B. Theunissen 2022) sowie die Bedeutung schulischer Bildung bei der Entwicklung erforderlicher personaler Handlungs- und Entscheidungskompetenzen eingeordnet werden.

Ein weiterer Ansatz, der umweltbezogene Determinanten von Teilhabe einbezieht, ist im Inklusionskonzept zu sehen – wobei Inklusion neben Teilhabe auch auf Anerkennung, Antidiskriminierung und Bildungsgerechtigkeit zielt, wie Moser (2017) für den schulischen Kontext benennt. Boger (2019) stellt vor allem die Dimensionen Normalisierung, Empowerment sowie die Dekonstruktion ungleichheitsreproduzierender Machtstrukturen heraus, die in Theorien zur Inklusion angesprochen werden. Teilhabe verbindet für Boger das Bemühen um Normalisierung und Empowerment.

Der Inklusionsbegriff wird ähnlich wie der Teilhabebegriff höchst heterogen verwendet. So werden mit ihm einerseits soziale Situationen, die Menschen »inkludieren«, »einbeziehen« oder »exkludieren« (z. B. Felder 2017), bezeichnet oder andererseits Prozesse der Adaption verstanden, die oben genannte Ziele von Inklusion möglich machen (vgl. Biewer 2017, 128 ff.). Wansing definiert Inklusion in diesem Sinne als »ein universell gültiges Prinzip mit dem Ziel, allen Menschen auf der Basis gleicher Rechte ein selbstbestimmtes Leben und die Teilhabe an allen Aspekten des gesellschaftlichen Lebens zu ermöglichen« (Wansing 2015, 53). Ähnlich definiert Walter-Klose (2022) Inklusion als einen menschenrechtlich begründeten »Prozess der Anpassung und Ausrichtung eines Angebots, einer Institution oder eines Lebensbereiches im Hinblick auf ein visionäres Ziel, nach dem alle Menschen in ihrer Unterschiedlichkeit jederzeit vollkommen gleichberechtigt und gleichwertig behandelt werden, so dass sie ihr Leben weitestgehend selbstbestimmt in der Gesellschaft leben können« (Walter-Klose 2022, 309). Diese Definition stellt die Grundlage für das Passungsmodell zu Inklusion dar (vgl. Walter-Klose 2020). In diesem Modell wird die Anpassungsbeziehung von Mensch und Umwelt in den Fokus gerückt und mit Bezug zum ökosystemischen Modell von Bronfenbrenner sowie der ICF hierarchisch organisiert und strukturiert. Neben dem Lebensbereich Schule (Walter-Klose 2021) lässt es sich gut auf den Arbeitsbereich beziehen (▶ Abb. 4).

Im Mittelpunkt des Modells steht die arbeitnehmende Person in einer spezifischen Beschäftigungssituation, die in einer Organisation bzw. Arbeitsstätte tätig ist. In optimaler Weise sind Prozesse und Strukturen im Bereich der Arbeitssituation und der Arbeitsstätte derart auf die Menschen ausgerichtet, dass sie ihre Kompetenzen bestmöglich einsetzen können, so eine optimale Arbeitsleistung erzielen und Zufriedenheit sowie Teilhabe erleben. Dies beeinflusst auf Ebene der Organisation ebenso betriebswirtschaftliche Faktoren wie Produktivität sowie die Zufriedenheit der Beschäftigten.

Im Kontext von Behinderung können weitere Adaptionen erforderlich werden, indem beeinträchtigungsbedingte Bedarfe bei der Gestaltung der Arbeitssituation oder auf Ebene der Organisation berücksichtigt werden. Padkapayeva et al. (2017) zeigten in ihrem Review beispielsweise vielfältige Anpassungserfordernisse für Beschäftigte mit Körperbehinderung, die neben physischen und technologischen Adaptionen im Bereich der Arbeitssituation (z. B. Nutzung assistiver Technologien,

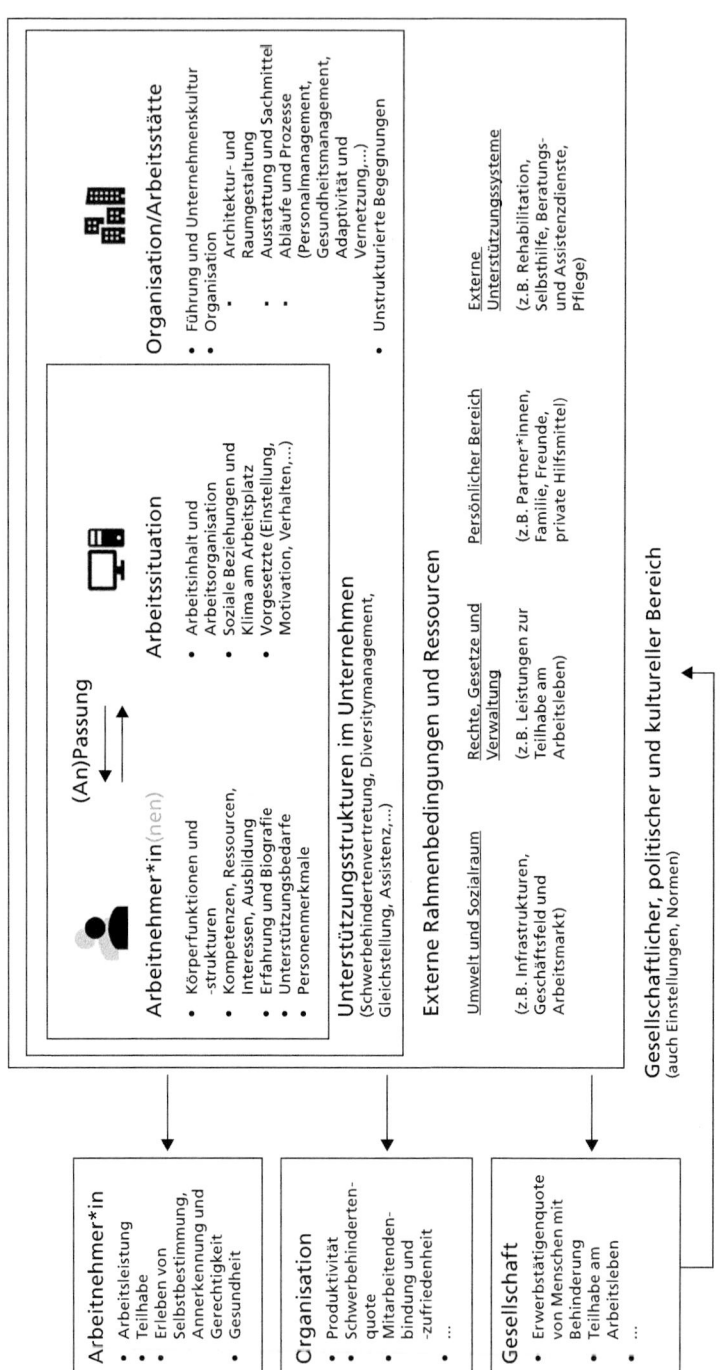

Abb. 4: Passungsmodell zur Inklusion und Teilhabe am Arbeitsleben (entwickelt in Anlehnung an: Walter-Klose 2020, 250; Walter-Klose 2021, 20)

Anpassungen der Arbeitsabläufe) auch Anpassungen der räumlichen Situation der Arbeitsstätte betreffen sowie Adaptionen der Arbeitsorganisation durch Möglichkeiten der Flexibilisierung der Arbeitszeiten oder Regelungen zu Homeoffice oder Dienstreisen. Dwertmann, Baumgärter und Böhm (2017) skizzieren ähnliche inklusionsfördernde Adaptionen mit Blick auf das Human-Ressourcen-Management und ergänzen Adaptionen im Bereich Rekrutierungsstrategien und des Betrieblichen Gesundheitsmanagements sowie des Karrieremanagements.

Neben diesen organisationsbezogenen Adaptionen werden im Passungsmodell auch die Unterstützung durch betriebsinterne Unterstützungsstrukturen (z. B. Beratung durch die Schwerbehindertenvertretung und durch Diversitätsbeauftragte) einbezogen sowie externe Rahmenbedingungen und Ressourcen, so dass fördernde und beeinträchtigende Einflüsse in Form von persönlichen unterstützenden Ressourcen (z. B. private Hilfsmittel, Freunde oder Angehörige) ebenso berücksichtigt werden können wie professionelle Unterstützungssysteme und Strukturen.

Das Modell ist somit mit den Überlegungen von Bartelheimer et al. (2020) oder der ICF kompatibel, indem gesellschaftliche und sozialräumliche Rahmenbedingungen erfasst werden, die Teilhabe und Inklusion beeinflussen. Es ist ein Modell, das für die Betrachtung von Passungssituationen bei Einzelperson (z. B. im Rahmen eines Betrieblichen Eingliederungsmanagements) ebenso geeignet ist wie für die Reflexion der Adaption an Bedarfe spezifischer Gruppen (z. B. Beschäftigte mit Körperbehinderung) oder der Vielfalt unterschiedlicher Arbeitnehmenden.

Mit Blick auf den Übergang von der Schule in den Arbeitsbereich kann das schulische Handeln und dessen Auswirkungen auf die Teilhabe am Arbeitsleben in diesem Modell an verschiedenen Stellen sichtbar werden. Es kann unmittelbar die Passung beeinflussen, indem relevante Inhalte, Haltungen, Motivationen sowie Fach-, Methoden- und Selbstkompetenzen für die Arbeitsstätte in der Schule vermittelt werden. Die Schule kann auch als außerbetriebliche Unterstützungsstruktur der Arbeitsstätte und der beschäftigten Person während der Transition ins Arbeitsleben beratend zur Seite stehen und somit einen positiven Einfluss auf die Passung zwischen arbeitnehmender Person und Arbeitsstätte ausüben. Nicht zuletzt lässt sich ein Einfluss der Schule auf Einstellungen und Vorurteile gegenüber Menschen mit Behinderung in der Arbeitssituation, der Arbeitsstätte und der Gesellschaft darstellen.

4 Fazit

In den letzten Jahren hat sich der Teilhabebegriff als relevanter Begriff für die Ausrichtung der Behindertenhilfe und sozialer Leistungen etabliert, sicherlich auch, da er gesellschaftliche Anschlussfähigkeit verspricht und die menschenrechtliche Perspektive der UN-Behindertenrechtskonvention aufgreift. Gleichzeitig zeigt sich, dass im Teilhabebegriff gesellschaftliche Perspektiven mit individuumsbezogenen Perspektiven derart verbunden sind, dass eine Aussage zur erreichten Teilhabe nur vom Individuum subjektiv getätigt werden kann. Die Frage, ob eine Person z. B. im Bereich Arbeit ungehindert aktiv sein kann, wie sie es will und wie es für Menschen (gleichen Alters, Personen ohne Behinderung) möglich ist, ob sie Selbstbestimmung und Einbezogensein erlebt, kann nur eine Person für sich beschreiben. Für gesellschaftliches Handeln ist es demnach – im Sinne von Inklusion – notwendig, Bedingungen zu schaffen, die Teilhabe befördern. Dies impliziert eine Haltung, die die Vielfalt der Menschen wertschätzt. Dazu gehört die Offenheit gegenüber unterschiedlichen Lebensrealitäten, die Anerkennung individueller Fähigkeiten und die kontinuierliche Reflexion von Vorurteilen. Auch müssen barrierearme Strukturen sowie Reflexionsprozesse etabliert werden, um individuelle Perspektiven zu erfassen und Rückmeldung über die Qualität der Passung von Person und Angebot zu erhalten. Ein letzter zentraler Grundbaustein ist die Vernetzung mit Expert*innen und Unterstützungsstrukturen, um Fachwissen und Begleitung bei der Gestaltung von inklusiven Teilhabesituationen und personenbezogenen Adaptionen sicherzustellen.

Literatur

Bartelheimer, P. (2007): Politik der Teilhabe. Ein soziologischer Beipackzettel (Fachforum, Bd. 1). Berlin: Friedrich-Ebert-Stiftung.
Bartelheimer, P., Behrisch, B., Daßler, H., Dobslaw, G., Henke, J. & Schäfers, M. (2020): Teilhabe – eine Begriffsbestimmung. Wiesbaden: Springer.
Biewer, G. (2017): Grundlagen der Heilpädagogik und inklusiven Pädagogik. Wien: UTB facultas.wuv.
Boger, M.-A. (2019): Theorien der Inklusion. Dissertation. Universität Bielefeld: edition assemblage.
Bundesagentur für Arbeit BfA (2022): Grundlagen: Qualitätsbericht, Oktober 2022. Statistik zur Teilhabe am Arbeitsleben von Menschen mit Behinderungen. Nürnberg: BfA.
Bundesministerium für Arbeit und Soziales BMAS (2017): Zweiter Teilhabebericht der Bundesregierung über die Lebenslagen von Menschen mit Beeinträchtigungen. Berlin: BMAS.
Bundesministerium für Arbeit und Soziales BMAS (2021): Dritter Teilhabebericht der Bundesregierung über die Lebenslagen von Menschen mit Beeinträchtigungen. Berlin: BMAS.
Dederich, M. (2016): Selbstbestimmung. In: M. Dederich, I. Beck, U. Bleidick & G. Antor (Hrsg.), Handlexikon der Behindertenpädagogik. Schlüsselbegriffe aus Theorie und Praxis (S. 169–171). Stuttgart: Kohlhammer.
Deutsche Heilpädagogische Gesellschaft DHG. (2021): Standards zur Teilhabe von Menschen mit kognitiver Beeinträchtigung und komplexem Unterstützungsbedarf. Stuttgart: Kohlhammer.
Deutsches Institut für Medizinische Dokumentation und Information DIMDI (2005): ICF. Internationale Klassifikation der Funktionsfähigkeit, Behinderung und Gesundheit. Online verfügbar unter: https://www.bfarm.de/DE/Kodiersysteme/Services/Downloads/_node.html, Zugriff am 7.7.23.
Dwertmann, D. J. G., Baumgärtner, M. K. & Böhm, S. A. (2017): Der Beitrag flexibler HR-Strukturen zur erfolgreichen Inklusion von Menschen mit Behinderung. In: A. Riecken, K. Jöns-Schnieder & M. Eikötter (Hrsg.), Berufliche Inklusion (S. 58–70). Weinheim: Beltz Juventa.
Euler, D. & Severing, E. (Hrsg.) (2014): Inklusion in der beruflichen Bildung – Hintergründe kennen. Gütersloh: Bertelsmann Stiftung.
Felder, F. (2017): Inklusion und Arbeit: Was steht auf dem Spiel? In: C. Misselhorn & H. Behrendt (Hrsg.), Arbeit, Gerechtigkeit und Inklusion. Wege zu gleichberechtigter gesellschaftlicher Teilhabe (S. 99–119). Stuttgart: J.B. Metzler Verlag.

Gernert, W. (1993): Jugendhilfe – Einführung in die sozialpädagogische Praxis. München: UTB.
Hart, R. (1992): Children's Participation. From Tokenism to Citizenship. Florence: UNICEF Innocenti Research Center.
Hartung, S. (2012): Partizipation – wichtig für die individuelle Gesundheit? Auf der Suche nach Erklärungsmodellen. In: R. Rosenbrock & S. Hartung (Hrsg.), Handbuch Partizipation und Gesundheit (S. 57–78). Bern: Huber.
Kardorff, E. V. & Ohlbrecht, H. (2013): Zugang zum allgemeinen Arbeitsmarkt für Menschen mit Behinderungen. Expertise im Auftrag der Antidiskriminierungsstelle des Bundes. Berlin: Antidiskriminierungsstelle des Bundes.
Lindmeier, B. & Meyer, D. (2020): Empowerment, Selbstbestimmung, Teilhabe. In: D. Meyer, W. Hilpert & B. Lindmeier (Hrsg.), Grundlagen und Praxis inklusiver politischer Bildung (S. 38–56). Bonn: Bundeszentrale für Politische Bildung.
Moser, V. (2017): Inklusion und Organisationsentwicklung. In: V. Moser & M. Egger (Hrsg.), Inklusion und Schulentwicklung. Konzepte, Instrumente, Befunde (S. 15–30). Stuttgart: Kohlhammer.
Padkapayeva, K., Posen, A., Yazdani, A., Buettgen, A., Mahood, Q. & Tompa, E. (2017): Workplace accommodations for persons with physical disabilities: evidence synthesis of the peer-reviewed literature. Disability and Rehabilitation, 39(21), 2134–2147.
Pretis, M. (2022): Teilhabeziele planen, formulieren und überprüfen. ICF leicht gemacht. München: Ernst Reinhardt.
Schreiner, M. (2017): Teilhabe am Arbeitsleben. Die Werkstatt für behinderte Menschen aus Sicht der Beschäftigten. Wiesbaden: Springer VS.
Schreiner, M. (2019): Leistungen zur Teilhabe am Arbeitsleben – Perspektiven von Werkstattbeschäftigten und neue Möglichkeiten alternativer Beschäftigung. In: D. Bergelt & A. Goldbach (Hrsg.), Exklusive Teilhabe am Arbeitsmarkt? Unterstützung durch Leichte Sprache? (S. 16–26). Marburg: Lebenshilfe-Verlag.
Sen, A. (2000): Ökonomie für den Menschen. Wege zu Gerechtigkeit und Solidarität in der Marktwirtschaft. München: Hanser.
Theunissen, G. (2022): Empowerment – Wegweiser für Inklusion und Teilhabe behinderter Menschen. Freiburg: Lambertus Verlag
Trenk-Hinterberger, P. (2015): Arbeit, Beschäftigung und Ausbildung. In: T. Degener & E. Diehl (Hrsg.), Handbuch Behindertenrechtskonvention (S. 105–117). Bonn: Bundeszentrale für Politische Bildung.
Schuntermann, M. F. (2022): Einführung in die ICF. Grundkurs – Übungen – offene Fragen. Landsberg: ecomed MEDIZIN.
Tielking, K. (2019): Partizipation, Teilhabe und Gesundheit. In: R. Haring (Hrsg.), Springer Reference Pflege – Therapie – Gesundheit. Gesundheitswissenschaften (S. 423–431). Springer Berlin Heidelberg.
Walter-Klose, C. (2020): Perspektiven für die Gestaltung inklusiver Arbeitswelten. Betriebliche Prävention, (06), 246–251.
Walter-Klose, C. (2021): Erfolgreiches Miteinander an inklusiven Schulen. Tipps und Strategien für gemeinsames Lernen. Weinheim und Basel: Beltz.
Walter-Klose, C. (2022): Behinderung und Inklusion. In: Department of Community Health (Hrsg.), Community Health. Grundlagen, Methoden, Praxis (S. 301–312). Weinheim: Beltz-Juventus.
Wansing, G. (2012): Inklusion in einer exklusiven Gesellschaft. Oder. Wie der Arbeitsmarkt Teilhabe behindert. Behindertenpädagogik, (4), 381–396.
Wansing, G. (2015): Was bedeutet Inklusion? Annäherungen an einen vielschichtigen Begriff. In: T. Degener & E. Diehl (Hrsg.), Handbuch Behindertenrechtskonvention (S. 43–54). Bonn: bpb Bundeszentrale für politische Bildung.
Wright, M. T., Unger, H. v. & Block, M. (2010): Partizipation der Zielgruppe in der Gesundheitsförderung und Prävention. In: M. T. Wright (Hrsg.), Partizipative Qualitätsentwicklung in der Gesundheitsförderung und Prävention (S. 35–52). Bern: Huber.

Zoyke, A. & Vollmer, K. (Hrsg.) (2016): Inklusion in der Berufsbildung. Befunde – Konzepte – Diskussionen (Arbeitsgemeinschaft Berufsbildungsforschungsnetz). Gütersloh: Bertelsmann Stiftung.

Teil 1: Theorie der Teilhabe an Beruf und Arbeit – Aspekte und Hintergründe

1 Ethische Perspektiven

Michelle Becka

1.1 Einleitung

Im Nachdenken darüber, wie wir unser Zusammenleben in der Gesellschaft gestalten möchten, sind immer auch ethische Fragen relevant, insbesondere nach Forderungen und Maßstäben der Gerechtigkeit, sowie Erwartungen, die daraus an verschiedene Akteure resultieren. Wir ringen um Vorstellungen eines gelingenden Zusammenlebens. Solche Vorstellungen nennt man normativ: Etwas, das sein sollte. Deren Reflexion und die des richtigen Handelns im Allgemeinen beschäftigt die Ethik.

Auch Teilhabe ist ein Konzept mit normativen Dimensionen, denn es bezeichnet etwas, das sein soll. Eine Aufgabe von Ethik ist es, solche normativen Ansprüche zu begründen. Was also sind gute Gründe für Teilhabe? Worin wurzelt sie? Verschiedene ethische Zugänge sind möglich, doch vorrangig ist Teilhabe eine Gerechtigkeitsforderung. Sie kommt allen Menschen zu. Indem das »Übereinkommen über die Rechte von Menschen mit Behinderungen« (UN-BRK) den Anspruch von Menschen mit Behinderung auf »volle und wirksame Teilhabe an der Gesellschaft und Einbeziehung in die Gesellschaft« (Art. 3c UN-BRK) formuliert, verdeutlicht es, dass Teilhabe nicht beliebig ist, sondern einen allgemeinen moralischen *und* rechtlichen Anspruch darstellt. Das ist die zentrale normative Orientierung, die hier zugrunde gelegt wird (Teil 1), und durch andere Überlegungen, insbesondere anerkennungstheoretischer Art (Teil 2)[1], ergänzt wird.

Teilhabe ist in einem Begriffsfeld verortet, in welchem Begriffe nicht immer klar voneinander unterschieden werden und in dem sie sich hinsichtlich ihrer Bedeutung überlappen. Das gilt v. a. für Teilhabe und Partizipation. Das englische »participation« der UN-BRK ist in der deutschen Ausgabe mit Teilhabe übersetzt, was Anlass zu vielen Diskussionen gab.[2] In der Folge werden Partizipation und Teilhabe teils synonym verwendet, teils werden die Unterschiede betont. Die WHO bestimmt Teilhabe vorrangig als »Einbezogen Sein in eine Lebenssituation« (WHO 2001), hebt also den kontextuellen und relationalen Charakter hervor. Teilhabe ist dann ir-

---

1 Gerechtigkeitstheoretische Zugänge werden nicht eigens behandelt. Der Capability approach lässt sich allerdings sehr gut mit einem menschenrechtlichen Zugang verbinden – vgl. Nussbaum 2010.
2 Die 3. Auflage der Schattenübersetzung des NETZWERK ARTIKEL 3 e.V. übersetzt hingegen konsequent mit »Partizipation«. https://www.nw3.de/attachments/article/130/BRK-Schattenuebersetzung-3-Auflage-2018.pdf

gendwo zwischen Zugehörigkeit und Partizipation verortet. Während Zugehörigkeit eher als Anerkennungsverhältnis zu bestimmen ist, hebt Partizipation gegenüber der Teilhabe eine stärker aktive Rolle hervor: Partizipation meint immer auch die Beteiligung an Entscheidungsprozessen. Man kann auf diesem Hintergrund den Unterschied zwischen Teilhabe und Partizipation sehr stark machen. Ein Beispiel für Teilhabe wäre gegeben, wenn Menschen mit Behinderungen barrierefrei ein Gebäude betreten können.

> »Ein Beispiel für Partizipation ist, dass sie bei der Planung des Gebäudes mitentschieden haben. Es ist eben ein Unterschied, ob man im Nachhinein oder von anderen in eine Lebenssituation einbezogen wird, oder ob man eine Lebenssituation von vorneherein selbst mitgestaltet« (Fachstelle EUTB).

Meist wird die Abgrenzung allerdings weniger scharf gezogen. Teilhabe meint dann beides: Einbezogen sein in eine Lebenssituation und in die Gestaltung dieser, d. h. Teilhabe an Gestaltungs- und Entscheidungsprozessen. Es geht über die konkrete Situation hinaus immer auch um gesellschaftliche Teilhabe. In diesem Sinn wird Teilhabe im Folgenden so verstanden: als Einbezogensein in Lebenssituationen *und* Mitwirkung an Gestaltungs- und Entscheidungsprozessen.

1.2 Teilhabe als Menschenrecht

Ethische, politische und rechtliche Dimensionen der Menschenrechte[3]

Menschenrechte sind moralische Ansprüche[4] jedes Menschen; sie sind politisch zu realisieren und rechtlich umzusetzen. Sie haben also eine ethische, eine rechtliche und eine politische Dimension. Im ethischen Diskurs sind sie meist eng verbunden mit der Menschenwürde. Menschenwürde bezeichnet ein »grundlegendes und unbeliebiges Urteil über den intrinsischen Wert des Menschen« (Düwell 2010, 73). Sie kommt jedem Menschen zu, allein weil er oder sie Mensch ist – und sie darf niemandem abgesprochen werden. Gleichwohl wird sie vielfach verletzt. Deshalb muss die Würde geschützt werden. Dieser moralische Schutzanspruch ist nicht abstrakt. Vielmehr realisiert sich die Menschenwürde in einem ihr gemäßen Leben: Der Mensch entfaltet sich in Handlungsvollzügen und Erfahrungen. Das muss (seitens

---

3 Vgl. ausführlicher: Becka 2022.
4 Moral und Ethik können auf verschiedene Weise verstanden und in ein Verhältnis zueinander gesetzt werden. Eine übliche – und hier vertretene – Unterscheidung versteht Moral als ein Set an geltenden Überzeugungen, Normen und Werten, die unserem Handeln zugrunde liegen. Die Ethik ist die Reflexion dieser Moral bzw. des durch sie geprägten Handelns. Das ist nötig, wenn etwa überkommene Moralvorstellungen nicht mehr tragen oder wenn sie in Frage gestellt werden. Dann sind sie – oder andere! – zu begründen; das ist Aufgabe der Ethik.

des Staates) ermöglicht werden: Handlungen müssen geschützt werden. Deshalb erfordert ein menschwürdiges Leben Gesundheit, Bildung und die Möglichkeit zu arbeiten etc. Sie sind nötig, damit Menschen sich und ihre Möglichkeiten realisieren können. Und sie benötigen Freiheit, sich zu äußern, nicht diskriminiert zu werden, sich mit anderen zu versammeln etc. Die Menschenrechte schützen diese Realisierung menschlicher Möglichkeiten. Sie können als Ausfaltungen der Menschenwürde verstanden werden; daher betont die Ethik deren enge Verknüpfung. Doch diese moralischen Ansprüche müssen politisch und rechtlich wirksam werden.

Ein Meilenstein in diesem Prozess ist die Allgemeine Erklärung der Menschenrechte (AEMR) von 1948, die eine Antwort ist auf die konkreten Leid- und Unrechtserfahrungen von Holocaust und Zweitem Weltkrieg. Sie formuliert Ansprüche aller Menschen als normative Grundlage, damit nie wieder die einen den anderen ihr Menschsein und ihre Würde und ihre Rechte absprechen. Die in der Erklärung formulierten Ansprüche werden rechtsverbindlich in völkerrechtlichen Verträgen: im Internationalen Pakt über die wirtschaftlichen, sozialen und kulturellen Rechte (Sozialpakt) einerseits und dem über die bürgerlichen und politischen Rechte (Zivilpakt) andererseits. Mit deren Ratifizierung verpflichten sich die Staaten, den Inhalt dieser Verträge in staatliches Recht zu überführen.

Doch die mangelhafte Umsetzung machte besondere Übereinkommen erforderlich, sogenannte Konventionen. Sie stellen bestimmte »Gruppen« ins Zentrum, die – sei es aufgrund besonderer Merkmale oder aufgrund besonderer Lebenswirklichkeiten – besonders vulnerabel sind und deren Rechte in besonderer Weise vorenthalten oder verletzt werden. Beispiele sind die Kinder- oder Frauenrechtskonvention, die Genfer Flüchtlingskonvention, diejenige zu den Rechten von Wanderarbeiter*innen sowie die UN-BRK. Für alle Genannten gelten – selbstverständlich! – die Menschenrechte, wie sie in der AEMR und den beiden Pakten verankert sind. Es handelt sich nicht um Sonderrechte oder Spezialkonventionen. Vielmehr werden die allgemein anerkannten Menschenrechte für die besonderen Situationen von Kindern, von Wanderarbeiter*innen, Menschen mit Behinderung etc. konkretisiert.

Das Übereinkommen über die Rechte von Menschen mit Behinderungen (UN-BRK)

> »Zweck dieses Übereinkommens ist es, den vollen und gleichberechtigten Genuss aller Menschenrechte und Grundfreiheiten durch alle Menschen mit Behinderungen zu fördern, zu schützen und zu gewährleisten und die Achtung der ihnen innewohnenden Würde zu fördern« (UN-BRK, Art. 1).

Diese Konvention ist in vielerlei Hinsicht bahnbrechend. Sie bricht mit dem medizinisch-defizitären Blick auf Behinderung und ersetzt ihn durch ein menschenrechtliches Modell:

> »Das menschenrechtliche Modell von Behinderung basiert auf der Erkenntnis, dass die weltweite desolate Lage behinderter Menschen weniger mit individuellen Beeinträchtigungen als vielmehr mit gesellschaftlich konstruierten Entrechtungen (gesundheitlich) beeinträchtigter Menschen zu erklären ist« (Degener 2015).

Sie gilt als »Empowerment-Konvention«, die Abschied nimmt vom Fürsorge-Prinzip und deutlich macht, dass die Anerkennung von Behinderung als Bestandteil menschlichen Lebens zur Humanisierung der Gesellschaft beiträgt. Teilhabe, Inklusion und Barrierefreiheit sind Schlüsselbegriffe.

Der Empowerment-Charakter hängt mit dem Autonomieverständnis der Konvention zusammen. Art. 3a benennt als zentralen Grundsatz »die Achtung der dem Menschen innewohnenden Würde, seiner individuellen Autonomie, einschließlich der Freiheit, eigene Entscheidungen zu treffen, sowie seiner Unabhängigkeit«. Dass die Menschenwürde in engen Zusammenhang mit der Autonomie gebracht wird, ist nicht überraschend. Es war v. a. Immanuel Kant, der die Menschenwürde an die Idee der Selbstbestimmung knüpfte, die von allen und für alle unbedingte moralische Achtung verlangt und die Instrumentalisierung verbietet. Niemand darf eine*n andere*n zum Objekt machen, sondern die Fähigkeit zur Selbstbestimmung eines*einer jeden ist zu achten (vgl. Kant 1978, 429). Bevormundung und (auch »wohlmeinender«) Paternalismus werden dadurch unterbunden.

Allerdings wurde die Fähigkeit zur Selbstbestimmung in der Vergangenheit nicht allen zugesprochen, und oft erschienen Autonomie und Abhängigkeit als Alternativen. Menschen, die etwa besondere Unterstützung benötigen (Kinder, Kranke, Menschen mit Behinderung etc.), galten nicht als autonom. Dabei wird übersehen, dass alle Menschen als Beziehungswesen stets mehr oder weniger verwiesen auf andere sind. Nicht zuletzt durch die Diskurse über die UN-BRK (neben dem Einfluss feministischer Ethik, Intersubjektivitätstheorien etc.) werden Autonomie und Verwiesenheit heute als verschränkt betrachtet. Darin liegt ein Empowerment für betroffene Menschen, nämlich noch so kleine Gestaltungsräume zu nutzen, sie zu vergrößern und dabei unterstützt zu werden. Zugleich beeinflusst die UN-BRK die Theoriebildung im Autonomiediskurs (vgl. Bielefeldt 2009, 12).

> »Erst in der wechselseitigen Verwiesenheit wird klar, dass Autonomie gerade nicht die Selbstmächtigkeit des ganz auf sich gestellten Einzelnen meint, sondern auf selbstbestimmtes Leben in sozialen Bezügen zielt; und im Gegenzug wird deutlich, dass soziale Inklusion ihre Qualität gerade dadurch gewinnt, dass sie Raum und Rückhalt für persönliche Lebensgestaltung bietet […]. Es geht um soziale Inklusion auf der Grundlage individueller Autonomie und damit zugleich um eine freiheitliche Gestaltung des Zusammenlebens in Gesellschaft und Gemeinschaften« (Bielefeldt 2009, 11).

Räume der Selbstgestaltung können größer oder kleiner sein, zeitweise oder dauerhaft, aber sie sind vorhanden. Das ist der Kern einer ethischen Fundierung von Teilhabe.

Teilhabe im Schnittfeld von Autonomie und Inklusion

Teilhabe ist untrennbarer Bestandteil der Selbstbestimmung (vgl. Rudolf 2017, 14). Denn nur, wer an der Gestaltung des Gemeinwesens mitwirkt, kann Einfluss auf die Bedingungen und Strukturen nehmen, durch die er*sie selbst wiederum bestimmt wird. Diese Mitgestaltung muss ermöglicht werden. So wie Menschenrechte primär den Staat adressieren, der sie zu achten, schützen und gewährleisten hat, sind auch die Bedingungen für Teilhabe durch die verschiedenen staatlichen Stellen zu schaffen. Je nach individuellen Möglichkeiten muss diese Ermöglichung und Unterstützung größer oder kleiner ausfallen. Hier erweist sich der kontextuelle Charakter der Teilhabe und die notwendige Subjektorientierung: Fähigkeiten und Bedarfe sind unterschiedlich; dementsprechend sind auch Teilhabemöglichkeiten vielfältig: So kann beispielsweise in einem Fall der Besuch der Regelschule Teilhabe ermöglichen, in einem anderen Fall aber verhindern. Der Einzelfall ist zu prüfen, damit Gestaltungsräume – und damit Autonomie – erweitert werden. Und institutionelle Gegebenheiten, etwa Regelschulen, sind den Bedarfen anzupassen.

Die Bedingungen von Teilhabe sind vielfältig, aber Barrierefreiheit und das Diskriminierungsverbot sind von besonderer Relevanz. Barrierefreiheit ermöglicht Teilhabe durch den aktiven Abbau von Hindernissen. Wer sich als Rollstuhlfahrerin dafür entscheidet, eine Schule mit einer bestimmten Ausrichtung (z. B. Musikklassen) zu besuchen, kann diese Entscheidung nur umsetzen, wenn die Schule barrierefrei zugänglich ist. Befreiung von Barrieren ermöglicht daher Selbstbestimmung. Auch das Diskriminierungsverbot ist nötig, um Teilhabe zu ermöglichen. Es knüpft am Gleichheitsgrundsatz an, nach dem alle Menschen frei und gleich an Würde sind, und geht zugleich über ihn hinaus. »[Diskriminierungsverbote] verbieten es, eine Ungleichbehandlung an bestimmte Merkmale zu knüpfen, und sind Reaktionen auf historische Erfahrungen der Unterdrückung bestimmter Personengruppen« (Rudolf 2017, 26). Diskriminierung (direkte und indirekte) ist ein Teilhabehindernis. Die Ermöglichung von Teilhabe erfordert daher das Unterlassen von Ungleichbehandlung und den Abbau von Diskriminierung.

Zu den weiteren Voraussetzungen von Teilhabe gehört (im Bedarfsfall) Assistenz: Menschen, die Menschen mit Beeinträchtigung darin begleiten, ihre Teilhabemöglichkeiten zu ergreifen, zu gestalten und zu erweitern. Im Sinne des Capability-Approachs lässt sich hier von Befähigung (vgl. Liesen et al. 2012) und der – auch strukturellen – Ermöglichung von Befähigung sprechen (vgl. Hopmann 2021, 97). Assistenz, welche die Autonomie achtet und zur Gestaltung von Freiheit befähigt, ist damit menschenrechtlich begründet und erforderlich.

1.3 Teilhabe und gesellschaftliche Anerkennungsverhältnisse

Teilhabe bezeichnet ein Verhältnis von Individuum und Gesellschaft. Entsprechend der Ausdifferenzierung spätmoderner Gesellschaften gibt es »vielfältige, ausdifferenzierte Lebensbereiche mit je unterschiedlichen Teilhabebedingungen und Funktionen für die Lebensführung eines Menschen. Zu jedem Zeitpunkt sind verschiedene Lebensbereiche bedeutsam für individuelle Teilhabe, und eine Vielzahl von Barrieren und Einschränkungen können diese begrenzen« (Bartelheimer et al. 2020, 45). Oft stehen die Teilhabechancen der verschiedenen Bereiche in einem Wechselwirkungsverhältnis: Teilhabeschranken im Bereich der Bildung reduzieren die Teilhabemöglichkeiten im Kontext von Arbeit. Umgekehrt kann das Wissen um zukünftige Teilhabehindernisse im Arbeitssektor auch die persönliche Motivation beeinflussen, vielleicht vorhandene Chancen im Bereich der Bildung zu ergreifen. Außerdem können Benachteiligungen aufgrund von Behinderung durch jene aufgrund anderer Merkmale (race, class, gender) ergänzt und verstärkt werden. Verschiedene Diskriminierungsformen erweisen sich, wie die Intersektionalitätsforschung deutlich macht, als interdependent, was zu spezifischen Formen erschwerter oder vorenthaltener Teilhabe führt (Dederich 2022). Da sich also Teilhabe als moralische Forderung im Ausgang vom Autonomieprinzip begründen lässt und Teilhabehindernisse miteinander verschränkt sind, sind politische Maßnahmen zu ergreifen, die verschiedene Teilhabehindernisse auch in ihren Verschränkungen wahrnehmen und abbauen. Die Bereiche schulische Bildung und Arbeit sind dementsprechend je gesondert und in ihren Wechselwirkungen zu untersuchen und zu gestalten, um Teilhabe-Hindernisse abzubauen und -möglichkeiten zu erweitern.

Zu Fragen nach den strukturellen und politischen Möglichkeitsbedingungen von Teilhabe kommen in der ethischen Reflexion weitere Dimensionen. »Einbezogen sein in eine Lebenssituation« weist auf die relationalen und auch subjektiven Dimensionen des Konzepts hin. Um diese zu erfassen, ist Teilhabe in Verbindung zu Anerkennungsverhältnissen zu setzen, welche Gegenstand verschiedener Anerkennungstheorien sind.[5]

Dass Menschen sich gegenseitig anerkennen, bestimmt einerseits die Entwicklung personaler Identität und ist andererseits konstitutive Voraussetzung von Gesellschaft und insofern Gegenstand individualethischer und sozialethischer Reflexion. Beide Dimensionen sind miteinander verschränkt. So bildet sich die personale Identität prozesshaft in intersubjektiven Anerkennungsprozessen und bestimmt die Art und Weise des Selbst- und Weltverhältnisses. Mit dem Verweis auf Honneths Ebenen der Anerkennung sei das verdeutlicht: Auf der Ebene der Primärbeziehungen, die durch Zuneigung gekennzeichnet ist, wird durch Intersubjektivität die Selbstbeziehung grundgelegt und (Selbst-)Vertrauen ermöglicht (vgl. Honneth 1998, 172). Honneth nennt sie auch die Ebene der Liebe. Der Mensch wird auf der Grundlage persönlicher Beziehungen in seiner Besonderheit anerkannt. Auf der zweiten Ebene, der des Rechts, erfolgt die Anerkennung der*des anderen als Gleiche*r – unabhängig von allen Unterschieden: Alle sind Träger*innen derselben Würde und Rechte und erkennen sich wechselseitig als solche Gleiche an. Dadurch wird (Selbst-)Achtung erfahrbar. Der Mensch wird als Träger von Rechten als in seiner Gleichheit anerkannt. Auf der dritten Ebene geht es um die Anerkennung je spezifischer Fähigkeiten oder Eigenschaften, durch die Menschen sich als für die Gesellschaft wertvoll erachtetes Mitglied erfahren. Es handelt sich also auch um eine Anerkennung der Besonderheit – aber ohne jene die erste Ebene kennzeichnende Zuneigung. Wertschätzung bzw. Selbstschätzung werden durch diese Form der Anerkennung erfahrbar. Honneth bezeichnet diese zunächst als Ebene der Solidarität. Später erläutert er, dass Arbeit solche Formen der Wertschätzung ermöglichen

---

5 Die knappen Ausführungen konzentrieren sich auf die Anerkennungstheorie von Axel Honneth, vgl. Honneth 1998; Honneth 2010. Andere Anerkennungstheorien (Taylor, Ricoeur, Butler Benjamin etc.) können hier nicht behandelt werden.

kann, da hier Anerkennung für eigene Leistung erfahren wird. Prekäre Arbeitsverhältnisse verhindern allerdings die Anerkennung durch Arbeit (Honneth 2010). Diese dritte Ebene sozialer Wertschätzung ist am schwierigsten zu fassen. Denn Anerkennung erfährt man nach Honneth nur für die Eigenschaften, die auch für andere einen Wert darstellen. Es bedarf eines symbolisch artikulierten Orientierungsrahmens, in dem Werte und Ziele formuliert sind, die das Selbstverständnis einer Gesellschaft ausmachen, der aber zugleich dynamisch und veränderbar sein muss (Honneth 1998, 197 f.).

Auf allen Ebenen kann Anerkennung vorenthalten oder verweigert werden. Das hat Folgen für Individuum und Gesellschaft. Für Menschen mit Behinderung schafft die UN-BRK eine wichtige Grundlage für die rechtliche Dimension der Anerkennung. Die soziale Wertschätzung der dritten Ebene ist aber auch hier die schwierigste. Zwar werden Weichen gestellt, welche für die Ermöglichung von Teilhabe entscheidend sind, insbesondere durch die Hervorhebung von Diversität als gesellschaftlichem Wert einerseits und der Bedeutung von einem Gefühl der Zugehörigkeit andererseits. Aber gerade mit Blick auf Arbeit als Anerkennungssphäre stellen sich viele Fragen, da Menschen mit Behinderung vielfältigen Formen von Arbeit nachgehen, die gesellschaftlich wenig wahrgenommen werden und deshalb wenig – öffentliche – Anerkennung erfahren.[6] Es ist eine für die ganze Gesellschaft relevante Frage, wo Menschen mit und ohne Behinderung, innerhalb des Arbeitssektors, aber auch darüber hinaus, soziale Wertschätzung erfahren.

1.4 Perspektivwechsel

Die Ermöglichung von Anerkennung – und letztlich der Teilhabe – bedarf eines Perspektivwechsels. Schon in der Präambel der UN-BRK ist vom wertvollen Beitrag von Menschen mit Behinderung für die Gesellschaft die Rede und in den allgemeinen Grundsätzen wird in 3d die »Achtung vor der Unterschiedlichkeit von Menschen mit Behinderungen und die Akzeptanz dieser Menschen als Teil der menschlichen Vielfalt und der Menschheit« genannt. Der Unterpunkt »Bewusstseinsbildung« benennt explizit die Förderungen des »Bewusstsein(s) für die Fähigkeiten und den Beitrag von Menschen mit Behinderungen« und fordert eine positive Wahrnehmung und Anerkennung verschiedener Fertigkeiten und Fähigkeiten. Teilhabe beinhaltet daher auch Teil*gabe:* Jeder Mensch ist besonders und hat in dieser Besonderheit etwas zur Gesellschaft beizutragen.[7] Diese Forderungen adressieren

---

6 Das gilt auch für zahlreiche andere Arbeitsbereiche (insbesondere den Niedriglohnsektor) und Personengruppen (z. B. MigrantInnen). Daraus resultieren Probleme für die Entwicklung sozialer Wertschätzung einzelner und für die Gesellschaft, wie Honneth aufzeigt (2010).
7 Der Aktivist Raul Krauthausen hebt diesen Aspekt immer wieder hervor. Das impliziert die aktive Dimension der »Teilgebenden« ebenso wie die Rolle der Gesellschaft.

nicht nur den Staat, sondern die Gesellschaft als Ganze. Wenn Diversität und diverse Fähigkeiten zu gesellschaftlichen Werten werden, wird der symbolische Orientierungsrahmen einer Gesellschaft so verändert, dass Menschen mit Behinderung leichter Anerkennung im Sinne sozialer Wertschätzung erfahren können. Es bedarf dieser Wertschätzung durch andere, weil sie jene Selbstschätzung mit sich bringt, die nötig ist, um sich die Mitgestaltung des persönlichen Nahbereichs und gesellschaftlicher Verhältnisse zuzutrauen. Über Honneth hinausgehend möchte ich hervorheben, dass der Schule hierfür besondere Bedeutung zukommt: Die Erfahrung der Anerkennung für eigene Fähigkeiten und Fertigkeiten in diesem Kontext schafft eine Grundlage der Selbstschätzung in anderen Zusammenhängen.

Eine ähnliche Bedeutung hat das Gefühl von Zugehörigkeit (»enhanced sense of belonging«), welches die Präambel in Abschnitt m benennt und in direkten Zusammenhang zur Teilhabe bringt. Darin heißt es, dass der uneingeschränkte Genuss der Menschenrechte und die Teilhabe das Gefühl der Zugehörigkeit verstärken. Das ist bedeutsam. Zugleich ist aber auch umgekehrt die Erfahrung von Zugehörigkeit Ermöglichungsgrund von Teilhabe. Der vielfachen Erfahrung verweigerter Anerkennung muss eine Erfahrung von Wertschätzung der Teil*gabe* und damit verbunden Zugehörigkeit gegenübergestellt werden.

Teilhabe erfordert gesamtgesellschaftliche Veränderungen. Die UN-BRK hat dafür die Weichen gestellt; die weitere Veränderung von Strukturen ist für mehr Teilhabemöglichkeiten ebenso nötig, wie die von Mentalitäten und Perspektiven.

Literatur

Bartelheimer, P., Behrisch, B., Daßler, H., Dobslaw, G., Henke, J. & Schäfers, M. (2020): Teilhabe – eine Begriffsbestimmung. Wiesbaden: Springer VS.

Becka, M. (2022): Menschenrechte. In: M. Heimbach-Steins et al. (Hrsg.), Christliche Sozialethik. Grundlagen – Kontexte – Themen. Ein Lehr- und Studienbuch (S. 189–202). Regensburg: Verlag Friedrich Pustet.

Bielefeldt, H. (2009): Zum Innovationspotenzial der UN-Behindertenrechtskonvention. Berlin: Deutsches Institut für Menschenrechte. Online verfügbar unter: https://www.institut-fuer-menschenrechte.de/fileadmin/user_upload/Publikationen/Essay/essay_zum_innovationspotenzial_der_un_behindertenrechtskonvention_auflage3.pdf, Zugriff am 01.11.2023.

Dederich, M. (2022): Intersektionalität in der Teilhabeforschung. In: G. Wansing et al. (Hrsg.), Teilhabeforschung – Konturen eines neuen Forschungsfeldes (S. 179–198). Wiesbaden: Springer VS.

Degener, T. (2015): Die UN-Behindertenrechtskonvention – ein neues Verständnis von Behinderung. In: T. Degener & E. Diehl (Hrsg.), Handbuch der Behindertenrechtskonvention. Teilhabe als Menschenrecht – Inklusion als gesellschaftliche Aufgabe (S. 55–56). Bonn: Bundeszentrale für politische Bildung.

Düwell, M. (2010): Menschenwürde als Grundlage der Menschenrechte. In: Zeitschrift für Menschenrechte 4 (1), 64–79.

Fachstelle EUTB: Partizipation. In: Dies. (Hrsg.), Wörterbuch der Teilhabe. Online verfügbar unter: https://www.teilhabeberatung.de/woerterbuch/partizipation, Zugriff am 01.11.2023.

Honneth, A. (1994): Kampf um Anerkennung. Frankfurt am Main: Suhrkamp.

Honneth, A. (2010): Verwilderungen. Kampf um Anerkennung im frühen 21. Jahrhundert. APuZ 12. Online verfügbar unter: https://www.bpb.de/shop/zeitschriften/apuz/33577/verwilderungen-kampf-um-anerkennung-im-fruehen-21-jahrhundert/, Zugriff am 01.11.2023.

Hopmann, B. (2021): Inklusion als Befähigung – der Capabilities-Ansatz als normativ-theoretische Metrik für Inklusion. In: B. Fritzsche, A. Köpfer, M. Wagner-Willi, A. Böhmer, H. Nitschmann, C. Liezmann & F. Weitkämper (Hrsg.), Inklusionsforschung zwischen Normativität und Empirie – Abgrenzungen und Brückenschläge (S. 88–105). Opladen/Berlin/Toronto: Verlag Barbara Budrich.

Kant, I. (1978 [1781]): Grundlegung zur Metaphysik der Sitten (GMS), AA IV. Berlin: De Gruyter.

Krauthausen, R. (2023): Die Bedeutung von Teilhabe und Teilgabe. Raus aus dem Integrationsdenken, persönliche Homepage. Online verfügbar unter: https://raul.de/allgemein/die-bedeutung-von-teilhabe-und-teilgabe-raus-aus-dem-integrationsdenken/, Zugriff am 01.11.2023.

Liesen, C., Felder, F. & Lienhard, P. (2012): Gerechtigkeit und Gleichheit. In: V. Moser & D. Horster (Hrsg.): Ethik der Behindertenpädagogik. Menschenrechte, Menschenwürde, Behinderung. Eine Grundlegung (S. 184–209). Stuttgart: Kohlhammer.

Nussbaum, M. (2010): Die Grenzen der Gerechtigkeit. Behinderung, Nationalität und Spezieszugehörigkeit. Berlin: Suhrkamp.

Rudolf, B. (2017): Teilhabe als Menschenrecht. Eine grundlegende Betrachtung. In: E. Diehl (Hrsg.), Teilhabe für alle? Lebensrealitäten zwischen Diskriminierung und Partizipation. Bonn: Bundeszentrale für politische Bildung. Online verfügbar unter: https://www.bpb.de/system/files/dokument_pdf/10155_Teilhabe_fuer_alle_ba_171019.pdf, Zugriff am 01.11.2023.

WHO (2001): International Classification of Functioning, Disability and Health (ICF), Deutsch: ICF – Internationale Klassifikation der Funktionsfähigkeit, Behinderung und Gesundheit, Genf: WHO.

2 Soziologische Perspektiven

Mario Schreiner

Gesellschaftliche Teilhabe hat sich in den zurückliegenden Jahren zu einem zentralen sozialpolitischen Ziel in Deutschland etabliert. Diese Entwicklung findet entsprechend Ausdruck in den Sozialgesetzbüchern, deren Regelungen die Teilhabe von Menschen in unterschiedlichen Lebenslagen und -altern sichern und ermöglichen sollen. Eine zentrale Teilhabeinstanz ist dabei die Beteiligung an Erwerbsarbeit (vgl. z. B. Kronauer 2010). Dies trifft uneingeschränkt auf Menschen mit Beeinträchtigungen und Behinderungen zu. Im folgenden Beitrag wird Teilhabe als angestrebtes Lebensziel skizziert. Die Betrachtung erfolgt mit Schwerpunktsetzung auf die Teilhabe an Erwerbsarbeit als zentrale Instanz für soziale Inklusion aller Menschen in Industrienationen.

2.1 Teilhabe als allgemein angestrebtes Lebensziel

Grundformen und Lebensbereiche sozialer Teilhabe

Teilhabe an relevanten Lebensbereichen – wie sozialen Beziehungen, Arbeit, Freizeit etc. – wird von der Bevölkerungsmehrheit in Deutschland angestrebt (vgl. Gaspar & Hollmann 2015)[8] und gilt als notwendig, um gesellschaftliche Zugehörigkeit (Inklusion) zu erreichen. In diesem Kontext stellt sich die Frage, wie und auf welche Weise Teilhabe eine gelingende Teilhabe ist.

Bartelheimer (2005, 85 ff.) beschreibt – in Anlehnung an die Überlegungen Kronauers (u. a. 2010) zu sozialer In- bzw. Exklusion – vier Grundformen sozialer Teilhabe:

1. *Einbeziehung in gesellschaftliche Arbeit*, in Form von Erwerbsarbeit und Eigenarbeit, die nicht bloß ökonomische Teilhabe ermöglicht, sondern auch positiven Einfluss auf Alltagsstruktur, Identität und soziales Umfeld hat;
2. *informelle soziale (Nah-)Beziehungen*, die wechselseitige Kontakte mit gegenseitigen Verpflichtungen umfassen und häufig im Zusammenhang mit sozialen Kontakten im Arbeitskontext verbunden sind;

---

[8] Gaspar & Hollmann (2015) unterscheiden in die Lebensbereiche Familie/Partnerschaft, Arbeit/Beruf, Freizeit und gesellschaftliches Engagement.

3. *(bürgerliche, politische, soziale) Rechte*, welche die üblichen staatsbürgerlichen Rechte in modernen Demokratien abbilden;
4. *kulturelle Teilhabe*, wie beispielsweise der »Erwerb kultureller Fähigkeiten« (ebd., 92), anhand derer eine Orientierung an gesellschaftlich anerkannten Lebenszielen und Werten möglich wird.

Die Beteiligung an bzw. der Zugang zu diesen vier Grundformen sozialer Teilhabe ist Voraussetzung, damit volle gesellschaftliche Zugehörigkeit möglich sein kann. Teilhabe in den vier genannten Bereichen kann bei gleichzeitig vorliegenden partiellen Teilhabeausschlüssen erfolgen. Diese Gleichzeitigkeit kann beispielsweise auftreten, wenn Teilhabe an Erwerbsarbeit vorhanden ist, diese aber unter prekären Bedingungen erfolgt, so dass resultierend die kulturelle Teilhabe durch Einkommensarmut beschränkt bleibt. Erfahrungen von beschränkter Teilhabe können (auch) Ergebnis oder Folge von Beeinträchtigung und Behinderung sein. Die bloße Teilhabe an einzelnen Lebensbereichen sagt grundsätzlich noch nichts über die Qualität selbiger aus und ist nicht per se Garant für das Gelingen von Zugehörigkeit. Teilhabe stellt dabei keine statischen, sondern dynamische Zustände dar, die sich zwischen den Polen von »Drinnen« und »Draußen« vollziehen (vgl. Castel 2008; Kronauer 2010, 44 ff.) und so eine Abstufung der Teilhabe ermöglichen.

Teilhabekonstellationen zwischen Zugehörigkeit und Ausgrenzung

Kronauer (2010) nutzt die Begriffe Inklusion und Exklusion. Er legt dabei ein Begriffsverständnis zugrunde, das Inklusion und Exklusion als nicht dichotom zueinander versteht. Vielmehr geht er von einem dynamischen Begriffsverständnis aus, welches es erlaubt, Inklusion und Exklusion in Abstufungen zu betrachten. Vor dem Hintergrund dieser dynamischen Abstufungen[9] unterscheidet er (ebd., 114) zwischen voller Zugehörigkeit (Inklusion) und totalem Ausschluss (Exklusion)[10], wofür er vier Konstellationen benennt, bei denen es zur »Gleichzeitigkeit von Zugehörigkeit und Ausschluss« kommen kann:[11]

Die erste Konstellation beschreibt die Ausgrenzung aus Interdependenz (Erwerbsbeteiligung) und kontextualisiert soziale Beziehungen bzw. soziale Netze (vgl. ebd., 145 ff.) sowie Teilhaberechte. Diese Konstellation bildet *doppelte Exklusion* ab. Personen, die diesen »totalen« Ausschluss erfahren, sind »Überflüssige« am Ar-

---

9 Die folgend beschriebenen Konstruktionen von Zugehörigkeit und Ausgrenzung stellen eine Schematisierung dar. In konkreten Lebenssituationen können Übergänge zwischen Zugehörigkeit und Ausgrenzung fließend verlaufen und nicht eindeutig der Zugehörigkeit oder Ausgrenzung zuordenbar sein.
10 Im vorliegenden Text werden die Begriffe Zugehörigkeit und Ausgrenzung synonym und bevorzugt verwendet, da die Begriffsdeutung und -verwendung von Inklusion und Exklusion zwischen verschiedenen wissenschaftlichen Disziplinen (Soziologie, Politik, Pädagogik usw.) diskursiv ist.
11 Im Rahmen dieses Beitrags kann auf die vier Konstellationen zwischen Zugehörigkeit und Ausgrenzung nicht umfänglich eingegangen werden.

beitsmarkt, denen zugleich die Bürgerrechte verweigert werden« (ebd., 114). Hiervon betroffen können beispielsweise Zuwanderer mit ungesichertem Aufenthaltsstatus und gleichzeitiger Behinderung sein. Sie haben nicht die vollen und gleichen Rechte wie Staatsbürger des Wohnlandes und der Zugang zum Arbeitsmarkt bleibt ihnen – gegebenenfalls behinderungsbedingt – verwehrt.

Inklusion und Exklusion in Kombination wird bei der *ausschließenden Inklusion* (vgl. ebd., 115) beschrieben. Hierbei handelt es sich um die zweite von Kronauer beschriebene Konstellation, bei der gesellschaftliche Teilhabe über Erwerbsarbeit (Interdependenz) stattfindet und gleichzeitig ein Ausschluss von weiteren Teilhaberechten vorliegt. Diese Kombination kann auf Personen zutreffen, die keine Staatsangehörigen sind und somit vom Wahlrecht etc. ausgeschlossen sein können, aber gleichzeitig Teilhabe an Erwerbsarbeit verwirklichen.

Einschließende Inklusion (ebd.) beschreibt den dritten möglichen Zustand. Hierbei sind Menschen zwar aus dem Modus der Interdependenz ausgeschlossen, dennoch bekommen sie Teilhaberechte eingeräumt, etwa durch staatliche Versorgung und durch Gewährung politischer sowie sozialer Bürgerrechte. In dieser Konstellation bleiben den Betroffenen die Effekte der Erwerbsarbeit verwehrt. Dieser Zustand kann beispielsweise Menschen mit Behinderungen betreffen, die aufgrund ihrer Behinderung keiner Erwerbstätigkeit nachgehen können, aber Träger voller Rechte sind.

Die vierte Situation ist die *doppelte Inklusion* (ebd.); hierbei sind die Betroffenen umfänglich in die Gesellschaft einbezogen. Sie erfahren im Modus der Interdependenz und im Modus der Teilhabe volle Einbindung. Dieser Zustand umfänglicher Einbindung gilt als das anzustrebende Ideal, bei dem sowohl Beteiligung an Arbeit und Sozialbeziehungen als auch umfängliche materielle, politische und kulturelle Teilhabe erfahren werden.

Teilhabe an (Erwerbs-)Arbeit

Die Teilhabesituation und der gesellschaftliche Status von Menschen im erwerbsfähigen Alter[12] stehen in einer interdependenten Beziehung zur erreichten Position am Arbeitsmarkt (vgl. z. B. auch Gille & Münch 2023). Die ungebrochene Anziehungskraft der Erwerbsarbeit (vgl. Noelle-Neumann & Peterson 2001, 19) zeigt sich auch in der seit (vielen) Jahren in Deutschland steigenden Erwerbsbeteiligung. Von 1991–2022 stieg die allgemeine Erwerbsbeteiligung der Bevölkerung im erwerbsfähigen Alter in Deutschland von 67,8 Prozent auf 78,2 Prozent (vgl. destatis 2023). Dieser stetige Zuwachs hat unterschiedliche Ursachen[13] und lässt den Rückschluss zu, dass die Bedeutung einer gelingenden Teilhabe an Erwerbsarbeit nicht nur ungebrochen hoch, sondern sogar ansteigend ist (vgl. u. a. Kronauer 2010, 151). Eine im Auftrag der Bertelsmann-Stiftung durchgeführte Befragung bestätigt diese hohe

---

12 Als Bevölkerung im erwerbsfähigen Alter gelten (i. d. R.) Personen zwischen 15 bis unter 65 Jahren (vgl. https://www.iab-forum.de/glossar/erwerbsfaehiges-alter/).
13 Neben einem generellen Anstieg der Erwerbsbeteiligung ist die steigende Erwerbstätigkeit von Frauen zu nennen (vgl. destatis 2023).

Relevanz von Erwerbsarbeit.[14] Die Autor*innen kommen zum Ergebnis, dass beim Vergleich der Lebensbereiche *Familie/Partnerschaft, Arbeit/Beruf, Freizeit* und *gesellschaftliches Engagement* der Lebensbereich *Arbeit/Beruf* den zweiten Rang belegt. Dabei folgt Arbeit/Beruf dicht auch Familie/Partnerschaft und weit vor Freizeit und gesellschaftlichen Engagement (vgl. Gaspar & Hollmann 2015, 3 f.).[15]

2.2 Beeinträchtigung – Teilhabe – Behinderung

Wie aus einer Beeinträchtigung eine Behinderung entstehen kann

Seit 2001 hat die World Health Organisation (WHO) mit der International Classification of Functioning, Disability and Health (ICF) eine Abkehr von der vormals gängigen Praxis vollzogen, eine chronifizierte bzw. dauerhafte gesundheitliche Beeinträchtigung als eine Behinderung zu klassifizieren (WHO 2001). Dabei ist es auch eine Intention gewesen, mit der ICF interdisziplinäre Perspektiven auf und Verständigungen über Beeinträchtigungen zu ermöglichen – beispielsweise zwischen Medizin, Soziologie, Psychologie, Recht sowie weiteren Akteuren in Teilhabe- und Rehabilitationsprozessen (vgl. Hollenweger 2003) –, um das vielschichtige Phänomen der Entstehung von Behinderung aus interdisziplinären Betrachtungsweisen beschreiben, analysieren und verstehen zu können. Mit der ICF wurde es erstmals möglich, Wechselwirkungen zwischen einer gesundheitlichen Beeinträchtigung und den persönlichen Lebensumständen eines Menschen in einem Klassifikationssystem aufzuzeigen und zu erfassen. Dies gelingt anhand des bio-psycho-sozialen Verständnisses von Behinderung, welches der ICF inhärent ist und unterschiedliche persönliche sowie Umwelt- bzw. Umfeldfaktoren betrachtet und bedenkt, die in ihren wechselseitigen Wirkungen aus einer Beeinträchtigung eine Behinderung der Teilhabe oder aber auch eine Kompensation einer Beeinträchtigung und damit Teilhabe entstehen lassen können (vgl. z. B. Hirschberg 2012, 20 ff.)[16].

Ausgehend von den Perspektiven auf Beeinträchtigung und Behinderung, wie sie die ICF beschreibt, ist Behinderung nicht mehr zwangsläufig die Konsequenz einer gesundheitlichen Beeinträchtigung. Maßgeblich bei vorliegenden gesundheitlichen Beeinträchtigungen ist aus der Perspektive der ICF vielmehr der Umfang, in dem die Beeinträchtigungen ausgeglichen werden können. Das Ausmaß des Ausgleichs bzw.

---

14 Eine kritische Auseinandersetzung zur aktuellen Organisation und Stellung von Erwerbsarbeit findet sich beispielsweise bei Jaeggi & Kübler 2014.
15 Gaspar & Hollmann (2015) befragten 1.062 in Voll- oder Teilzeit erwerbstätige Personen zwischen 18 und 60 Jahren.
16 Hirschberg stellt in ihren Ausführungen auch klar, dass eine weitere Ausdifferenzierung persönlicher Faktoren innerhalb der ICF wünschenswert ist, um individuelle Lebens- und Teilhabesituationen von Menschen mit Beeinträchtigungen besser abbilden zu können.

der Kompensation entscheidet wesentlich über individuelle Lebenssituationen, welche durch unterschiedliche gesellschaftliche Teilhabemöglichkeiten geprägt sind. »Teilhabe beleuchtet [in diesem Sinne; d. Verf.] den *Möglichkeitsraum*, der aus der Interaktion zwischen Individuum und Gesellschaft entsteht, also in der Wechselbeziehung zwischen persönlichen und gesellschaftlichen Faktoren« (Bartelheimer u. a. 2020, 43). Vor diesem Hintergrund ist generell ein Abbau von Barrieren und Zugangsbeschränkungen notwendig, um im günstigsten Fall zur vollständigen Kompensation von Beeinträchtigungen beizutragen, so dass möglichst vollumfängliche Teilhabe realisiert werden kann. Zum Erreichen einer solchen Reduktion von Barrieren ist »[…] das Zusammenspiel zwischen gesellschaftlichen Bedingungen und persönlichen Merkmalen (wie Dispositionen, Kompetenzen, Einstellungen, Präferenzen) zu analysieren« (ebd., 44 f.) und wo nötig zu intervenieren bzw. zu handeln.

Rechtlicher Anspruch auf Teilhabe

Spätestens 2009, seit der Ratifizierung und dem Inkrafttreten der Behindertenrechtskonvention der Vereinten Nationen (UN-BRK) in Deutschland, ist unstrittig, dass Menschen mit Behinderungen einen menschenrechtlich bestätigten Anspruch auf vollumfängliche Teilhabe in allen Lebensbereichen haben. Dieser Anspruch wird bereits in Artikel 3 unter den »Allgemeinen Grundsätzen« der Konvention festgelegt, wenn u. a. »die volle wirksame Teilhabe an […] und Einbeziehung in die Gesellschaft« sowie »Chancengleichheit« und »Zugänglichkeit« gefordert werden. In den Ausführungen der Konvention finden sich weitere Artikel und Regelungen zu den unterschiedlichen Lebensbereichen, welche diese Grundsätze und Anforderungen aufgreifen und konkretisieren. Die Teilhabe an Erwerbsarbeit wird in Artikel 27 der UN-BRK explizit aufgegriffen. In diesem erfolgt die Forderung nach einem freien und zugänglichen Arbeitsmarkt, auf dem Menschen mit Behinderungen eine Arbeit frei und selbständig wählen und ihren Lebensunterhalt durch Arbeit verdienen können.

Zur Umsetzung der aus der UN-BRK resultierenden Anforderungen zur gleichberechtigten Teilhabe in allen Lebensbereichen, -lagen und -altern hat die Bundesregierung mit dem Bundesteilhabegesetz (BTHG) in der vergangenen Legislaturperiode eine umfängliche Reform der Sozialgesetzgebung für Menschen mit Behinderungen auf den Weg gebracht. Diese wurde in vier Stufen seit 2017 bis 2023 eingeführt. Zentrale Anliegen der Reformbemühungen sind u. a. die Verbesserung der Teilhabe am Arbeitsleben, insbesondere hinsichtlich des Zugangs und Verbleibs auf dem allgemeinen Arbeitsmarkt und der Eröffnung von Wahlmöglichkeiten und Alternativen zur Werkstatt für behinderte Menschen (WfBM). Werkstattberechtigten Personen soll mit letzterem ermöglicht werden, ihren Anspruch auf Leistungen zur Teilhabe am Arbeitsleben auch bei anderen Leistungsanbietern (§ 60 SGB IX), durch ein Budget für Arbeit (§ 61 SGB IX) oder ein Budget für Ausbildung (§ 61a SGB IX) zu realisieren und nicht ausschließlich auf Werkstattleistungen verwiesen zu werden. Diese Bemühungen, die durch das BTHG eingeleitet wurden, werden aktuell nicht zuletzt auch durch das »Gesetz für einen inklusiven Arbeitsmarkt«[17] vorangetrieben, welches ergänzend im Juli 2023 verabschiedet wurde.

Behinderte Teilhabe am Arbeitsleben?

Trotz der genannten Bemühungen des Gesetzgebers ist die Arbeitsmarktsituation von Menschen mit (Schwer-)Behinderungen im erwerbsfähigen Alter seit Jahren angespannter als bei Menschen im erwerbsfähigen Alter ohne (Schwer-)Behinderungen. Dies lässt sich anhand der Erwerbsquoten, aber auch an der Höhe und der konjunkturellen Entwicklung der Arbeitslosenquote beider Gruppen abbilden (vgl. BA 2023, 7 ff.). Aufgrund der statistischen Daten der Bundesagentur für Arbeit lässt sich ebenfalls ein Zusammenhang zwischen Art und Ausmaß der Beeinträchtigung und einer gelingenden Arbeitsmarktintegration vermuten. Dies folgt dem Kontinuum, dass je umfänglicher Beeinträchtigungen und resultierender Unterstützungsbedarf sind, desto beschränkter Wahlmöglichkeiten sowie Zugänglichkeit und somit selbstbestimmte Teilhabe sein können (vgl. z. B. Wansing 2012, 15). Der Blick auf die Jahrzehnte lang gestiegene Beschäftigtenzahl in den Werkstätten für behinderte Menschen[18] stärkt diese Vermutung, denn zahlreiche Zugänge in WfbM erfolgen durch sogenannte »Quereinsteiger«. Dies sind Menschen im erwerbsfähigen Alter, die am allgemeinen Arbeitsmarkt tätig waren, diesem aber aufgrund von Art, Umfang und Schwere ihrer Beeinträchtigung nicht mehr zur Verfügung stehen und stattdessen Maßnahmen zur Teilhabe am Arbeitsleben in WfbM in Anspruch nehmen. Diese Maßnahmen stellen eine *Ersatzleistung zur Beteiligung an einer Tätigkeit* am allgemeinen Arbeitsmarkt dar und stehen in der Kritik, dauerhaft von diesem auszugrenzen. Zugespitzt und verschärft werden kann diese Situation durch weitere Nutzung von Leistungen der Eingliederungshilfe, die sich bei steigender Beeinträchtigung verstärkt findet (vgl. Schreiner 2017, 161 ff.).

2.3 Fazit und Zusammenfassung

Teilhabe ist und bleibt auf unabsehbare Zeit die zentrale Instanz für gesellschaftliche Zugehörigkeit und somit bevölkerungsmehrheitlich angestrebtes Ziel. Die Teilhabe an (Erwerbs-)Arbeit ist hierbei exponiert, stellt sie doch quasi den *Schlüssel zur Inklusion* im Sinne Kronauers (vgl. 2010) dar. So bleiben – unbeeindruckt von den Entwicklungen auf dem Arbeitsmarkt – die positiven Effekte der Beteiligung an Erwerbsarbeit auf die individuelle Selbstwahrnehmung sowie die gesellschaftliche Teilhabe und soziale Anerkennung (vgl. Honneth 1994) erhalten. Die Frage, wie ein per se exklusiver Arbeitsmarkt Teilhabechancen für Menschen mit Beeinträchti-

---

17 BGBl. 2023 I Nr. 146
18 vgl. Statistik der BAG WfbM im Internet

gungen eröffnen kann, bleibt bislang unbeantwortet (vgl. Wansing 2012) und wird es auch vorerst bleiben. Erfolge der Versuche, den Arbeitsmarkt in Deutschland zugänglicher und offener zu gestalten, beispielsweise durch das BTHG sowie das Gesetz zur Förderung eines inklusiven Arbeitsmarktes, bleiben ebenso abzuwarten wie die lang vorausgesagte Abkehr von der Erwerbsarbeit als angestrebtes Ideal der Bevölkerungsmehrheit. Beides hätte Potential, die (Teilhabe-)Situation von Menschen mit Beeinträchtigungen zu verändern.

Literatur

Bartelheimer, P. (2005): Teilhabe, Gefährdung, Ausgrenzung. In: Berichterstattung zur sozioökonomischen Entwicklung in Deutschland (S. 85–123). Wiesbaden: VS Verl. für Sozialwiss.

Bundesagentur für Arbeit (2023): Arbeitsmarktsituation schwerbehinderter Menschen 2022. Online verfügbar unter: https://statistik.arbeitsagentur.de/DE/Statischer-Content/Statistiken/Themen-im-Fokus/Menschen-mit-Behinderungen/generische-Publikation/Arbeitsmarktsituation-schwerbehinderter-Menschen-2022.pdf?__blob=publicationFile, zuletzt aktualisiert am Mai 2023, Zugriff am 11.09.2023.

Castel, R. (2008): Die Metamorphosen der sozialen Frage. Eine Chronik der Lohnarbeit. 2. Auflage. Konstanz: UVK-Verl.-Ges.

destatis (2023): Erwerbstätigenquoten 1991 bis 2022. Erwerbstätigenquoten nach Gebietsstand und Geschlecht in der Altersgruppe 15 bis unter 65 Jahren in %. Online verfügbar unter: https://www.destatis.de/DE/Themen/Arbeit/Arbeitsmarkt/Erwerbstaetigkeit/Tabellen/erwerbstaetigenquoten-gebietsstand-geschlecht-altergruppe-mikrozensus.html, Zugriff am 11.09.2023.

Gaspar, C. & Hollmann, D. (2015): Bedeutung der Arbeit. Ein Kooperationsprojekt von GfK Verein und Bertelsmann Stiftung.

Gille, C. & Münch, T. (2023): Erwerbslosigkeit. In: A. v. Rießen & C. Bleck (Hrsg.), Handlungsfelder und Adressierungen der Sozialen Arbeit (S. 284–292). Stuttgart: Kohlhammer,

Hirschberg, M. (2012): Die Erfassung gesellschaftlicher Barrieren und Unterstützungsfaktoren – Vorschläge zur Weiterentwicklung der ICF. In: Teilhabe 51 (1), 20–24.

Hollenweger, J. (2003): Behindert, arm und ausgeschlossen. In: G. Cloerkes (Hrsg.), Wie man behindert wird. Texte zur Konstruktion einer sozialen Rolle und zur Lebenssituation betroffener Menschen, Bd. 1 (S. 141–164). Heidelberg: Winter.

Honneth, A. (1994): Kampf um Anerkennung. Zur moralischen Grammatik sozialer Konflikte. Frankfurt am Main: Suhrkamp.

Jaeggi, R. & Kübler, L. (2014): Pathologien der Arbeit. Zur Bedeutung eines gesellschaftlichen Kooperationsverhältnisses. WSI-Mitteilungen (7/2014), 521–527. Online verfügbar unter: https://www.nomos-elibrary.de/10.5771/0342-300X-2014-7-521/pathologien-der-arbeit-zur-bedeutung-eines-gesellschaftlichen-kooperationsverhaeltnisses-jahrgang-67-2014-heft-7?page=1, Zugriff am 11.09.2023.

Kronauer, M. (2010): Exklusion. Die Gefährdung des Sozialen im hoch entwickelten Kapitalismus. 2., aktualisierte und erweiterte Auflage. Frankfurt, M, New York, NY: Campus-Verl.

Schreiner, M. (2017): Teilhabe am Arbeitsleben. Die Werkstatt für behinderte Menschen aus Sicht der Beschäftigten. Wiesbaden: Springer VS.

Wansing, G. (2012): Inklusion in einer exklusiven Gesellschaft. Oder: Wie der Arbeitsmarkt Teilhabe behindert. Behindertenpädagogik 51 (4), 381–396.

3 Psychologische Perspektiven

Matthias Morfeld

Der Übergang ins Berufs- und Erwerbsleben markiert einen entscheidenden Wendepunkt in der Lebensgeschichte junger Menschen. Nachdem sie sich aus den vertrauten und festgelegten Strukturen des allgemeinbildenden Schulsystems herausbewegen, stehen sie vor der Herausforderung, in das offene und facettenreiche System der beruflichen Bildung einzutreten. Die Schwelle, die als entscheidender Wendepunkt betrachtet wird, stellt eine »zentrale Weichenstellung« für die zukünftige berufliche Biografie dar (vgl. Kranert & Stein 2019, 212). Es obliegt dem Schulsystem, jungen Menschen nach ihrem Schulabschluss einen reibungslosen Übergang in eine berufsqualifizierende Ausbildung zu ermöglichen. Aufgrund hoher Zahlen an Jugendlichen, die den Übergang nicht schaffen und stattdessen in ein Übergangssystem einmünden, scheint es jedoch, dass diese Hoffnung nicht erfüllt wird (vgl. Kranert & Stein 2019, 212).

3.1 Übergangswege

In Artikel 27 Abs. 1 der UN-Behindertenrechtskonvention wird das gleiche Recht von Menschen mit Behinderungen auf Arbeit proklamiert sowie dasjenige der Möglichkeit, den Lebensunterhalt durch frei gewählte Arbeit in einem frei zugänglichen Arbeitsmarkt zu verdienen. Eine wesentliche Voraussetzung, um dieses Recht wirksam wahrnehmen zu können, ist eine qualifizierte Berufsausbildung (Pfister 2014). Nachfolgend werden die theoretisch möglichen Übergänge von Menschen mit Beeinträchtigungen aus der Schule in das Berufsleben aufgezeigt. Zudem werden einzelne Institutionen näher beleuchtet und Schwierigkeiten des Übergangs hervorgehoben.

Für Schüler*innen mit Förderbedarf aus Regelschulen oder Förderschulen existieren sieben mögliche Übergänge von der Schule in den Beruf (Abb. 5).

Grundsätzlich steht allen Jugendlichen nach dem Berufsbildungsgesetz (BBiG) der Zugang zu einem regulären Ausbildungsprogramm offen. Diese umfassen sowohl dreijährige als auch dreieinhalbjährige Ausbildungsberufe als auch weniger umfangreiche Ausbildungsprogramme mit einer Dauer von zwei Jahren (Menze et al. 2021).

Für Jugendliche, die nach Verlassen der allgemeinbildenden Schule nicht unmittelbar in eine vollqualifizierte, berufliche Ausbildung vermittelt werden können,

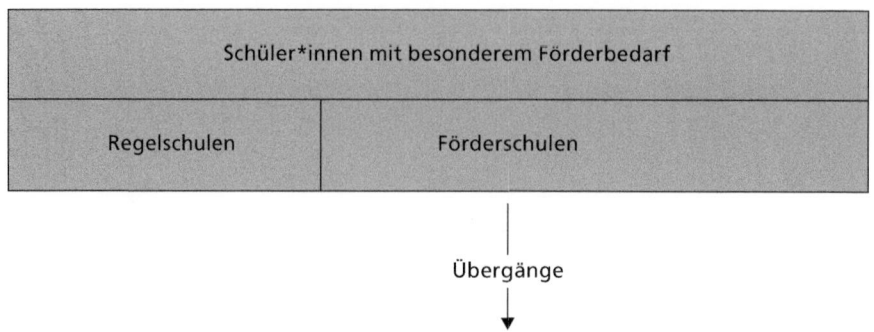

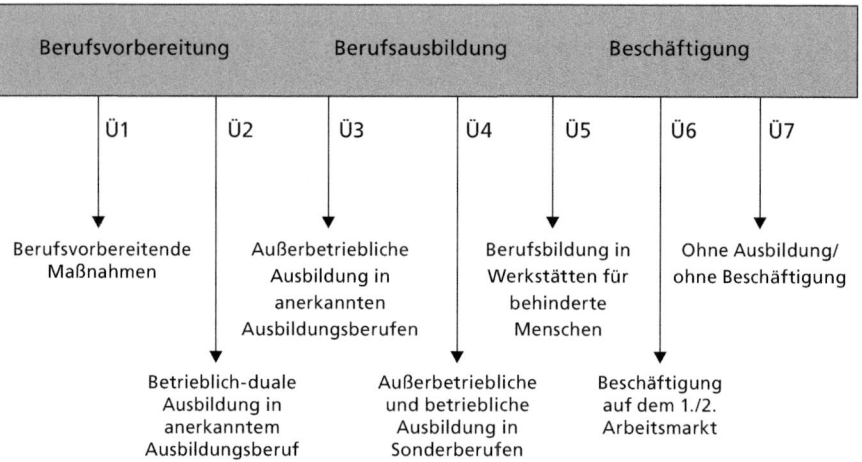

Abb. 5: Übergänge von allgemeinbildenden Schulen in Ausbildung und Beruf (Euler & Severing 2014, 11)

besteht die Möglichkeit, an berufsvorbereitenden Maßnahmen (Ü1) teilzunehmen. Im Übergangsbereich der Bundesagentur für Arbeit (BA) werden eine Vielzahl von teilqualifizierenden Maßnahmen der Berufsausbildungsvorbereitung an Berufsfachschulen (BFS), in Betrieben sowie bei außerbetrieblichen Trägern (z. B. privaten Bildungsträgern, Berufsbildungswerken [BBW]) finanziert. Es handelt sich um Maßnahmen wie die »betriebliche Erstqualifizierung« und betriebliche Praktika, wie z. B. das Berufsvorbereitungsjahr (BVJ), das Berufsgrundbildungsjahr (BGJ), Berufsvorbereitende Bildungsmaßnahmen (BvB) oder die Absolvierung einer Berufsvorbereitung an Berufsschulen (Pfister 2014). Der Übergang in eine betrieblich-duale Ausbildung in einem anerkannten Ausbildungsberuf (Ü2) erfolgt in Deutschland zu mehr als zwei Drittel (67,2 %) im dualen System (Pfister 2014). Obwohl die BA für die berufsfördernde Erstausbildung für Menschen mit Beeinträchtigungen hohe Summen aufwendet, sind die Chancen auf eine betrieblich-duale Ausbildung in einem anerkannten Ausbildungsberuf für Schulabgänger*innen mit sonderpädagogischem Förderbedarf gering (Pfister 2014, 230). Viele Bewerbende scheitern an den Barrieren der Auswahlverfahren oder aber auch an den manchmal zu geringen Eingangsvoraussetzungen – z. B. bei Menschen mit geistigen Behinderungen. Daher wurde die außerbetriebliche Berufsausbildung (BaE) in einem anerkannten Ausbildungsberuf (Ü3) geschaffen. Diese außerbetriebliche, d. h. überwiegend öffentlich finanzierte Berufsausbildung findet zumeist in speziellen Einrichtungen statt, z. B. in BBW oder bei Trägern wie den Jugendwerkstätten. Ist eine Ausbildung in einem anerkannten Ausbildungsberuf auch mit einem Nachteilsausgleich (z. B. technische Hilfsmittel, Anpassung der Zeitstruktur) wegen der Schwere der Behinderung nicht möglich, besteht die Option, dass Menschen mit Beeinträchtigungen in gesondert geregelten Ausbildungsberufen ausgebildet werden (Ü4) (Fachpraktiker; vgl. Der Paritätische Gesamtverband 2017; Pfister 2014). Ca. 37 % der jungen Menschen mit vormals sonderpädagogischem Förderbedarf durchlaufen nach der Schulzeit weder eine berufsvorbereitende Maßnahme noch einer Berufsausbildung. Sie finden sich entweder im Berufsbildungsbereich einer Werkstatt für behinderte Menschen (WfbM) (Ü5) wieder oder münden als »Ungelernte« direkt in den ersten, meistens aber in den zweiten Arbeitsmarkt (Ü6) oder bleiben ohne Beschäftigung (Ü7) (Pfister 2014).

Die BA zielt auf junge Menschen mit einer angeborenen oder erworbenen Behinderung ab und legt ihren Fokus auf den Bedarf an besonders unterstützter Berufsvorbereitung und beruflicher Bildung (Ü1). Leistungserbringer sind die BBW. Die Deutsche Gesetzliche Unfallversicherung und die Integrationsämter zielen ebenfalls auf junge oder erwachsene Menschen mit angeborenen oder erworbenen Behinderungen ab. Die Leistungserbringer sind WfbM (Ü5), die Unterstütze Beschäftigung (Ü3) sowie Phase-II-Einrichtungen (Ü3)[19]. Die Art bzw. die Schwere der Behinderung sowie die Sicherung des Erfolgs können besondere Hilfen und Förderangebote erforderlich machen (Morfeld & Stein, 2013).

3.2 Psychologische Herausforderungen

Bevor auf die psychologischen Herausforderungen während des Übergangs von der Schule ins Berufsleben für Menschen mit sonderpädagogischem Bedarf eingegangen wird, lohnt es sich, einen Blick auf den aktuellen Stand der psychischen Gesundheit von Kindern und Jugendlichen weltweit zu werfen. Gemäß einem aktuellen Bericht des UN-Kinderhilfswerks (Unicef 2021)[20] stellt sich die psychische Gesundheit von Kindern und Jugendlichen weltweit als kritisch dar.

---

19 Einrichtungen der medizinisch-beruflichen Rehabilitation (Phase-II-Einrichtungen) schließen die Lücke zwischen der medizinischen Erstversorgung (Phase I) und der beruflichen Rehabilitation (Phase III).
20 Unicef. (2021). Unicef-Bericht zur Situation der Kinder in der Welt 2021. »On my Mind: die psychische Gesundheit von Kindern fördern, schützen und unterstützen«. Zugriff am 23. 6. 2023. Verfügbar unter: https://www.unicef.de/_cae/resource/blob/249178/df8537c4c9c21 06922f49da4884e82b4/zusammenfassung-sowcr-2021-data.pdf

Hanisch & Thomas (2021) betonen, dass die Schnittmenge der Kinder und Jugendlichen mit psychischen Belastungen und sonderpädagogischen Bedarf sehr groß, aber nicht identisch ist. Folglich haben nicht alle Kinder und Jugendlichen mit psychischen Schwierigkeiten automatisch einen Anspruch auf sonderpädagogische Förderung, und nicht jede/r Schüler*in im Förderschwerpunkt emotionale und soziale Entwicklung (esE) ist von behandlungsbedürftigen psychischen Störungen betroffen. Insbesondere im Hinblick auf den Übergang in das Arbeitsleben erhält dies eine besondere Nuance, da eine Kennzeichnung als »Seelische Behinderung« erforderlich ist, um eine Förderung gemäß dem Arbeitsförderungsgesetz zu erhalten. Für diese Etikettierung ist eine psychologische Überprüfung erforderlich.

Der Leitgedanke »*Problemaufriss: Niemand soll verloren gehen!*« prägt das pädagogische Konzept vieler Schulen und sonderpädagogischer Förderzentren. Leider zeigt die Realität oft ein anderes Bild, insbesondere bei Schüler*innen mit Förderbedarf im Bereich des sozialen Verhaltens und emotionalen Erlebens. Ihre Übergänge von der Schule in die Arbeitswelt und das Erwachsenenleben verlaufen häufig besonders schwierig (vgl. Bleher & Gingelmaier 2022, 80). O'Connor, O'Connor, Gray & Goldfeld (2018) betonen eine erhöhte Vulnerabilität und Stressbelastung während diesen Übergangszeiten, da die neuen Anforderungen selten mit den vorhandenen individuellen Kompetenzen übereinstimmen. Diese Erkenntnis wird auch von Wade-Bohleber, Duss, Crameri & von Wyl, (2020) in einer Studie bestätigt, in der das Stresserleben und die psychische Belastung bei berufstätigen und arbeitslosen Jugendlichen untersucht wurde. Eine Längsschnittstudie aus England (Symonds, Dietrich, Chow & Salmela-Aro 2016), basierend auf Daten von über 13.000 Gesamtschüler*innen, ergab, dass Jugendliche, die als »NEET« (nicht in der Schule, keine Erwerbstätigkeit und nicht in Ausbildung) klassifiziert wurden, die größten Einbußen in ihrer seelischen Gesundheit aufwiesen. Ebenso zeigten Schüler*innen, die einen Wechsel innerhalb derselben Schule (Sekundarstufe II) durchliefen, erhöhte Ängste, Depressionen und insgesamt ein geringeres »Funktionsniveau«. Im Gegensatz dazu konnte in der Studie jedoch festgestellt werden, dass Jugendliche, die in Vollzeitarbeit, Ausbildung oder an einer BFS tätig wurden, eine Verbesserung ihres psychischen Gesundheitszustands zeigten.

Obwohl die Übertragbarkeit auf das deutsche duale System begrenzt ist, lassen diese Erkenntnisse dennoch auf relevante Wechselwirkungen zwischen den Bereichen Schule, Berufsbildung und psychischer Gesundheit schließen. Von Wyl, Sabatella, Zollinger & Berweger (2018) betonen, dass Schwierigkeiten beim Übergang in die Berufsausbildung das Risiko von psychischen Problemen für alle Jugendliche erhöhen können. Insbesondere im Kontext der Förderschule mit Schwerpunkt emotional-soziale Entwicklung (esE) ist zu beachten, dass aufgrund bereits vorhandener biografischer Faktoren ein erhöhtes Maß an Stress, psychischer Belastung und weiteren kumulierten Risikofaktoren vorliegt (Sekundärzitat nach Scheithauer & Petermann 1999 in Bleher & Gingelmaier 2022, 88). Daher ist anzunehmen, dass die Verdichtung von psychischen Schwierigkeiten, die für die Förderschule esE charakteristisch ist, einen erheblichen Einfluss auf den ohnehin vulnerablen Übergang in ein lebenslanges auszubalancierendes Berufsleben hat (Bleher & Gingelmaier 2022).

Der Übergang ins Berufsleben kann für Jugendliche mit psychischen Belastungen ein *multiples Krisenszenario* darstellen. Hierbei wird der Begriff *Krise* neutral verwendet, um die Bedeutung der Herausforderungen hervorzuheben, ohne sie als (drohende) Katastrophe einzustufen (Kranert & Stein 2019, 216; Stein & Kranert 2020). Erikson beschreibt die Identitätsentwicklung des Menschen als einen Prozess, der in acht krisenhaften Stufen verläuft, in denen altersspezifische Spannungsfelder bewältigt werden sollen. Im Jugendalter lässt sich eine *altersadäquate Entwicklungskrise* beobachten (Kranert & Stein 2019, 216), in der die Entwicklung der Identität im Vordergrund steht. Jugendliche suchen nach ihrer Identität und müssen durch Versuch und Irrtum herausfinden, wo ihre Grenzen liegen. Wenn es nicht gelingt, kann es zu sozialem Rückzug oder einer Anbindung an Gruppenidentitäten kommen, die gewissermaßen eine soziale Schutzmauer für den Jugendlichen darstellen (Erikson 1959 in Pritz 2008, 58).

Der Übergang von der Schule zum Beruf nimmt aufgrund der Bedeutung des Berufs für die gesamtgesellschaftliche Teilhabe und den individuellen sozialen Status eine herausgehobene Stellung ein. Dieser Übergang kann gemäß Erikson als *ontogenetische Lebenskrise* (Kranert & Stein 2019, 216) betrachtet werden, die einen Wendepunkt in der Biografie darstellt. Es besteht eine deutliche Betonung der beruflichen Normalbiografie (Tillmann 2013, 21), was zu einer starken Stratifizierung und Standardisierung der anschließenden Bildungsprozesse führt, bei denen Leistungsselektion und soziale Selektionsprozesse eine Rolle spielen.

Das subjektive Empfinden von Erfolg oder Misserfolg bei Jugendlichen steht im Kontrast zur Vielfalt der nachschulischen Möglichkeiten und hängt davon ab, wie gut sie sich den Anforderungen des Berufs anpassen können (Kranert & Stein 2019, 217). Die Bedeutung erfolgreicher Übergänge und die hohe Sensibilität dieser Phase für die individuelle Entwicklung in Bezug auf psychische Belastungen sollte betont werden. Der Übergang von Schule – Beruf kann als erdrückend empfunden werden und zu psychischer Belastung führen, die sowohl das Risiko des Scheiterns als auch das Risiko von Beeinträchtigungen erhöht (Kölch & Fegert 2013). Daraus ergibt sich eine zusätzliche »*individuellen Krise*« gemäß Erikson, welche die spezifischen Wechselwirkungen zwischen der Person selbst, ihren psychischen Belastungen, ihrer Umgebungen und den Interaktionen beschreibt. Neben den bereits erwähnten Entwicklungs- und Lebenskrisen entsteht ein weiteres Element subjektiv empfundener Unsicherheit, einschließlich der Frage, ob man eigene psychische Belastungen offenlegen und damit möglicherweise eine »Etikettierung« (zum Zwecke der Unterstützung) in Kauf nehmen möchte (Kranert & Stein 2019, 217).

Die folgende Abbildung nach Kranert & Stein (2019, 217) verdeutlicht diese drei krisenhaften Momente, die in einem wechselseitigen Verhältnis zueinanderstehen. Jede einzelne Krise kann potenziell (erschwerend) auf die anderen Herausforderungen einwirken.

Bei genauer Betrachtung der negativen Aspekte krisenhafter Prozesse wird deutlich, dass der Übergang von Schule – Beruf bei vielen Jugendlichen Unbehagen und Unsicherheit auslöst, was zu einer Lebens- und Entwicklungskrise führen kann. Eine vorhandene psychische Belastung kann zu erheblicher Verunsicherung führen, die sich individuell durch Gefühle der Orientierungslosigkeit, Hilflosigkeit oder des Ausgeliefertseins an institutionelle Hilfesysteme äußert. Beobachtbare Verhaltens-

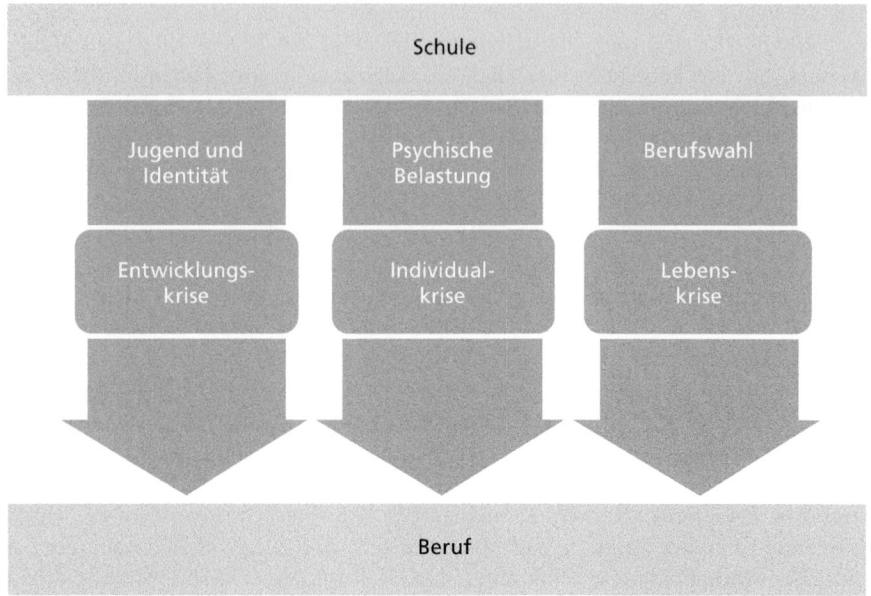

Abb. 6: Übergang Schule-Beruf als multiples Entwicklungsszenario (vgl. auch Stein & Kranert 2020, 134)

weisen können sozialer Rückzug, Demotivation, Vermeidungsverhalten oder auch kompensatorische Handlungen sein. Angesichts dieses komplexen Krisenszenarios erfordert sowohl die wissenschaftliche Fundierung als auch die pädagogische Praxis eine eingehende konzeptionelle Auseinandersetzung (Kranert & Stein, 2019).

3.3 Diagnostische Prozesse

Vor der Bereitstellung geeigneter Maßnahmen für Jugendliche im Übergang von Schule zum Beruf wird sowohl während der Schulzeit als auch zu Beginn der BvB eine Diagnostik durchgeführt.

De Boer, Stumpf & Wagner (2009) postulieren 3 Thesen:

1. Die Diagnostische Kompetenz müsse verbessert werden, indem geeignete Diagnoseverfahren zum Erkennen der Potenziale verwenden werden.
2. Es brauche eine bessere Verknüpfung der Diagnoseergebnisse und der anschließenden praktischen Förderung, zudem müssen diese Prozesse frühestmöglich im Übergang Schule – Beruf einsetzen, um das Erfordernis von Berufsqualifikationsmaßnahmen zu verringern.

3. Diese Prozesse müssen durch eine bessere Vernetzung der verschiedenen Einrichtungen besser in die Infrastruktur eingegliedert und deren Zusammenarbeit verbessert werden.

Sonderpädagogische Prozesse

Die sonderpädagogische Diagnostik ist darauf ausgerichtet, die Grundlage für individuelle Präventions- und Interventionsmaßnahmen zu schaffen, indem sie individuelle, fachdidaktische, schulorganisatorische und lebenslagenspezifische Einfluss- und Risikofaktoren ermittelt, welche die Teilnahme am Bildungsangebot erschweren oder blockieren (Ricken 2007, 151; Werner 2022).

Zur Feststellung des sonderpädagogischen Förderschwerpunktes geistige Entwicklung werden verschiedene diagnostische Verfahren eingesetzt, wie die BUEVA III für die Allgemeine Entwicklung, das GISC-EL für schulische Kompetenzen und die IDS 2 für kognitive Kompetenzen. Diese Testverfahren bilden einen maßgeblichen Teil der sonderpädagogischen Diagnostik und ermöglichen die Messung des Entwicklungs-, Lern- und Leistungsstand eines Kindes (Thüringer Ministerium für Bildung, Jugend und Sport 2020).

Kritik wird insbesondere in Hinblick auf Intelligenztests und ihre Rolle als bedeutsame Informationsquelle in den Schwerpunkten Lernen und geistige Entwicklung geäußert, da sie nicht die Fähigkeiten und Kompetenzen eines Kindes/Jugendlichen vollständig abbilden und somit keine zuverlässige Einschätzung zum Förderschwerpunkt geistige Entwicklung ermöglichen (Thüringer Ministerium für Bildung, Jugend und Sport 2020).

Zudem werde Diagnostik meist erst zu spät durchgeführt, sodass sich das Problem bereits manifestiert habe und Lösungsmöglichkeiten begrenzt sind, auch »Wait-to-Fail-Problem« genannt. Meist werde erst dann interveniert, wenn ein Ignorieren des Problems nicht mehr möglich ist bzw. wenn die Belastungsgrenze der Lehrpersonen erreicht ist (Gebhardt et al. 2022).

Eignungsanalyse

Zu Beginn der BvB für Jugendliche mit sonderpädagogischem Förderbedarf werden in der Regel innerhalb von 2 bis 4 Wochen zahlreiche praktische und theoretische Tests und Übungen durchgeführt, um einen Beruf zu finden, der den Kompetenzen und Wünschen der Jugendlichen entspricht (Wolf-Kühn & Morfeld, 2016). Eine Eignungsanalyse findet sowohl durch Rehabilitationsträgern (z.B. BA) als auch durch Leistungserbringern (z.B. BBW) statt (Wittwer & Seyd, 2004).

Die Erfassung schulischer, personaler und sozialer Kompetenzen sowie individueller Verhaltensweisen unter Beachtung vorhandener Potenziale bildet die Grundlage für eine individuelle Qualifizierungs- und Förderplanung (Preißer, 2010).

Kritik am Konzept und der Methodik der Eignungsanalyse richtet sich insbesondere auf die Vernachlässigung individueller und lebensnaher Fähigkeiten und Interessen. Im Fokus stehe Kompetenzmerkmale auf den fachlichen, sozialen und personalen Arbeitsanforderungen. Überdies gebe es erhebliche Probleme in der Umsetzung der Befunde der Eignungsanalyse in der Qualifizierungs- und Förderplanung, so dass Preißer (2010) die deutlich verfehlte Zielsetzung der Eignungsanalyse und Förderung zum Anlass nimmt, die These aufzustellen, »die BvB würde ebenso gut (oder schlecht) ohne die Eignungsanalyse und die dabei eingesetzten Verfahren der Kompetenzfeststellung verlaufen« (Preißer, 2010).

Aufgrund dieser Kritik wird deutlich, dass sich die allgemein formulierten Thesen von De Boer, Stumpf & Wagner (2009) sowohl auf die Leistungsdiagnostik als auch die Eignungsanalyse übertragen lassen.

Therapeutische Prozesse

Die Förderleistungen zur beruflichen Integration von Menschen mit Behinderungen oder drohender Behinderung zielen darauf ab, ihre Erwerbsfähigkeit zu erhalten, zu verbessern, herzustellen oder wiederherzustellen und ihre langfristige Teilhabe am Arbeitsleben sicherzustellen (Beck & Mau 2007).

Die Leistungen zur Teilhabe am Arbeitsleben (LTA) umfassen medizinische, psychologische und pädagogische Hilfen, die laut §49 Abs. 6 SGB IX folgendermaßen zusammengefasst werden können:

1. Hilfen zur Unterstützung bei der Krankheits- und Behinderungsverarbeitung
2. Aktivierung von Selbsthilfepotentialen
3. Mit Zustimmung der Leistungsberechtigten Information und Beratung von Partnerinnen/Partnern und Angehörigen sowie von Vorgesetzten und Kolleginnen/Kollegen
4. Vermittlung von Kontakten zu öffentlichen Selbsthilfe- und Beratungsmöglichkeiten
5. Hilfen zur seelischen Stabilisierung und zur Förderung der sozialen Kompetenz, unter anderem durch Training sozialer und kommunikativer Fähigkeiten und im Umgang mit Krisensituationen
6. Training lebenspraktischer Fähigkeiten
7. Anleitung und Motivation zur Inanspruchnahme von LTA
8. Beteiligung von Integrationsfachdiensten im Rahmen ihrer Aufgabenstellung (§193).

Die Förderung an Förderschulen für eine spätere berufliche Eingliederung umfasst unter anderem berufsorientierten Unterricht, Schülerfirmen, Berufspraktika und Berufsinformationszentren (BIZ) und Kooperationen mit der BA (Hofmann-Lun 2011).

Die Verknüpfung der Förderung mit dem Ziel einer Teilhabe am Arbeitsleben macht deutlich, dass mehr benötigt wird als die Vermittlung fachtheoretischer und fachpraktischer Inhalte. Um eine individuelle Beratung und gemeinsame Festlegung erforderlicher Maßnahmen und Leistungen für die berufliche Eingliederung für Menschen mit Behinderungen zu gewährleisten, sind in Agenturen für Arbeit spezialisierte Fachkräfte tätig (Hofmann-Lun 2011).

Als Möglichkeiten im Anschluss an die Förderschule können kooperative und integrative Ausbildungen über Arbeitsagenturen eingeleitet und finanziert werden, während es bei der Bewerbung für Betriebliche Ausbildungen auf dem ersten Arbeitsmarkt der Eigeninitiative bedarf. Problematisch ist zudem, dass die Wunschberufe der Schüler*innen häufig mindestens einen Hauptschulabschluss voraussetzen, der mit dem Abschluss der Förderschule oft nicht gegeben ist. Zur Erlangung des Hauptschulabschlusses stehen drei Möglichkeiten zur Verfügung: eine BvB, ein BVJ oder der Übertritt an eine Hauptschule im neunten Schuljahr.

Die Berufsberatung der Bundesagentur für Arbeit spielt eine entscheidende Rolle im Übergangsmanagement und der Berufsorientierung durch intensive Zusammenarbeit mit Förderschulen, Klassenleitungen, persönlichen Gesprächen mit Schüler*innen und Eltern sowie Teilnahme an Elternabenden (Hofmann-Lun 2011).

Der Aktionsplan Inklusion der BA (2020) umfasst vier zentrale Handlungsfelder: Bewusstseinsbildung und Qualifizierung (Art. 8 UN-BRK), Barrierefreiheit (Art. 9 UN-BRK), Partizipation und Konsultation (Art. 4 UN-BRK) sowie Inklusive Teilhabe am Arbeitsleben (Art. 24, 26, 27 UN-BRK).

3.4 Fazit

Die Berufswahl von Schüler*innen mit sonderpädagogischem Förderbedarf stellt Lehrkräfte vor große Herausforderungen und zeigt deutliche Unterschiede zu Schüler*innen ohne Förderbedarf sowie deren späterer Berufswahl auf. Die Vorstellung, »nur« in einer WfbM arbeiten zu können, kann zu Scham und Stigmatisierung führen.

Die Kategorisierung »Behinderung – Nichtbehinderung« macht sich bei Betroffenen bemerkbar, sobald junge Menschen mit Behinderungen, die es sonst gewohnt waren, mit solchen ohne Behinderung zusammen zu lernen, gesondert im Hinblick auf das Thema Beruf beschult werden. Im späteren Berufsleben mangelt es bei vielen Arbeitgeber*innen an Wissen über formelle Prozesse und es besteht die Sorge vor einem erhöhten Arbeitsaufwand bei Einstellung von Menschen mit Behinderungen. Ein positiver Einfluss auf die Integration von Menschen mit sonderpädagogischem Förderbedarf in den ersten Arbeitsmarkt könnte sich durch den derzeitigen Arbeitskräftemangel ergeben.

Letztendlich bedarf es einer radikalen Reform der Anbieterstruktur, insbesondere der WfbM, ohne diese jedoch vollständig abzuschaffen. Die Gesetzgeber sollten ein angebotsorientiertes Vorgehen fördern und klare Vorgaben für die WfbM machen, insbesondere im Hinblick auf die mangelnde Weitervermittlung.

Zusammenfassend lässt sich sagen, dass ein flexibleres System mit mehr Verbindungen zu Arbeitgeber*innen auf dem ersten Arbeitsmarkt sowie der Ausbau von Inklusionsbetrieben und Außenarbeitsplätzen wünschenswert wären.

Literatur

Beck, L. & Mau, W. (2007): Leistungen zur Teilhabe am Arbeitsleben und andere berufsbezogene Maßnahmen. In: M. Morfeld, M. Mau, W.H. Jäckel & U. Koch (Hrsg.), Rehabilitation, Physikalische Medizin und Naturheilverfahren (S. 58–61). München, Jena: Urban & Fischer.

Bleher, W. & Gingelmaier, S. (2022): Übergänge der Förderschule, Förderschwerpunkt emotionale und soziale Entwicklung. In: R. Stein & H.-W. Kranert (Hrsg.), Psychische Belastungen in der Berufsbiografie (Band 4, S. 80–91). Bielefeld: wbv Publikation. Online verfügbar unter: https://doi.org/10.3278/9783763967735, Zugriff am 23.05.2024.

Boer, B. d., Stumpf, S. & Wagner, K. (2009): Das Integrierte Potenzial-Assessment. TUP – Theorie und Praxis der Sozialen Arbeit (6), 421–428.

Bundesagentur für Arbeit (2020): Der Aktionsplan Inklusion der Bundesagentur für Arbeit. Gleichberechtigt teilnehmen, mitgestalten und gemeinsam arbeiten. Nürnberg: Bundesagentur für Arbeit. Online verfügbar unter: https://www.arbeitsagentur.de/datei/aktionsplan-inklusion-doppelseitenansicht_ba030130.pdf, Zugriff am 23.05.2024.

Der Paritätische Gesamtverband (2017): Inklusive Wege in Ausbildung?! Eine Arbeitshilfe zur Begleitung von Jugendlichen mit Behinderungen am Übergang von der Schule in eine Ausbildung oder Beschäftigung.

Erikson, E. (1959): Identity and the life cycle. New York: International Universities Press.

Euler, D. & Severing, E. (2014): Inklusion in der beruflichen Bildung: Daten, Fakten, offene Fragen. Bertelsmann Stiftung. Gütersloh.

Gebhardt, M., Scheer, D. & Schurig, M. (2022): Sonderpädagogische Diagnostik. Eine Einführung. In: M. Gebhardt, D. Scheer & M. Schurig (Hrsg.), Handbuch der sonderpädagogischen Diagnostik. Grundlagen und Konzepte der Statusdiagnostik, Prozessdiagnostik und Förderplanung (S. 7–16). Regensburg. Universitätsbibliothek. Online verfügbar unter: https://doi.org/10.5283/epub.53149, letzter Zugriff am 23.05.2024.

Hanisch, C. & Thomas, H. (2021): Die Rolle der Schule in der kindlichen und jugendlichen Entwicklung. In: J. Fegert, P. Plener, M. Kaess, M. Döpfner, K. Konrad & T. Legenbauer (Hrsg.), Psychiatrie und Psychotherapie des Kindes- und Jugendalters (S. 1–10). Heidelberg: Springer Verlag. Online verfügbar unter: https://link.springer.com/referenceworkentry/10.1007/978-3-662-49289-5_44-1, Zugriff am 23.05.2024.

Hofmann-Lun, I. (2011): Förderschüler/innen im Übergang von der Schule ins Arbeitsleben: Beruflich-soziale Integration durch gesonderte Förderung. München: Deutsches Jugendinstitut, 57–82.

Kölch, M. & Fegert, J. (2013): Psychische Störungen bei Kindern und Jugendlichen. Kinder- und Jugendschutz in Wissenschaft und Praxis, 58(3), 75–80.

Kranert, H.-W. & Stein, R. (2019): Der Übergang ins Berufsleben von Heranwachsenden mit psychischen Belastungen. Forschungsstand und weitere Entwicklungslinien. Emotionale und soziale Entwicklung in der Pädagogik der Erziehungshilfe und bei Verhaltensstörungen, 1, 210–223.

Menze, L., Sandner, M., Anger, S., Pollak, R. & Solga, H. (2021): Schwieriger Übergang in Ausbildung und Arbeitsmarkt.

Morfeld, M. & Stein, R. (2013): Aus- und Weiterbildung für die Berufliche Rehabilitation: Professionalisierung in – und für die – Zukunft? Berufliche Rehabilitation, 110–129.

O'Connor, E., O'Connor, M., Gray, S. & Goldfeld, S. (2018): Profiles of Mental Health Competence and Difficulties as Predictors of Children's Early Learning. School Mental Health, 10(4), 402–416. Online verfügbar unter: https://doi.org/10.1007/s12310-018-9252-9, Zugriff am 23.05.2024.

Pfister, J. (2014): Schulabschluss, und jetzt? – Übergänge in Ausbildung und Beruf. Berufliche Rehabilitation, 222–241.

Preißer, R. (2010): Gravierende Mängel, geringer Nutzen. Ein kritischer Blick auf die Eignungsanalyse. Online verfügbar unter https://www.ueberaus.de/wws/eignungsanalyse.php, Zugriff am 30.06.2023.

Pritz, A. (2008): Identität und Lebenszyklus. Einhundert Meisterwerke der Psychotherapie. Wien: Springer Verlag.

Ricken, G. (2007): Aufgaben der sonderpädagogischen Diagnostik. Pädagogik für Kinder und Jugendliche in schwierigen Lern und Lebenssituationen, 151–164.

Scheithauer, H. & Petermann, F. (1999): Zur Wirkungsweise von Risiko- und Schutzfaktoren in der Entwicklung von Kindern und Jugendlichen (1. Auflage, Band 8).

Stein, R. & Kranert, H.-W. (2020): Transition Schule-Beruf für Jugendliche mit psychischen Belastungen. Ein Theoriemodell. In: Stein, R. & Kranert, H.-W. (Hrsg.), Inklusion in der Berufsbildung im kritischen Diskurs (S. 121–155). Berlin: Frank & Timme.

Thüringer Ministerium für Bildung, Jugend und Sport (2020): Leitfaden zur sonderpädagogischen Diagnostik im Förderschwerpunkt geistige Entwicklung. Online verfügbar unter: https://bildung.thueringen.de/fileadmin/schule/inklusion/Diagnostik_-Geistige_Entwicklung.pdf, Zugriff am 30.06.2023.

Tillmann, K.-J. (2013): Die Bewältigung von Übergängen im Lebenslauf – eine biografische Perspektive. In: G. Bellenberg & M. Forell (Hrsg.), Bildungsübergänge gestalten. Ein Dialog zwischen Wissenschaft und Praxis (S. 15–32). Münster: Waxmann Verlag.

Unicef. (2021): Unicef-Bericht zur Situation der Kinder in der Welt 2021. »On my Mind: die psychische Gesundheit von Kindern fördern, schützen und unterstützen«. Online verfügbar unter: https://www.unicef.de/_cae/resource/blob/249178/df8537c4c9c2106922f49da4884-e82b4/zusammenfassung-sowcr-2021-data.pdf, Zugriff am 23.6.2023.

von Wyl, A., Sabatella, F., Zollinger, D. & Berweger, B. (2018): Reif für den Beruf? Schwierigkeiten und Ressourcen von Jugendlichen im Berufswahlprozess. In: F. Sabatella & A. von Will (Hrsg.), Jugendliche im Übergang zwischen Schule und Beruf (S. 1–21). Berlin, Heidelberg: Springer Berlin Heidelberg. Online verfügbar unter: https://doi.org/10.1007/978-3-662-55733-4_1, Zugriff am 23.05.2024.

Wade-Bohleber, L. M., Duss, C., Crameri, A. & von Wyl, A. (2020): Associations of Social and Psychological Resources with Different Facets of Chronic Stress: A Study with Employed and Unemployed Adolescents. International Journal of Environmental Research and Public Health, 17(14), 5032. Online verfügbar unter: https://doi.org/10.3390/ijerph17145032, Zugriff am 23.05.2024.

Werner, B. (2022): Diagnostik im Sekundarbereich I des Förderschwerpunkts Lernen. Teilhabeorientierte Diagnostik?!. In: M. Gebhardt, D. Scheer & M. Schurig (Hrsg.), Handbuch der sonderpädagogischen Diagnostik. Grundlagen und Konzepte der Statusdiagnostik, Prozessdiagnostik und Förderplanung (S. 53–66). Regensburg: Universitätsbibliothek. Online verfügbar unter: https://doi.org/10.5283/epub.53149, Zugriff am 23.05.2024.

Wittwer, U. & Seyd, W. (2004): Das Recht behinderter Menschen auf Teilhabe am Arbeitsleben. Memorandum aus der Arbeitsgemeinschaft Deutscher Berufsförderungswerke. Verfügbar unter: http://www.bwpat.de/ausgabe6/wittwer-seyd-bwpat6.shtml, Zugriff am 30.06.2023.

Wolf-Kühn, N. & Morfeld, M. (Hrsg.) (2016): Psychologie in der Beruflichen Rehabilitation. Rehabilitationspsychologie (S. 69–83). Wiesbaden: Springer Fachmedien Wiesbaden.

4 Berufs- und wirtschaftspädagogische Perspektiven

Ulrike Buchmann

Ausgehend von der berufsbildungswissenschaftlichen[21] Fokussierung auf die Entwicklung und Entfaltung des humanen Vermögens (im Sinne einer entwickelten Kultur des Denkens, Fühlens und Wollens) als Erkenntnisorientierung (vgl. Lisop & Huisinga 2004) wird in diesem Beitrag auf eine berufsbildungswissenschaftliche Klärung der wissenschaftlichen Kategorie Inklusion insistiert. Sie fungiert – in Abgrenzung zu vielfachen sozialpolitischen Willensbekundungen und Begriffsverwendungen in alltagspolitischen Kontexten – als Grundlage für die Analyse gesellschaftlicher Transformationsprozesse (vgl. Aulenbacher et al. 2017). Letztere provozieren Verwerfungen, mithin individuelle und gesellschaftliche Risiken, denen politisch im letzten Drittel des 20. Jahrhunderts mit den neuen Steuerungen im Bereich öffentlicher Dienstleistungen (New Public Management) begegnet werden sollte – mit mäßigem Erfolg. Die nicht bewältigten gesellschaftlichen Dynamiken und ursächlich damit in Verbindung stehenden Passungsprobleme, Mismatches und Übergangsrisiken (vgl. u. a. Konsortium Bildungsberichterstattung 2006; Buchmann 2011; Bojanowski & Eckert 2012; Autor*innengruppe Bildungsberichterstattung 2023) lancieren aufgrund kognitiver und emotionaler Verunsicherungen Teilhabe[22]ausschlüsse, die dazu beigetragen haben, dass Inklusion als regulative Idee in wissenschaftlichen, politischen und auch ökonomischen Diskursen positioniert werden konnte – zugleich »[...] allerdings momentan eher ein diffuses Verständnis dahingehend existiert, was unter der Kategorie Inklusion gefasst werden soll und wie mit dem Anspruch einer inklusiven beruflichen Bildung umgegangen werden kann«, so dass »insgesamt [...] ein großer Diskussions-, Forschungs- und Entwicklungsbedarf im Hinblick auf eine berufs- und wirtschaftspädagogische Klärung der Kategorie Inklusion und die Gestaltung der unterschiedlichen Handlungspraxen bzw. -felder in der beruflichen Bildung [besteht]« (Kremer & Büchter & Buchmann 2016, 1 f) – eine Einschätzung der Herausgeber*innen des Bilanzierungsversuchs innerhalb der Teildisziplin, die bis heute in den thematisch einschlägigen Publikationen (vgl. u. a. Bylinski & Rützel 2016; Buchmann & Cleef 2020; Münk & Scheiermann 2020; Bohlinger et al. 2022) dokumentiert ist.

Bildungspolitisch ist 2009 mit der Ratifizierung des Übereinkommens über die Rechte der Menschen mit Behinderungen der Vereinten Nationen – als Spezifizie-

---

21 Wie an anderer Stelle ausgeführt, verwende ich den Terminus Berufsbildungswissenschaft synonym für die Berufs- und Wirtschaftspädagogik (Buchmann 2011, 433–436).
22 Mit der Implementierung des New Public Managements wurde Teilhabe (gemäß Sozialgesetzbuch) im Sinne des Subsidiaritätsprinzips der deutschen Verfassung zur Teilnahme umgedeutet.

rung der UN-Menschenrechtskonvention – durch die Bundesrepublik Deutschland eine normative Setzung im Hinblick auf ein inklusives Bildungssystem vorgenommen worden. Ungeklärt ist allerdings nach wie vor, wer die Umsetzung dieser normativen Vorgaben, unter welchen inhaltlichen und formalen Maßgaben, überprüft und ihnen Durchsetzungskraft verschafft.

Ideengeschichtlich betrachtet ist Inklusion ein Begriff mit philosophischen Wurzeln, dessen wissenschaftlich kategoriale Klärung über die sozialwissenschaftlichen Diskursansätze bei Parsons (1977), Luhmann (1995) und Habermas (1999) initiiert wurde. Eine kategoriale Klärung aus (berufs)bildungswissenschaftlicher Sicht ist noch nicht abschließend erfolgt. Versucht man das Gemeinsame der erkenntnistheoretisch sehr unterschiedlich positionierten sozialwissenschaftlichen Ansätze herauszuarbeiten, so kann Inklusion als offener Prozess im Kontext von Freisetzung und Vergesellschaftung gedeutet werden, der eine gesellschaftliche *Neubewertung* und *Reorganisation* des Verhältnisses von Individuum und Gesellschaft erfordert. Berufsbildungswissenschaftlich betrachtet betrifft dieses Verhältnis sowohl die Sicht auf die Subjekte, die Bildungsgänge, Institutionen wie auch die zugrunde liegenden Wissensarchitekturen.

4.1 Der Objektbereich der Berufs- und Wirtschaftspädagogik als erziehungswissenschaftliche Teildisziplin und das zu bearbeitende Problem

Institutionen der Berufsbildung dienen – wie alle anderen Bildungsinstitutionen auch – der gesellschaftlichen Reproduktion und sind dem Bildungsauftrag sowie dem Demokratie- und Sozialstaatsgebot verpflichtet. Im Kontext der Berufsbildungswissenschaft zielt die Verwendung des Inklusionsbegriffs auf die Aufklärung eines veränderten gesellschaftlichen Modus der Reproduktion und dient dazu, komplexe gesellschaftliche Dynamiken zu erklären – und damit auch die Grundlagen der Ressourcenlegitimation, ebenso wie Mismatches, Time lags beziehungsweise Risiken und Gefährdungsbereiche, die aus sogenannten Modernisierungsrückständen resultieren. Modernitätsrückstände und die mit ihnen einhergehenden Risiken erfordern insgesamt eine Neubewertung der Vergesellschaftung von Jugend in spezifischen biografischen Lebenskonstellationen. Traditionell sind das insbesondere die Übergänge zwischen allgemeinem Bildungssystem und Berufsbildungssystem sowie zwischen Berufsbildungs- und Beschäftigungssystem (vgl. Bojanowski & Eckert 2012), weiterhin auch die Übergänge zwischen vorberuflicher Bildung und Berufsausbildungsvorbereitung, zwischen Berufsausbildungsvorbereitung und Berufsausbildung, zwischen Berufsausbildung und beruflicher Weiterbildung sowie der Übergang zur akademischen Berufsaus- und Weiterbildung (Buchmann & Bylinski 2013, 159; vgl. Buchmann & Kell 2019). Die Übergänge werden regelmäßig zu Risikophasen über die Lebensspanne, die das einzelne Individuum (Teilnahmeausschluss[23]) und die Gesellschaft (Demokratiegefährdung; Fachkräftesicherung) betreffen. Die nationale Bildungsberichterstattung weist 2006 erstmalig ein sogenanntes Übergangssystem aus, das regelmäßig rund ein Drittel der Neuzugänge aufnimmt (vgl. Konsortium Bildungsberichterstattung 2006) und nach wie vor einen hohen Anteil an Jugendlichen mit Förderbedarf dokumentiert (Autor*innen Bildungsberichterstattung 2021). Berufsbildungswissenschaftlich betrachtet offenbaren sich im Übergangssystem *differente Strukturinsuffizienzen* wie unter einem Brennglas; gleichwohl konzentriert sich der Diskurs in der Berufsbildungswissenschaft auf die Zielgruppenspezifität Benachteiligung bzw. Behinderung und erschöpft sich vielfach in Desegmentierungsdebatten – ohne die Kausalitäten zwischen Strukturinsuffizienzen und Teilnahmeausschluss bzw. Benachteiligung analytisch in den Blick zu nehmen (vgl. u. a. Friese 2020).

Aus Sicht der Berufsbildungswissenschaft sind es insbesondere Fragen der Professionalisierung des pädagogischen Personals, die einer Klärung bedürfen (vgl. Sektion Berufs- und Wirtschaftspädagogik in der deutschen Gesellschaft für Erziehungswissenschaft – DgfE – 2009). Sie konnotieren alle Ebenen pädagogischen Handelns: insbesondere die Fragen der Potentialerschließung bzw. -aktivierung (a), der Bildungsganggestaltung und ihrer Anschlussfähigkeit (b), der Institutionenorganisation und -entwicklung (c) sowie der interdisziplinären Wissensarchitekturen und des Verhältnisses von Erfahrungs- und wissenschaftlichem Wissen (d) im Rahmen eines neuen professionellen pädagogischen Selbstverständnisses (Buchmann & Bylinski 2013; Büchter, Klusmeyer & Kipp 2016).

4.2 Pädagogisches Professionsfeld Personal- und Organisationsentwicklung in der Dialektik von gesellschaftlicher Teilnahme und Exklusion

Als Grundlage für die Identifizierung professionstheoretischer und pädagogischer Handlungsbedarfe und damit für die curriculare Gestaltung von Bildungsgängen fehlt es größtenteils an (berufs)bildungswissenschaftlichen Bedingungsanalysen (vgl. Buchmann & Kell 2001). Soweit vorhanden, machen Studien darauf aufmerksam (vgl. u. a. Pfeiffer 2004; Sennett 1998, 2005; Buchmann 2011; Rifkin 2016), dass im Kontext von Strukturwandelprozessen zur Bewältigung der höheren Aufgabenkomplexität neue Formen gesellschaftlicher Arbeitsteilung und neue gesellschaftliche Arbeitsschneidungen entstehen. Diese wiederum verändern die Bedarfe an konkretem Arbeitsvermögen der Subjekte. Sie verschärfen die bereits angespro-

---

23 Im Kontext industrieller Produktionsweisen ist gesellschaftliche Teilnahme in der Regel – also dann, wenn keine vollständige Alimentierung über privaten Ressourcen gegeben ist – an eine Erwerbstätigkeit gebunden.

chenen Verwerfungen zwischen vermittelten Qualifikationen einerseits und Bedarfen an verwissenschaftlichtem Arbeitsvermögen in Wirtschaft, Politik und privaten Haushalten andererseits (Passungsproblem, Mismatches, Übergangsproblematik). Dabei unterliegen *alle* (inklusive der vorakademischen) Bildungsgänge einem erheblichen Professionalisierungsdruck, und zwar im Hinblick auf die Aneignung allgemeiner Wissenskontingente und auf eine subjektbezogene Kompetenzentwicklung, über die fachliche Selbstständigkeit und Entscheidungsfähigkeit in öffentlichen und privaten Situationen ermöglicht wird. Selbst die so genannten Jedermann-Qualifikationen – traditionell durch Semi-Professionalität und Dequalifizierung gekennzeichnet – erfordern im Kontext einer wachsenden Nachfrage nach Fachlichkeit und Qualität ein erweitertes Kompetenzspektrum von Selbst-, Sach- und Sozialkompetenz. Damit verliert die Selektionslogik im Bildungswesen endgültig ihre Legitimation. Es sind zur Minimierung benannter Risiken zugunsten der regulativen Idee Inklusion curriculare und institutionelle Alternativen (wie z. B. lebensweltbezogene Notationssysteme oder neue Bildungsräume etwa im Manufactur-Prinzip, vgl. Buchmann 2013, 304ff.) für die praktische Bildungsarbeit im beruflichen Kontext zu entwickeln und umzusetzen, die den spezifischen Dispositionen der Jugendlichen ebenso gerecht werden wie den (neuen) Anforderungen hochtechnisierter, verwissenschaftlicher Arbeitskontexte – um die Vermittlungsaufgabe zwischen Beidem (das ist der Bildungsauftrag) professionell umzusetzen.

Aus einem berufsbildungswissenschaftlichen Deutungszusammenhang heraus lässt sich ein auf diese Gefährdungsbereiche und damit auf Subjektkonstitution bzw. Bildung ausgerichtetes Entwicklungsprogramm im Sinne einer pädagogisch-professionellen Personal- und Organisationsentwicklung weder deduktiv noch induktiv begründen, sondern ist als kontinuierliche Korrelationsarbeit folgender Implikationen zu verstehen:

Inklusion zielt auf Entfaltung formaler Bildungspotentiale: Demokratie erfordert neues Subjektwissen und konsequentes curriculares Denken

Zur Bewältigung vielfältiger Übergangsrisiken im Lebensverlauf sind die Individuen auf eine technisch-ökonomische, ökologisch-gesundheitliche und politisch-soziale Grundbildung angewiesen, um die gesellschaftlich forcierte Neukonfigurationen von Erwerbsarbeit, öffentlicher Arbeit und privater Reproduktionsarbeit bewältigen und zukunftsweisend gestalten zu können. Damit ist ein anspruchsvoller Auftrag an die pädagogischen Akteur*innen im Berufsbildungskontext formuliert, der eine Prüfung der fachlichen Referenzrahmen hinsichtlich ihrer aktuellen Erklärungskraft (u. a. Wissen über die nachwachsende Generation bzw. die Lernenden, über ihre sozial, national wie international differenten Lebenswelten) wie auch der zukünftig tragfähigen Problemlösepotentiale betrifft, um Erziehungs- und Bildungsaufgaben aus dem Time lag zu entbinden und in ein Forecast zu bringen. Inklusion fordert somit Subjektwissen über Lernende in Transformationsprozessen (Stigmatisierungs- und Exklusionsprozesse, Entstehung von Lernwiderständen und Verweigerungsmustern, Bedingungsfaktoren der Entwicklung von Bewältigungsstrategien, Zusammenhänge zwischen Sozial- und Individualcharakteren Lernender) *und* über pädagogische Fachkräfte (u. a. ihre habituellen Praxen sowie ihre Rollenflexibilität).

Relevantes curriculares Wissen für die Berufsbildung bezieht sich auf gesicherte, berufsbildungswissenschaftlich erhobene Bedarfe an konkretem Arbeitsvermögen, welches die nachwachsende Generation zur Bewältigung der Transformationsdynamiken befähigt (schnittstellenorientiertes fachliches Fallverständnis, erweiterte Selbst- und Sozialkompetenz im Hinblick auf kognitiv und gesellschaftlich höhere Anforderungen) sowie Wissenskontingente, die angemessene berufsbildungswissenschaftlich legitimierte pädagogische Interventionen unter den Maßgaben »Methodische Leitfrage«, Repräsentationen bzw. Bildungsgehalt ermöglichen. Forschungsprojekte mit Jugendlichen, die aus unterschiedlichen Gründen formale Bildungspotentiale nicht entfalten konnten, belegen u. a., dass die Nutzung paralleler lebensweltnaher Notationssysteme (Graffiti, Rhythmik, Musik etc.) den Schriftspracherwerb als Voraussetzung (auch) für einen domänenspezifischen Kompetenzerwerb begünstigen (vgl. Buchmann & Huisinga 2011; Buchmann 2013). Das setzt allerdings ein dezidiert *erziehungswissenschaftlich-professionelles Selbstverständnis* mit entsprechendem *Kompetenzspektrum* bei allen Akteur*innen in den unterschiedlichen Institutionen der (Berufs)Bildung voraus, wie es zugleich ein politisches Umdenken und fachliches Vermögen im Hinblick auf Institutionenentwicklung und -zusammenarbeit (s. u.) intendiert.

Inklusion zielt auf entwicklungsförderliche Institutionen: Demokratie erfordert erweitertes Institutionen- und Netzwerkwissen

Die politischen Deregulierungsstrategien (New Public Management) in Verbindung mi den Vorgaben des europäischen Bildungsrechtsraums (Bachelor-/Masterstruktur, ETCS, EQR) sind inhaltlich-curricular neu zu konfigurieren, so dass sie Bildungsprozesse als Lebensprozesse ermöglichen. Autonomie, Profilbildung und Outputorientierung als drei zentrale Prinzipien des NPM *erlauben* und *erfordern* eine Schulprofilbildung über neue Bildungsgänge und spezifische Lernfeldkonstruktionen, die auf die Inszenierung von regionalen Bildungslandschaften in Kooperation mit regionalen Akteur*innen zielen. Personal- und Organisationsentwicklung wird so zu einem unverzichtbaren Teil professionellen pädagogischen Handelns. Einerseits werden berufliche Schulen in ihrer Autonomie gestärkt, sind aber zugleich aufgefordert, ihren Beitrag zum gesellschaftlichen Auftrag explizit zu formulieren, über outputorientierte Verfahren einer systematischen Überprüfung zuzuführen und gegebenenfalls ihre Ziele, Arbeitsorganisationsprozesse und -strukturen zu erneuern. Zur Sicherung der Autonomiegrade ist ein Engagement in Schulentwicklungspolitik und -management unabdingbar, so dass das (vermeintliche) Kerngeschäft »Unterrichten« um professionelle Personal- und Organisationsentwicklung zu erweitern ist – etwa um angesichts des real stattfindenden In- und Outsourcings von Aufgaben die erforderliche neue Arbeitsteilung zwischen Familien, beruflichen Schulen und gegebenenfalls auch Betrieben aktiv mitzugestalten. Insofern bezieht sich Institutionenwissen im professionellen Sinn insbesondere auf pädagogische Institutionen im Wandel, auf das Verhältnis Duales System der Berufsausbildung, Jugendhilfe, Weiterbildung und Subjektbildung, auf das Verhältnis Berufliche und Allgemeine Schulen und auch auf die Funktionsweisen sozialisatorischer Mischsysteme. Das Netzwerkwissen umfasst u. a. die Bereiche kollegialer und professionsübergreifender Kooperationen und die zur Reorganisation öffentlicher und privater Finanzierung und Mittelflüsse.

Inklusion zielt auf ein neues Selbstverständnis der pädagogisch Professionellen: Demokratie erfordert Professionalität, Prophylaxe und Potentialorientierung

Historisch betrachtet haben politische Steuerungen eine pädagogische Handlungslogik im Sinne einer gesellschaftlich-instrumentellen Nützlichkeit begünstigt, die durch Zurichtung und Anpassung einerseits, Defizitorientierung und Exklusion andererseits bestimmt war. Dieses Muster stellt der Transformationsprozess jedoch in Frage. Stattdessen sind unter Bezugnahme auf politische, rechtliche, ökonomische und (berufs)bildungswissenschaftliche Implikationen die Planung und Durchführung pädagogischer Interventionen an Grundsätzen zu orientieren, die an anderer Stelle als Professionalität, Prophylaxe und Potentialorientierung begründet wurden (Buchmann 2016). Sie sind konstitutiver Bestandteil eines neuen professionellen Selbstverständnisses, in dem zum Beispiel Bildungsmoratorien die veränderten psychosozial-motivationalen Lagen und Sozialisationserfahrungen der Schüler*innen berücksichtigen, um eine Akkumulation inkorporierten kulturellen Kapitals (Bourdieu 1983) beziehungsweise den Erwerb formaler Bildung im Sinne der Verfügung über kognitive, emotionale und soziale Kräfte (Huisinga 1996) als Voraussetzung von gesellschaftlicher Teilnahme zu ermöglichen. Damit gerät insbesondere die bisher dominante fachwissenschaftliche Sozialisation von Lehrkräften unter Legitimationsdruck, weil sie nicht zu wissenschaftsrückbezogenem pädagogischen Entscheiden, Handeln und Gestalten im Sinne einer potentialfördernden Vermittlungskultur (zwischen individueller Dispositionierung und gesellschaftlichem Sachanspruch) befähigt. Als Ergebnis mangelnder erkenntnistheoretischer Fundierung im Studium wird zudem ein vielfach bemängeltes vorwissenschaftliches Theorie-Praxis-Verständnis perpetuiert, das in Verbindung mit einer Orientierung an positivistisch-strukturfunktional überhöhten Leitbildern von idealen Schüler*innen und gutem Unterricht die im Sinne der Potentialentfaltung notwendige Fehler-, Störungs- und Widerstandskultur explizit verhindert und damit – entgegen dem öffentlichen Bildungsauftrag – die gesellschaftliche Teilnahme von Schüler*innen, die vermeintlich dem Idealbild nicht entsprechen, erschwert bzw. unmöglich macht (vgl. Oevermann 1996, 2002; Buchmann 2009; Pongratz 2009; Helsper 2010; Herzog & Makarova 2011; Lisop & Huisinga 2011; Buchmann & Bylinski 2013; Buchmann 2018).

Inklusion zielt auf eine transdisziplinäre Orientierung: Demokratie erfordert neue Wissensarchitekturen und eine gesellschaftliche Utopie

Eine anspruchsvolle Herausforderung und Verantwortung für pädagogisch professionelle Akteur*innen besteht darin, die im Kontext beruflicher Schulen relevanten Wissensbasen auf ihren Beitrag zu gesellschaftlichen Verteilungsfragen, zur ökologisch und ökonomisch nachhaltigen Ressourcenbewirtschaftung inklusive des Umgangs mit den individuellen Vermögen zu hinterfragen, und zwar jenseits parzellierter paradigmatischer Sichten und in Auseinandersetzung mit den Handlungspraxen – zwecks Reflexion und Transfer. Generell entzieht sich die Komplexität dieser realen Bedingungen eindimensionaler disziplinärer Zugänge oder ausschließlich nationaler Anstrengungen, die aufgrund der weltweiten ökonomischen, ökologischen und politischen Verflechtungen nur noch begrenzt tragen. Es fehlt (nach wie vor und aktuell besonders) an einer gestaltungsoffenen Streitkultur der (Teil)Disziplinen, um über eine systematische Analyse und Reorganisation der Wissenschaftsdisziplinen neue, substanzielle Wissensarchitekturen zu generieren und so die Einheit der wissenschaftlichen Rationalität und Verantwortung zurückzugewinnen.

Die mehrfach benannten gesellschaftlichen Risiken und Gefährdungsbereiche sind zwar nicht grundsätzlich neu, verschärfen sich allerdings unter den Bedingungen gesellschaftlicher, insbesondere der digitalen Transformation und erfordern bildungstheoretisch eine Neubewertung und Relationierung der bisher im Kontext beruflicher Schulen relevanten Teillogiken sowie der genannten professionellen Wissensbestände. Mit der Inklusionsdebatte – wie schon zuvor über den politischen Steuerungsversuch New Public Management – wird die Forderung nach Professionalisierung des pädagogischen Personals auch im Kontext beruflicher Bildung deshalb neu und nachdrücklicher artikuliert: Es geht um nichts Geringeres als um die Ermöglichung einer realen Utopie von Gesellschaft. Diese manifestiert sich letztlich im konkreten professionellen Lehrkräftehandeln, in den pädagogischen Interventionen, in Bildungsgängen, in Förderplänen, in Schulprofilen und Schulentwicklungsprogrammen sowie im Verhältnis der (Bildungs)Institutionen zueinander.

4.3   Conclusio?

Die regulative Idee Inklusion fordert dazu auf, überfällige selbstkritische Bilanzierungen in der (Teil)Disziplin Berufsbildungswissenschaft wie im Handlungsfeld Berufsbildung vorzunehmen und darauf bezogen ein überfälliges professionelles Lehrkräftehandeln zu implementieren. Dafür wäre konsequent Rückbezug auf die vorhandenen erziehungswissenschaftlich fundierten pädagogischen Professionsbestände zu nehmen, der (teil)disziplinäre Common Ground als Basis für die transdisziplinäre Bearbeitung der genannten Forschungsdesiderata zu akzentuieren sowie in einen dialogischen Prozess mit der Politik einzutreten, um die Bedingungen für eine berufliche Bildung mit Inklusionsanspruch neu auszuhandeln. Aktuell wirksamen bildungspolitischen Impulsen, wie sie sich repräsentativ in gekürzten erziehungswissenschaftlichen Studienanteilen in der Lehrkräftebildung, in der Lancierung von z.T. radikalen Quereinstiegen in die Lehrkräfteprofession oder auch in Überlegungen zur Abschaffung des Universitätsstudiums für Lehrkräfte zeigen (und aus den dunkelsten Kapiteln deutscher Geschichte bekannt sind), kann nur mit einem historisch aufgeklärten Bildungsanspruch als nichtverhandelbarem disziplinären Common Ground begegnet werden. Dieser Bildungsanspruch macht eine Potential- statt Defizitorientierung mit Blick auf Schüler*innen ebenso unhintergehbar wie eine potentialfördernde Vermittlungskultur statt fachwissenschaftlicher Wissensakkumulation, ein reflexives Theorie-Praxis-Verständnis und eine potential- bzw. kompetenzstärkende Fehlerkultur in Verbindung mit einer fall- und institutionenbezogenen Netzwerkarbeit insbesondere in den Übergangsbereichen. Der Common Ground ist die Grundvoraussetzung dafür, dass die Potentiale auch sogenannter benachteiligter Schüler*innen in (Berufs)Bildungsprozessen zur Entfaltung gelangen können, so dass ihnen gesellschaftliche Teilnahme möglich wird. Oder anders ausgedrückt: Inklusion meint, Bildungsprozesse zu inszenieren, die auf Urteils-, Handlungs- und Gestaltungsfähigkeit in Freiheit und Verantwortung zielen und einer *Neuorientierung* im Sinne der Zivilgesellschaft förderlich sind – »lost« ist die Disziplin wie die Demokratie dann, wenn dieser Common Ground keine Rolle (mehr) spielt.

Literatur

Aulenbacher, B., Burawoy, M., Dörre, K. & Sittel, J. (2017): Öffentliche Soziologie. Wissenschaft im Dialog mit der Gesellschaft. Frankfurt a.M., New York: Campus.

Bohlinger, S., Schmidt, Ch. & Scheiermann, G. (Hrsg.) (2022): Berufsbildung, Beruf und Arbeit im gesellschaftlichen Wandel. Zukünfte beruflicher Bildung im 21. Jahrhundert. Wiesbaden: Springer VS.

Bojanowski, A. & Eckert, M. (Hrsg.) (2012): Black Box Übergangssystem. Münster: Waxmann-Verlag.

Bourdieu, P. (1983): Ökonomisches Kapital – Kulturelles Kapital – Soziales Kapital. In: Ders. (1993): Die verborgenen Mechanismen der Macht (S. 49–80). Hamburg: VSA-Verlag.

Buchmann, U. (2009): Neue Steuerungslogik im Bildungssystem: New Public Management und die Konsequenzen für das disziplinäre Selbstverständnis der Berufs- und Wirtschaftspädagogik. In: K. Büchter, J. Klusmeyer & M. Kipp (Hrsg.), Selbstverständnis der Disziplin Berufs- und Wirtschaftspädagogik. bwp@ Ausgabe Nr. 16; Juni 2009.

Buchmann, U. (2011): Subjektbildung und Qualifikation. 2. Auflage. Frankfurt am Main: G.A.F.B.

Buchmann, U. (2013): Vom tagging zur Domäne. Neue curriculare Wege zur Alphabetisierung und Grundbildung Jugendlicher. Vierteljahresschrift für Heilpädagogik und ihre Nachbargebiete (VHN), (4)82. Jg, München: Ernst Reinhardt Verlag, 294–310.

Buchmann, U. (2016): Berufsschullehrerbildung neu denken: Inklusion erfordert Professionalität! In: U. Bylinski & J. Rützel (Hrsg.), Inklusion als Chance und Gewinn für eine differenzierte Berufsbildung, Reihe: Berichte zur beruflichen Bildung (S. 233–244), Bielefeld: W. Bertelsmann Verlag.

Buchmann, U. (2018): Zum Verhältnis von Diversität, Migration und Inklusion in der Berufsbildung. In: R. Arnold, A. Lipsmeier & M. Rohs (Hrsg.), Handbuch Berufsbildung (S. 137–149). Heidelberg: Springer. Online verfügbar unter: https://link.springer.com/reference-workentry/10.1007/978-3-658-19372-0_13-1, Zugriff am 23.05.2024.

Buchmann, U. & Bylinski, U. (2013): Ausbildung und Professionalisierung von Fachkräften für eine inklusive Bildung. In: H. Döbert & H. Weishaupt (Hrsg.), Inklusive Bildung professionell gestalten. Situationsanalyse und Handlungsempfehlungen (S. 147–202). Münster: Waxmann.

Buchmann, U. & Huisinga, R. (2011): Vermittlung von Grundbildung im Kontext von Wirtschaft und Arbeit: Alphabetisierung als vernetzte Bildung im Sozialraum/Konzipierung, Entwicklung, Erprobung und Evaluation eines prospektiv orientierten Alphabetisierungs- und Grundbildungskonzepts für junge Erwachsene. Abschlussbericht. Bonn/Berlin: bmbf.

Buchmann, U. & Cleef, M. (Hrsg.) (2020): Digitalisierung über berufliche Bildung gestalten. Bielefeld: wbv.

Buchmann, U. & Kell, A. (2001): Konzepte zur Berufsschullehrerbildung. Abschlussbericht. Bonn: BMBF Publik.

Büchter, K., Klusmeyer, J. & Kipp, M. (2009) (Hrsg.): Selbstverständnis der Disziplin Berufs- und Wirtschaftspädagogik. bwp@ Berufs- und Wirtschaftspädagogik – online, (16).

Friese, M. (2020): Inklusion in beruflichen Fachrichtungen personenbezogener Dienstleistungen, In: D. Münk & G. Scheiermann (Hrsg.), Inklusion in der Lehrerbildung für das berufliche Schulwesen: Beiträge zur Professionalisierung in der ersten Phase der Lehramtsausbildung (S. 135–146). Detmold: Eusl.

Habermas, J. (1999): Die Einbeziehung des Anderen. Studien zur politischen Theorie. Frankfurt am Main: Suhrkamp.

Helsper, W. (2010): »Ich will, dass ihr selbständig werdet!« Über die Widersprüche im Lehrerberuf. In A. Feindt, T. Klaffke, E. Röbe, M. Rothland & E. Terhart (Hrsg.): Friedrich Jahresheft XXVIII: Lehrerarbeit – Lehrer Sein. 34–38.

Herzog, W. & Makarova, E. (2011): Anforderungen an und Leitbilder für den Lehrerberuf. In: E. Terhart & H. Bennewitz & M. Rothland (Hrsg.), Handbuch der Forschung zum Lehrerberuf (S. 63–78). Münster: Waxmann.

Konsortium Bildungsberichterstattung (2006): Bildung in Deutschland Im Auftrag der Ständigen Konferenz der Kultusminister der Länder in der Bundesrepublik Deutschland und des Bundesministeriums für Bildung und Forschung. Ein indikatorengestützter Bericht mit einer Analyse zu Bildung und Migration. Bielefeld: Bertelsmann.

Kremer, H.-H., Büchter, K. & Buchmann, U. (2016): EDITORIAL zur Ausgabe 30: Inklusion in der beruflichen Bildung. In: bwp@ Berufs- und Wirtschaftspädagogik – online 30 (1–4). Online verfügbar unter: http://www.bwpat.de/ausgabe30/editorial_bwpat30.pdf Zugriff am 24.06.1016.

Luhmann, N. (1995): Soziologische Aufklärung 6: Die Soziologie und der Mensch. Opladen: VS Verlag für Sozialwissenschaften.

Lisop, I. & Huisinga, R. (2004): Arbeitsorientierte Exemplarik. Frankfurt am Main: G.A.F.B.

Münk, D. & Scheiermann, G. (2020) (Hrsg.): Inklusion in der Lehrerbildung für das berufliche Schulwesen: Beiträge zur Professionalisierung in der ersten Phase der Lehramtsausbildung, Detmold: Eusl.

Oevermann, U. (1996): Theoretische Skizze einer revidierten Theorie professionalisierten Handelns. In: A. Combe & W. Helsper (Hrsg.), Pädagogische Professionalität. Untersuchungen zum Typus pädagogischen Handelns (S. 70–140). Frankfurt am Main: Suhrkamp.

Oevermann, U. (2002): Professionalisierungsbedürftigkeit und Professionalität pädagogischen Handelns. In: M. Kraul, W. Marotzki & C. Scheppe (Hrsg.), Biografie und Profession (S. 19–63). Bad Heilbrunn: Klinkhardt.

Pfeiffer, S. (2004): Arbeitsvermögen. Ein Schlüssel zur (reflexiven) Informatisierung. Wiesbaden: VS Verlag für Sozialwissenschaften.

Pongratz, L. A. (2009): Untiefen im Mainstream: zur Kritik konstruktivistisch-systemtheoretischer Pädagogik, Paderborn: Büchse der Pandora Verlag.

Parsons, T. (1977): Social Systems and the Evolution of Action Theory. New York, London: Free Press.

Rifkin, J. (2016): Das Ende der Arbeit. 4. Auflage. Frankfurt am Main: Fischer.
Sektion Berufs- und Wirtschaftspädagogik in der deutschen Gesellschaft für Erziehungswissenschaft (DGfE) (Hrsg.): Memorandum zur Professionalisierung des pädagogischen Personals in der Integrationsförderung aus berufsbildungswissenschaftlicher Sicht. Bonn: Pahl-Rugenstein.
Sennett, R. (1998): Der flexible Mensch. Die Kultur des neuen Kapitalismus. Berlin: Berlin-Verlag.
Sennett, R. (2005): Die Kultur des neuen Kapitalismus. Berlin: Berlin-Verlag.

5 Sozialpädagogische Perspektiven

Ruth Enggruber

Sich mit sozialpädagogischen Perspektiven auf *Teilhabe* zu beschäftigen, setzt voraus, zunächst zu klären, dass hier *Sozialpädagogik* und *Sozialarbeit* – trotz ihrer unterschiedlichen Traditionslinien – sowie ihre Zusammenführung in *Sozialer Arbeit* synonym verwendet werden. Theoretische Reflexionen zum Teilhabebegriff und dessen Verständnis finden sich in Fachdebatten Sozialer Arbeit vor allem in Überlegungen zu »Partizipation« (Schnurr 2018), zur Wirkungsorientierung in der Kinder- und Jugendhilfe (Albus 2022) und in der Professionstheorie der »daseinsmächtigen Lebensführung« von Röh (2013) sowie deren Bedeutung in der Eingliederungshilfe (Röh 2022). Zumeist stützen sich diese Beiträge auf den Capabilities Approach, der im Rahmen der Wohlfahrtsökonomie von Sen und politischen Philosophie von Nussbaum entwickelt wurde (z. B. Albus 2022, 190 ff. oder Röh 2013, 91 ff., 2022).

5.1 Capabilities Approach als sozialpädagogische Perspektive auf Teilhabe

Der »Capabilities-Ansatz« (Ziegler 2018) gilt jedoch nicht nur als ein Theoriezugang zum Teilhabeverständnis, sondern auch als grundlegend, um »das Problem der Normativität der Sozialen Arbeit« (Otto & Ziegler 2012) zu klären. Denn mit ihrer »Allzuständigkeit« (Galuske 2013, 40, i. O. kursiv) für alle möglichen Probleme *alltäglicher Lebensführung* stellt sich normativ die Frage, was in der Sozialen Arbeit unter »gelingender praktischer Lebensführung« (Ziegler 2018, 358) verstanden wird und damit sozialpädagogisches Handeln leiten sollte. Antworten darauf werden im Spannungsfeld zwischen »Autonomie, Adaptivität und [...] Paternalismusproblem« (Steckmann 2008) verhandelt. So wird einerseits betont, dass die Betroffenen selbst am besten wissen und autonom entscheiden sollten, wie sie leben möchten und was für sie erstrebenswert ist. In diesem Verständnis gilt es als *paternalistisch*, wenn Soziale Arbeit eigene Zielvorstellungen verfolgt und meint, besser als ihre Adressat*innen – hier junge Menschen mit sonderpädagogischem Förderbedarf im Übergang von der Schule in Beruf und Erwerbsarbeit – zu wissen, welches Leben für diese gut ist. Andererseits verweist jedoch »die Rede von *adaptiven* Präferenzen« (Steckmann 2008, 101, i. O. kursiv) darauf, dass sich Menschen in benachteiligte

Lebensverhältnisse einfügen und ihre Vorstellungen guten Lebens entsprechend anpassen. Derart »*deformierte* Wünsche« (Steckmann 2008, 100, i. O. kursiv) sind jedoch aus gerechtigkeitstheoretischer Sicht zu problematisieren; schließlich versteht sich Soziale Arbeit mit Schrödter (2007) auch als »Gerechtigkeitsprofession« (Schrödter 2007). Um dies zu präzisieren, bietet der *Capabilities-Ansatz* eine normative Grundlage für sozialpädagogisches Handeln (Otto & Ziegler 2008, 2012). Deshalb wird er in der Sozialen Arbeit auch als ein Theoriezugang zum Teilhabeverständnis herangezogen und hier als sozialpädagogische Perspektive auf *Teilhabe* von jungen Menschen mit sonderpädagogischem Förderbedarf im Übergang aus der Schule in Beruf und Erwerbsarbeit gewählt. Aus dieser sozialpädagogischen Sicht bietet der Capabilities Approach auch einen »grundlegenden evaluativen Rahmen« (Ziegler 2018, 359), um zu prüfen, ob und inwieweit sozialpädagogisches Handeln in Berufsbildungsangeboten zu mehr Teilhabe ihrer Adressat*innen beizutragen vermag – ein Überblick dazu findet sich bei Enggruber und Fehlau (2018).

5.2   Freiheit zur Entscheidung für ein gutes Leben

Der Capabilities-Ansatz versteht *Teilhabe* als »Handlungsbefähigung und Verwirklichungschancen« (Otto & Ziegler 2008), die benötigt werden, um ein aus guten Gründen erstrebenswertes Leben führen zu können. Kontrovers diskutiert wird jedoch, was unter *einem guten Leben* unter den jeweils historisch-gesellschaftlichen Bedingungen zu verstehen ist und welche *Capabilities* die Menschen dafür benötigen (z. B. Ziegler 2018, 363). Auf diese Debatte kann hier nicht näher eingegangen, sondern nur auf den Hinweis von Röh (2022, 362) verwiesen werden: Während Nussbaum eine Liste verschiedener *Capabilities*, also Verwirklichungschancen und Handlungsbefähigungen, vorgelegt hat, plädiert Sen dafür, diese in einer öffentlichen Debatte zu bestimmen. Dabei meinen *Capabilities* »die realen Freiheiten (sowie deren gesellschaftliche Bedingungen) der Subjekte, sich für – oder gegen – die Realisierung verschiedener Funktionsweisen entscheiden zu können« (Ziegler 2018, 362). *Funktionsweisen* bzw. *Functionings* bezeichnen die von den Menschen realisierten Lebensweisen, für die sie sich entschieden haben, d. h.: »Der konkrete Inhalt des *je individuell* guten Lebens bleibt die Sache der Individuen (und ist vor äußeren Eingriffen zu schützen)« (Ziegler 2018, 362, i. O. kursiv).

Für sozialpädagogisch begleitete Berufsbildungsangebote bedeutet der Capabilities-Ansatz, dass die Jugendlichen alle sie betreffenden Entscheidungen selbst fällen und die Fachkräfte Sozialer Arbeit sie zu ihren Handlungsmöglichkeiten und damit Verwirklichungschancen lediglich beraten. So verstanden setzt *Partizipation* mit Schnurr voraus, »dass Fachkräfte Macht an Adressat*innen abgeben und Transparenz darüber herstellen, *wer* mit *welchem* Recht über *welche* Sachverhalte *wie* entscheidet oder mitentscheidet« (Schnurr 2018, 640). Entsprechend stellt sich die Frage nach den *Capabilities* bzw. Teilhabemöglichkeiten, die jungen Menschen mit sonderpädagogischem Förderbedarf zu eröffnen sind, damit sie sich in ihren

Übergangsprozessen aus der Schule in Beruf und Erwerbsarbeit aus guten Gründen für den für sie besten Weg entscheiden können. Danach zu fragen, impliziert die durch Jugendstudien (z. B. Mansel & Speck 2012) gestützte Annahme, dass die Jugendlichen Erwerbsarbeit für sich als erstrebenswert erachten und einen Beruf ergreifen möchten, weil in Deutschland der Arbeitsmarkt berufsförmig organisiert ist.

5.3 Möglichkeitsräume

Dem Vorschlag von Röh (2022) folgend werden hier die *Capabilities*, die für junge Menschen mit sonderpädagogischem Förderbedarf im Übergang aus der Schule in Beruf und Erwerbsarbeit zu gewährleisten sind, in einen *persönlichen* sowie einen *gesellschaftlichen Möglichkeitsraum* differenziert. Denn Röh betont mit Nussbaum (2015), dass *Capabilities* »Freiheiten oder Möglichkeiten, die sich aus einer Kombination von persönlichen Fähigkeiten und der politischen, sozialen und ökonomischen Umwelt ergeben« (zit. nach Röh 2022, 50), umfassen. Wie Soziale Arbeit in Berufsbildungsangeboten dazu beitragen kann, diese *Möglichkeitsräume* zu schaffen, wird nachfolgend skizziert. Damit wird auch illustriert, wie *Teilhabe* verstanden im Sinne des Capabilities-Ansatzes zur *Evaluation* sozialpädagogischen Handelns genutzt werden kann.

Persönlicher Möglichkeitsraum

Der *persönliche Möglichkeitsraum* beinhaltet die Fähigkeiten, die eine Person im jeweiligen historisch-gesellschaftlichen Rahmen benötigt, um selbstbestimmt und gut begründet das von ihr gewünschte Leben realisieren zu können. Dazu sind die Menschen zu befähigen, so dass sie über das notwendige Wissen und Können bzw. entsprechende kognitive, emotionale, soziale und kulturelle Handlungskompetenzen (Röh 2022, 51) verfügen. Doch ist mit Ziegler zu betonen, dass es bei der Präzisierung des *persönlichen* Möglichkeitsraums nicht darum geht, »Kompetenzchecklisten zur Klassifikation von Individuen umzusetzen« (Ziegler 2018, 363). Vielmehr sollte gemeinsam mit den Adressat*innen Sozialer Arbeit auf Basis gesellschaftlich verhandelter Vorstellungen *guten Lebens* beraten und ausgelotet werden, welche Befähigungen diese aus ihrer Sicht benötigen, um die von ihnen gewünschten und aus guten Gründen als erstrebenswert erachteten Lebenspläne verwirklichen zu können. Aufgabe öffentlicher Institutionen, wie jene sozialpädagogisch begleiteter Berufsbildungsangebote für junge Menschen mit sonderpädagogischem Förderbedarf, ist es dann nach Nussbaum (1999), »jedem Bürger die materiellen, institutionellen sowie pädagogischen Bedingungen zur Verfügung zu stellen, die ihm einen Zugang zum guten Leben eröffnen und ihn in die Lage versetzen, sich für ein gutes Leben und Handeln zu entscheiden« (zit. nach Ziegler

2018, 363). Damit ist der *gesellschaftliche Möglichkeitsraum* angesprochen. Beide *Möglichkeitsräume* sind nur in ihrer Verwobenheit denkbar und bedingen sich wechselseitig.

Gesellschaftlicher Möglichkeitsraum

Die zentrale *pädagogische* und *institutionelle* Voraussetzung, damit junge Menschen lernen können, ein selbstbestimmtes Leben nach ihren Vorstellungen zu führen, ist ihre *Partizipation* sowohl in der direkten Interaktion mit Sozialpädagog*innen, Lehrer*innen und Ausbilder*innen als auch auf Ebene der inhaltlichen und organisatorischen Gestaltung der Bildungsprozesse (Schnurr 2018). In Berufsbildungsangeboten im Übergang aus der Schule in Beruf und Erwerbsarbeit sollte die sozialpädagogische Begleitung maßgeblich dazu beitragen, dass entsprechende Partizipationsgelegenheiten für die Teilnehmenden geschaffen werden (Enggruber & Fehlau 2021).

Ferner sollte Soziale Arbeit die folgenden Unterstützungsangebote im Sinne Nussbaums *pädagogischer* Bedingungen ermöglichen, um in den Berufsbildungsangeboten die *Handlungsbefähigung* der Jugendlichen und jungen Erwachsenen ausgehend von deren *Ressourcen* zu fördern:

- Sondierung und Beratung zu Lebens- und Berufsplänen, so auch zu »Auszeiten« wie Freiwilligendiensten und zur Familienplanung;
- Informationen zu sozialrechtlich gegebenen Möglichkeiten zur Sicherung des Lebensunterhalts;
- Hilfen bei psychosozialen sowie Lern- und Leistungsproblemen jedweder Art;
- Hilfe bei möglichen inneren Konflikten sowie sich widerstreitenden Wünschen und Gefühlen, die sich jungen Menschen in ihrer Lebenswelt einerseits und bezogen auf ihre beruflichen sowie Lebenspläne andererseits stellen;
- Unterstützung bei der Berufswahl und bei der Suche eines betrieblichen oder schulischen Ausbildungsplatzes;
- Klärung notwendiger technischer Unterstützungsbedarfe oder Assistenzen für die gewünschte Berufsausbildung, um Benachteiligungen bzw. Behinderungen zu vermeiden, die aus Beeinträchtigungen junger Menschen mit sonderpädagogischem Förderbedarf resultieren;
- Unterstützung bei der Bewältigung der sich durch den Start in die Berufsausbildung stellenden Herausforderungen, wie Zeit- und Kostendruck, Betriebskultur, Arbeiten mit Kund*innen usw.;
- Hilfen während der Berufsausbildung hin zu einem erfolgreichen Abschluss, z. B. bei Konflikten im Ausbildungsbetrieb oder mit Berufsschullehrer*innen;
- Beratung bei Überlegungen zur vorzeitigen Beendigung der Berufsausbildung ohne Abschluss;
- Unterstützung bei der Aufnahme einer weiteren Berufsausbildung im Falle eines vorzeitigen Endes bzw. Ausbildungsabbruchs;
- Beratung bei der Sondierung möglicher Erwerbsarbeitsplätze und Hilfe bei der Suche eines Arbeitsplatzes.

Diese Auflistung, angelehnt an jene in Enggruber (2014, 121 f.), soll hier nur exemplarisch illustrieren, wie die sozialpädagogische Begleitung in Berufsbildungsangeboten dazu beitragen kann, Jugendliche mit sonderpädagogischem Förderbedarf zu befähigen, ihr Leben selbstbestimmt entscheiden und gestalten zu können. Ferner sollten Sozialpädagog*innen in der Zusammenarbeit mit Lehrer*innen und Ausbilder*innen für sozialpädagogische Denk- und Handlungsweisen – so auch für Partizipationsgelegenheiten – werben, damit diese den jungen Menschen mit (mehr) Verständnis für die individuellen Lernbedürfnisse und Lebenslagen begegnen und sie entsprechend fördern.

Neben den bisher genannten originär sozial*pädagogischen* Aufgaben sollte Soziale Arbeit jedoch auch *strukturbildend* tätig werden und sich z. B. in Schul- bzw. Organisationsentwicklung einbringen mit dem Ziel, Partizipationsmöglichkeiten zu institutionalisieren. Des Weiteren sind institutionelle Regelungen zu hinterfragen, die dazu beitragen, dass die Lebens- und Berufswünsche junger Menschen »arbeitsmarkttauglich« gemacht werden (z. B. Düker, Ley & Ziegler 2013). Stattdessen gilt es, gemeinsam mit den Jugendlichen zu überlegen, wie diese ihre Wünsche unter den gegebenen individuellen und arbeitsmarktlichen Bedingungen realisieren können und welche Risiken des Scheiterns für sie bestehen. Dies würde auch bedeuten, sich beispielsweise von der Arbeitsverwaltung vorgegebenen Vermittlungsquoten in eine Berufsausbildung oder Erwerbsarbeit zu widersetzen und in diesen Institutionen für andere Zielkennzahlen zu plädieren.

Zudem werden *Kooperationsnetzwerke in der Region* benötigt, um junge Menschen bei Interesse und Bedarf an Anbieter eines Jugendfreiwilligendienstes oder in weiterführende Hilfen wie Assistenzen, psychosoziale Beratung, Sucht- oder Schuldnerberatung sowie an für sie passende berufsbildende Schulen zu vermitteln. Von besonders großer Bedeutung ist die Vernetzung mit Betrieben, um Zugänge zu einer *regulären* Berufsausbildung und Erwerbsarbeit zu schaffen.

Grundsätzlich sollte es bei allen hier genannten Aktivitäten der sozialpädagogischen Begleitung darum gehen, jungen Menschen mit Förderbedarf die Aufnahme einer *regulären* Berufsausbildung oder Erwerbsarbeit zu ermöglichen. Denn *Teilhabe* versteht sich im Sinne des Capabilities Approach als jene am *regulären* Ausbildungs- und Erwerbsarbeitssystem und nur in begründeten Ausnahmefällen an ›Sondermaßnahmen‹ wie z. B. eine Berufsausbildung für »behinderte Menschen« nach § 66, Abs. 1 Berufsbildungsgesetz oder § 42r Handwerksordnung, Werkstätten für Menschen mit Behinderungen oder Berufsbildungswerke. In dieser Lesart knüpft der Capabilities-Ansatz an die UN-Behindertenrechtskonvention an, in der *besondere* Förderangebote für Menschen mit Behinderungen – und somit auch für Jugendliche mit sonderpädagogischem Förderbedarf – nur dann als nicht *diskriminierend* gelten, wenn sie gemäß Artikel 2 nachweislich dazu beitragen, »das auf die Gleichberechtigung mit anderen gegründete Anerkennen, Genießen oder Ausüben aller Menschenrechte und Grundfreiheiten im politischen, wirtschaftlichen, sozialen, kulturellen, bürgerlichen oder jedem anderen Bereich« zu gewährleisten.

Um jungen Menschen mit sonderpädagogischem Förderbedarf den Zugang zu einer *regulären* Berufsausbildung zu ermöglichen, sind sie von der sozialpädagogischen Begleitung in den diversen Angeboten der Jugendberufshilfe über die folgenden rechtlichen Möglichkeiten zu informieren, die im Berufsbildungsgesetz

(BBiG) sowie inhaltsgleich für Handwerksberufe in der Handwerksordnung (HwO) verankert sind und die sie zur individuellen Gestaltung ihrer Berufsausbildung nutzen können:

- Zur *Teilzeitberufsausbildung* gemäß § 7a BBiG bzw. § 27b HwO werden unterschiedliche Ausbildungszeitmodelle angeboten, aus denen sich die Jugendlichen das auswählen können, welches ihren individuellen Lernbedürfnissen am meisten entspricht (BMBF 2023).
- Auch mit den in § 8 BBiG und § 27c Abs. 2 HwO vorhandenen Möglichkeiten, die Berufsausbildung zu verkürzen oder zu verlängern, könnten junge Menschen darauf aufmerksam gemacht werden, dass sie ihre *Ausbildungszeit* stärker auf ihre Lernvoraussetzungen abstimmen können.
- Trotz gezielter individueller Förderung und gemeinsamen Lernens ist nicht davon auszugehen, dass alle jungen Menschen einen anerkannten Ausbildungsabschluss erzielen werden. Deshalb könnte mit ihnen gemeinsam über eine *Stufenausbildung* gemäß § 5 Abs. 2 BBiG bzw. § 26 HwO nachgedacht werden.
- Zudem werden in §§ 64–65 BBiG bzw. §§ 42p, 42q HwO jungen Menschen mit einer Behinderung besondere Ausbildungsbedingungen im Rahmen einer regulären Berufsausbildung eröffnet.

Um auch gezielt Betriebe für eine Berufsausbildung junger Menschen mit Förderbedarf zu gewinnen, sollten auch sie umfassend über diese Möglichkeiten der im Berufsbildungsgesetz und der Handwerksordnung vorhandenen Optionen einer Teilzeit- oder Stufenberufsausbildung und Möglichkeit zur Verlängerung einer Berufsausbildung usw. Kenntnis erhalten. Darüber hinaus sollten sie ebenfalls über die im Sozialrecht geregelten finanziellen Förderungen (z. B. Zuschüsse zur Ausbildungsvergütung und Schaffung neuer Ausbildungsplätze sowie zur Anpassung von Arbeitsplätzen für Jugendliche und junge Menschen mit einer Behinderung bzw. Beeinträchtigung) informiert und davon überzeugt werden, diese zu nutzen, was bisher seltener der Fall ist (Enggruber & Rützel 2014).

Ferner sollten sich Sozialpädagog*innen sowohl sozialpolitisch als auch in ihren Arbeitskontexten dafür einsetzen, dass möglichst alle der oben exemplarisch aufgelisteten Unterstützungsangebote als *individualisierte flexible Hilfen* organisiert werden, die mit Oehme (2016) in die *reguläre* Berufsausbildung integriert sind und von allen Jugendlichen bei Bedarf, also nicht nur jenen mit sonderpädagogischem Förderbedarf, genutzt werden können (Enggruber et al. 2021). Auf diese Weise sollen Diskriminierungen und damit im Sinne Goffmans (2002) auch Stigmatisierungsgefahren und Identitätszumutungen für die jungen Menschen vermieden werden, die damit einhergehen, dass sie als »besonders förderbedürftig« adressiert und als behindert kategorisiert in Sondermaßnahmen exkludiert werden.

5.4 Nachdenklicher Abschluss

In der Fachdebatte Sozialer Arbeit gilt der Capabilities Approach als ein Theoriezugang, um den Teilhabebegriff zu präzisieren. Diesem Verständnis folgend wurde hier skizziert, wie sozialpädagogisches Handeln in Berufsbildungsangeboten zu mehr Teilhabe junger Menschen mit sonderpädagogischem Förderbedarf im Übergang aus der Schule in Beruf und Arbeit so beizutragen vermag, dass sie sich für ein aus guten Gründen gutes Leben entscheiden und dies verwirklichen können. Dafür benötigen sie individuelle und gesellschaftliche Verwirklichungschancen, die in diesem Beitrag – trotz ihrer unauflösbaren Verwobenheit –, in einen *persönlichen* und *gesellschaftlichen Möglichkeitsraum* mit Röh (2022) differenziert, grob erläutert wurden.

In der Zusammenschau stellen sich die *Capabilities* als voraussetzungsvoll dar, da sie von der sozialpädagogischen Begleitung in den Berufsbildungsangeboten nur dann ermöglicht werden können, wenn diese nicht nur *sozialpädagogisch*, sondern auch *auf struktureller* Ebene in den Bildungsorganisationen, so auch in allgemein- und berufsbildenden Schulen, Ausbildungsbetrieben und Berufsbildungseinrichtungen tätig und sozialpolitisch aktiv wird. Darüber hinaus wird von den Fachkräften Sozialer Arbeit gefordert, lokal bzw. regional Kooperationsnetzwerke aufzubauen, um den jungen Menschen den Zugang zu einer *regulären* Berufsausbildung und Erwerbsarbeit ebenso zu eröffnen wie zu Angeboten eines Freiwilligendienstes oder sozialer Beratungs- und anderer Leistungen.

Während Ziegler in dem Capabilities-Ansatz »einen grundlegenden evaluativen Rahmen« (Ziegler 2018, 359) sieht, um zu prüfen, wie es Sozialer Arbeit gelingt, zu mehr Teilhabe ihrer Adressat*innen beizutragen, warnt Albus (2022, 239 ff.) ausdrücklich vor einem solchen Vorgehen. Mit dieser kritischen Stimme kommt in Berufsbildungsangeboten insbesondere die »Gestaltungsmacht« (Abus 2022, 240) der sozialpädagogischen Begleitung bezogen auf den *gesellschaftlichen Möglichkeitsraum* in den Blick. Denn zumeist sind dafür die institutionellen Bedingungen sozialpädagogischen Handelns, d. h. die personellen und finanziellen Voraussetzungen, zu prekär (z. B. Wende 2018). Damit endet dieser Beitrag zwar nachdenklich, lädt aber dennoch dazu ein, sowohl theoretisch als auch empirisch weiter darüber nachzudenken, wie der Capabilities Approach als Teilhabeverständnis für die sozialpädagogische Arbeit mit jungen Menschen im Übergang zwischen Schule und Beruf sowie Erwerbsarbeit fruchtbar gemacht werden kann.

Literatur

Albus, S. (2022): Wirkungsorientierung in der Jugendhilfe und die Teilhabe ihrer Adressat*innen. Wiesbaden: Springer VS.

BMBF (2023): Bundesministerium für Bildung und Forschung (Hrsg.): Berufsausbildung in Teilzeit. Bonn: BMBF. Online verfügbar unter: https://www.bmbf.de/SharedDocs/Publikationen/de/bmbf/3/31373_Berufsausbildung_in_Teilzeit.html, Zugriff am 18.07.2023.

Düker, J., Ley, T. & Ziegler, H. (2013): Realistische Perspektiven? – Ungleichheiten, Verwirklichungschancen und institutionelle Reflexivität im Übergangssektor. In: K. Böllert, N. Alfert & M. Humme (Hrsg.), Soziale Arbeit in der Krise (S. 63–81). Wiesbaden: VS.

Enggruber, R. (2014): Lebensweltorientierte Schulsozialarbeit an berufsbildenden Schulen – konzeptionelle Grundlagen. In: N. Pötter (Hrsg.), Schulsozialarbeit am Übergang Schule – Beruf (S. 115–130). Wiesbaden: Springer VS.

Enggruber, R. & Fehlau, M. (2021): Partizipation in einem arbeitsmarktpolitischen Angebot der Jugendberufshilfe aus Sicht der Teilnehmer_innen. In: Österreichisches Jahrbuch für Soziale Arbeit, 92–112.

Enggruber, R. & Fehlau, M. (Hrsg.) (2018): Jugendberufshilfe. Eine Einführung. Stuttgart: Kohlhammer.

Enggruber, R., Neises, F., Oehme, A., Palleit, L., Schröer, W. & Tillmann, F. (2021): Übergang zwischen Schule und Beruf neu denken: Für ein inklusives Ausbildungssystem aus menschenrechtlicher Perspektive. Expertise im Auftrag des Paritätischen Gesamtverbandes, Berlin. Online verfügbar unter: https://www.der-paritaetische.de/fileadmin/user_upload/Publikationen/expertise_uebergang-schule-beruf_2021.pdf, Zugriff am 14.07.2023.

Enggruber, R. & Rützel, J. (2014): Berufsausbildung junger Menschen mit Behinderung. Eine repräsentative Befragung von Betrieben. Gütersloh: Bertelsmann.

Galuske, M. (2013): Methoden der Sozialen Arbeit. Eine Einführung. 10. Auflage. Weinheim & Basel: Beltz Juventa.

Goffman, E. (2002): Stigma: über Techniken der Bewältigung beschädigter Identität. 1. Auflage (Nachdruck). Frankfurt am Main: Suhrkamp.

Mansel, J. & Speck, K. (Hrsg.) (2012): Jugend und Arbeit. Empirische Bestandsaufnahme und Analysen. Weinheim & Basel: Beltz Juventa.

Oehme, A. (2016): Der sozialpädagogische Blick auf (mehr) Inklusion in der beruflichen Bildung. In: U. Bylinski & J. Rützel (Hrsg.), Inklusion als Chance und Gewinn für eine differenzierte Berufsausbildung (S. 43–56). Bielefeld: Bertelsmann.

Otto, H.-U. & Ziegler, H. (Hrsg.) (2008): Capabilities – Handlungsbefähigung und Verwirklichungschancen in der Erziehungswissenschaft. Wiesbaden: VS.

Otto, H.-U. & Ziegler, H. (Hrsg.) (2012): Das Normativitätsproblem der Sozialen Arbeit. Zur Begründung des eigenen und gesellschaftlichen Handelns. Sonderheft 11, neue praxis.

Röh, D. (2013): Soziale Arbeit, Gerechtigkeit und das gute Leben. Eine Handlungstheorie zur daseinsmächtigen Lebensführung. Wiesbaden: Springer VS.

Röh, D. (2022): Gerechtigkeit und die Frage nach dem guten Leben: Capabilities-Approach und Eingliederungshilfe. In: K. Giertz, L. Große & D. Röh (Hrsg.), Soziale Teilhabe professionell fördern. Grundlagen und Methoden der qualifizierten Assistenz (S. 47–57). Köln: Psychiatrie Verlag.

Schnurr, S. (2018): Partizipation. In: G. Graßhoff, A. Renker & W. Schröer (Hrsg.), Soziale Arbeit. Eine elementare Einführung (S. 673–683). Wiesbaden: Springer VS.

Schrödter, M. (2007): Soziale Arbeit als Gerechtigkeitsprofession. Zur Gewährleistung von Verwirklichungschancen. neue praxis (1), 3–28.

Steckmann, U. (2008): Autonomie, Adaptivität und das Paternalismusproblem – Perspektiven des Capability Approach. In: H.-U. Otto & H. Ziegler (Hrsg.), Capabilities – Handlungsbefähigung und Verwirklichungschancen in der Erziehungswissenschaft (S. 90–115). Wiesbaden: VS.

Wende, L. (2018): Träger der Jugendberufshilfe – Institutioneller Wandel und Ökonomisierung. In: R. Enggruber & M. Fehlau (Hrsg.), Jugendberufshilfe. Eine Einführung (S. 96–109). Stuttgart: Kohlhammer.

Ziegler, H. (2018): Capabilities Approach. In: G. Graßhoff, A. Renker & W. Schröer (Hrsg.), Soziale Arbeit. Eine elementare Einführung (S. 357–367). Wiesbaden: Springer VS.

6 Heil- und sonderpädagogische Perspektiven

Claudia Schellenberg

Eine wichtige Rolle für gelingende Teilhabe an Bildung, Gesellschaft und Arbeitswelt übernimmt die Schule und insbesondere die Heil-/Sonderpädagogik, welche mit Ansätzen einer besonderen Pädagogik für Kinder und Jugendliche mit besonderen Problemen auch den Übergang ins Erwerbsleben gut vorbereiten soll (Haeberlin 2005). Die heil-/sonderpädagogische Begleitung endet regulär mit dem Eintritt in die nachobligatorische Schulzeit, und besondere Fördermassnahmen wie angepasste individuelle Lernziele werden im neuen Bildungs- bzw. Arbeitskontext kaum mehr umgesetzt (Hofmann & Schellenberg 2019). Damit stellt sich die Frage, wie Chancengleichheit und Teilhabe im nachobligatorischen Bildungssystem gelingt und welche (pädagogischen) Fachpersonen sie nun unterstützen. Ein geglückter Übergang und das Erreichen eines Abschlusses auf Sekundarstufe II fördert die Partizipation und Gleichstellung von Menschen mit Behinderungen für die spätere Erwerbstätigkeit nachhaltig (Bertschy, Böni & Meyer 2007): Jugendliche ohne einen Abschluss haben ein rund drei Mal höheres Risiko, erwerbslos zu sein (vgl. ebd.). So wurden auch anlässlich von Reformen der Bildungspolitik in verschiedenen Ländern Massnahmen aufgebaut, um möglichst vielen Jugendlichen einen Abschluss auf Sekundarstufe II zu ermöglichen. Dennoch sind Jugendliche mit Beeinträchtigungen oder aus anderen Gründen schwierigen Startchancen gefordert und gefährdet, aus dem System zu fallen. Hier können Faktoren auf Seiten der Jugendlichen oder auch des Systems (z. B. Selektionsentscheide) dafür verantwortlich sein (Neuenschwander 2020). In diesem Kapitel wird den Themen nachgegangen, welche Chancen und Herausforderungen beim Übergang Schule –Beruf bestehen und welche Unterstützungsansätze v. a. auch aus dem Bereich der Heil-/Sonderpädagogik für die Teilhabe an der Berufs- und Arbeitswelt förderlich sind.

6.1 Verständnis der Teilhabe aus Sicht der Heil-/Sonderpädagogik

Wenn die Gesetzeslage verschiedener Länder betrachtet wird, wird eine Verpflichtung auf allen Schulstufen erkennbar, Hürden abzubauen und allen eine gleichberechtigte Teilhabe in Schule und Arbeitsleben zu ermöglichen. Verfassungsrechtliche Grundlagen halten die Bedingungen für die Förderung von Chancengleichheit und Sicherung von Diskriminierung während des ganzen Bildungsprozesses fest (Egger et al. 2015). So müssen nach Gesetz Rahmenbedingungen geschaffen werden, dass Menschen mit Behinderungen am gesellschaftlichen Leben teilnehmen, soziale Kontakte pflegen, sich aus- und weiterbilden und eine Erwerbsarbeit ausüben können (Behindertengleichstellungsgesetze, BehiG). Die entsprechenden Gesetze (hier beispielhaft für die Schweiz) zielen auch auf eine Verbesserung des Zugangs zu Bildungsreinrichtungen und -angeboten sowie deren behinderungsgerechte Ausstattung (Art. 17, Abs. 3 Berufsbildungsgesetz, BBG). Die Zugänge zum allgemeinen Arbeitsmarkt spielen dabei eine wichtige Rolle, welche unter Berücksichtigung von Menschenwürde, Sozialstaatsangebot und Diskriminierungsverbot gestaltet sind (UN-Behindertenrechtskonvention BRK). Die UN-Behindertenrechtskonvention spricht dabei von einem inklusiven Arbeitsmarkt – es sollen also Strukturen anzutreffen sein, welche Menschen mit Beeinträchtigungen Arbeit und berufliche Bildung anbieten. Diese Forderung steht nach Köpcke-Duttler (2020) einem Arbeitsmarkt gegenüber, der von der Logik der Deregulierung, Flexibilisierung und betriebswirtschaftlichen Konkurrenz gesteuert ist.

Auch das aktuelle Verständnis der Heil-/Sonderpädagogik richtet sich danach, dass alle Kinder und Jugendlichen unabhängig von ihren Voraussetzungen ein Recht auf Bildung und schulische Förderung haben. »Hilfe zur Teilhabe an Bildung für jeden Menschen, unabhängig vom Grad der individuellen Erschwernisse, ist der zentrale berufsethische Auftrag der Heilpädagoginnen und Heilpädagogen« (Haeberlin 2005, 342). Hinsichtlich Art der Beeinträchtigung entwickelte die Heil-/Sonderpädagogik ein Verständnis von Behinderung, welche als Kontinuum und als multifaktorieller Prozess verstanden werden sollte und durch Faktoren seitens der betroffenen Person, aber auch seitens des Systems (wie z.B. auch der Regelschule) entstehen kann (Hänsel, 2003). Die *internationale Klassifikation der Funktionsfähigkeit, Behinderung und Gesundheit* (ICF) definiert Funktionsfähigkeit immer auch bezüglich der Interaktion mit der sozialen Umwelt und ergänzt damit die medizinisch orientierte *International Classification of Diseases* (ICD) um den sozialen Aspekt. Diese Entwicklung des Behinderungsbegriffs hat auch zu einem Stufenmodell bezüglich Intensität zusätzlicher Förderung durch Regelschullehrpersonen, spezieller Förderung durch Sonderschullehrpersonen bis hin zur Beschulung in Sonderschulen geführt (Bach 1995). Es stellt sich auch auf späteren Bildungsstufen die Frage, wie alle Jugendlichen mit ihren individuellen Erschwernissen mit passender Intensität gefördert werden können.

6.2 Jugendliche mit Beeinträchtigungen im Übergang Schule – Beruf

Aus bildungspolitischer Sicht hat man sich in den letzten Jahren bemüht, gefährdete Jugendliche für die Berufswelt fit zu machen, und es wurde insbesondere an der ersten Schwelle (Übergang Schule – Beruf) viel Unterstützungsarbeit geleistet. Für Jugendliche, welche den Übergang von der Schule in den Beruf nicht sofort schaffen, stehen Übergangssysteme (*Zwischenlösungen, Brückenangebote, berufsvorbereitende Massnahmen*) als Auffangbecken zur Verfügung, welche in der Schweiz rund 20 % nach Abschluss der Sekundarstufe I nutzen (Gomensoro & Meyer 2017). Eine wichtige Bildungsreform war weiter, Berufsausbildungen auf verschiedenen Niveaus mit zusätzlichen Coaching- und Förderangeboten zu schaffen. In der Schweiz erhalten beispielsweise alle Jugendlichen der kürzeren Berufsausbildung (zweijährigen Ausbildung mit Eidg. Berufsattest, EBA) Unterstützung im Rahmen der *fachkundigen* individuellen Begleitung (fiB), die Hilfe bei schulischen Defiziten oder personalen Problemen bietet (Stern et al. 2018). Des Weiteren haben sich in jüngster Zeit Maßnahmen der *Supported education* wie Job Coaching etabliert, welche sowohl Begleitung der Lernenden im Ausbildungsprozess als auch Unterstützung der Lehrbetriebe zusichern, was die Ausbildungsbereitschaft der Lehrbetriebe wesentlich erhöht (Pool Maag & Friedländer 2013). Der *Nachteilsausgleich* spielt als ein weiteres Unterstützungsangebot für Jugendliche mit einer abgeklärten Beeinträchtigung eine wichtige Rolle bei der Anpassung von Bedingungen beim Lernen und bei Prüfungen (z.B. Zeitzuschläge, separater Räume, Hilfsmittel). Der Nachteilsausgleich wird an der Schweizer Berufsfach- und Mittelschulen zunehmend umgesetzt (rund 1–3 % der Lernenden), jedoch weitaus am häufigsten zum Ausgleich einer Lese-Rechtschreibschwäche (Schellenberg et al. 2020).

Es wurden auch Systeme geschaffen, welche Jugendlichen eine Ausbildung ermöglichen, die den Anforderungen der regulären Berufsausbildungen nicht gewachsen sind: Der Verband INSOS (nationaler Branchenverband der Institutionen für Menschen mit Behinderung) ergriff beispielsweise in der Schweiz die Initiative für eine alternative Ausbildungsmöglichkeit und hat die *zweijährige praktische Ausbildung nach Insos (PrA)* entwickelt. Diese Ausbildungsform kann in 80 Berufen absolviert werden und schließt je nach Branche mit einem *individuellen Kompetenznachweis (IKN)* ab, welcher die gewonnenen fachlichen, methodischen und sozialen Kompetenzen attestiert und damit die Transparenz gegenüber der Wirtschaft und die Anschlussfähigkeit an weitere Ausbildungen fördert (Schweizerischer Gewerbeverband, 2018). Rund ein Drittel (27 %) der Lernenden mit sonderpädagogischem Förderbedarf nutzen in der Schweiz dieses Ausbildungsangebot, wovon nach Ausbildungsabschluss ein Viertel (26 %) im allgemeinen Arbeitsmarkt Fuß fassen kann und 10 % eine weiterführende Ausbildung auf Stufe EBA beginnt (Hofmann, et al. 2020). In Deutschland gibt es eine vergleichbare 2- bis 3-jährige Ausbildung zum »Fachpraktiker« bzw. zur »Fachpraktikerin«. Die rechtlichen Grundlagen für dieses inklusive Ausbildungsgefäß sind im Berufsbildungsgesetz (BBiG, § 66) festgehalten. Die zuständige ausbildende Person im Betrieb muss eine rehabilitationspädagogische Zusatzqualifikation für Ausbildende (ReZA) besitzen.

Neben der Errungenschaft eines vielgliedrigen Ausbildungs- und Unterstützungssystems und einer zunehmenden Durchlässigkeit zwischen Bildungsgängen bleibt festzuhalten, dass der politische Druck auf die bessere Integration verschiedener Gruppen von Jugendlichen in den Arbeitsmarkt bestehen bleibt. So stimmen einige Befunde aus der Forschung hinsichtlich Chancengleichheit für eine gleichberechtigte Teilhabe weniger optimistisch: Untersuchungen zeigen, dass junge

Menschen mit besonderem Förderbedarf verschiedenen Benachteiligungen ausgesetzt sind, indem der Berufseinstieg oftmals nur verzögert gelingt (Hupka-Brunner & Wohlgemuth 2014) und dann auch erhöhte Risiken von Lehrvertragsauflösungen sowie Ausbildungs- und Arbeitslosigkeit bestehen (Bergman et al. 2011). Eine Studie zu Lehrabbrüchen verdeutlicht, dass es eine Gruppe von Jugendlichen (10–20%) gibt, die während der Berufslehre emotionale und soziale Probleme aufzeigen (Bosset et al. 2022). Während einige Jugendliche davon bereits vor Eintritt in die Ausbildung Belastungen aufweisen, gibt es auch Jugendliche, die erst durch die Anforderungen in der Ausbildung Problematiken entwickeln (Stein & Kranert 2020). Auch anderen Quellen ist zu entnehmen, dass es bei jedem fünften Jugendlichen auf Sekundarstufe II (21,9%) Hinweise auf eine psychische Auffälligkeit gibt – gemessen nach dem »Strength and Difficulties Questionnaire« (SDQ) (Schellenberg et al. 2020).

6.3 Unterstützungsansätze – Chancen auf berufliche Inklusion

Im Folgenden werden aus einer heil- und sonderpädagogischen Perspektive vier Thesen aufgestellt, welche Unterstützungsansätze die Chancen auf berufliche Teilhabe verbessern, welche Entwicklungsmöglichkeiten der neue Lebensabschnitt eröffnet und welche Rolle pädagogische Fachkräfte (insbesondere auch Heil-/Sonderpädagog*innen) bei der Begleitung spielen.

1. *Ermöglichen individueller Entscheidungen:* Aufgrund von Unterstützungsbedarfen sind die Wahlmöglichkeiten bei der Berufswahl rasch eingeschränkt und die Suche nach einem passenden Beruf bzw. passenden Betrieb erweist sich als besondere Herausforderung (Stein et al. 2020). Hier ist es wichtig, Neigungen und Interessen zu wecken, wobei außerschulische berufspraktische Erfahrungen eine wichtige Rolle spielen (Hofmann & Schellenberg 2019). Hier können Heil-/Sonderpädagog*innen beim Explorieren der eigenen Potenziale, Talente und Vorlieben, bei der Erarbeitung eines konstruktiven Umgangs mit den eigenen Einschränkungen und bei der Begleitung von *Schnuppereinsätzen* in Betrieben wichtige Aufgaben übernehmen (Hollenweger & Bühler 2019). Bei diesen Schritten sollten Jugendliche gut begleitet und Selbstwirksamkeitserfahrungen ermöglicht werden, um wichtige Voraussetzungen für die Wahl eines zur Persönlichkeit passenden Berufes zu schaffen.
2. *Überfachliche Kompetenzen aufbauen:* Studien verweisen auf die hohe Bedeutung überfachlicher bzw. sozio-emotionalen Kompetenzen wie Teamfähigkeit, Zuverlässigkeit und hoher Motivation, um einen Ausbildungsplatz zu erhalten (Imdorf 2007). Diese (Schlüssel-) Kompetenzen können im pädagogischen Handeln an der Schule gestärkt werden, und es stehen auch präventive Pro-

gramme zu Verfügung, welche sich zur Gestaltung des Unterrichtes eignen. Beispiele hierfür sind Ansätze wie »Positive Peer Culture« (Schellenberg et al. 2022), »Fit for Life« (Jugert et al. 2011) oder »Job Fit Training« (Vasileva et al. 2019). Inhalte sind je nach Angebot die Förderung gegenseitiger Unterstützung durch Peers, der Aufbau von prosozialem Verhalten sowie Selbstwirksamkeit – und die Vertiefung berufsbezogener Kompetenzen (Schellenberg et al. 2023).

3. *Für die eigenen Bedürfnisse einstehen:* Eine wichtige Rolle im Übergang Schule – Beruf spielt auch die *Self-Advocacy*, nämlich die Fähigkeit von Lernenden bzw. jungen Erwachsenen mit Beeinträchtigungen, sich für das einzusetzen, was sie für Chancengleichheit in der Bildung, im Arbeitsleben und für den Erhalt der psychischen Gesundheit brauchen (Test et al. 2005). Pädagogische Fachkräfte können Lernende beim Aufbau von *Self-Advocacy* unterstützen, indem sie Lernende in wichtige Entscheidungen gut einbeziehen (z. B. beim Festlegen eines Nachteilsausgleiches) und besondere Bedürfnisse ernst nehmen (z. B. aktiv Zuhören). Lernende sollen weiter dazu angeregt werden, Anforderungen im aktuellen Bildungsgang mit den Beeinträchtigungen in Bezug zu setzen, individuelle Bedürfnisse zu erkennen und eine effektive Kommunikation zu üben, indem Meinungen, Wünsche, Bedürfnisse und Ängste auf eine angemessene Weise ausgedrückt werden.

4. *Inklusive Strukturen auf Sekundarstufe II schaffen:* Eine wichtige Rolle spielt eine geeignete Lernumgebung, damit Jugendliche am Unterricht der Berufsfachschule und bei der Ausbildung in Betrieben gut partizipieren können. Auf übergeordneter Ebene könnte eine inklusive Schul- bzw. Betriebskultur hilfreich sein (Stein et al. 2016). Diese setzt auf Seiten der Fachkräfte nicht nur das Wissen über Beeinträchtigungen und eine (oft auf dem Wissen basierende) offene Einstellung voraus, sondern auch höhere Autonomie und Gestaltungsspielräume hinsichtlich passender Strukturen (z. B. ausreichend personelle Ressourcen, Räumlichkeiten, Aufbau von multiprofessionellen Unterstützungsnetzwerken). So könnte auch die Einrichtung von Fachstellen für Nachteilsausgleich an Berufsfach- und Mittelschulen sinnvoll sein, das Näherrücken therapeutischer Hilfesysteme (z. B. psychiatrisches Versorgungswesen) oder der Aufbau von Fachstellen der Heil-/Sonderpädagogik (Eck & Ebert, 2020; Bylinski 2016). Ein weiterer Punkt betrifft die Gestaltung des Unterrichts: Die Curricula der Berufsbildung und Mittelschulen müssten nach Boban und Hinz (2021) vermehrt den Grundsätzen des Universal Design folgen. Nach diesem Design-Konzept werden Lernmaterialien, und generell auch Produkte, Geräte und Systeme für möglichst viele Menschen gestaltet, ohne dass weitere Anpassungen (wie z. B. Nachteilsausgleiche) nötig sind. Beispiele hierfür sind Achtung auf Klarheit in Sprache und Gestaltung von Texten und Prüfungsblättern, Visualisierung von Texten, Schaffung von Lern-Tandems, Förderung reflexiver Lernstrategien sowie Einsatz von unterstützenden Technologien (z. B. aus dem IT-Bereich). Aber auch die Seite der Betriebe ist zentral: Betriebe, welche über klar definierte Ziele und Erwartungen, ausreichende betriebliche Ressourcen, pädagogisches Geschick und einen konstruktiven Umgang mit Fehlern verfügen, spielen für erfolgreiche

Lernprozesse im Betrieb eine wichtige Rolle und können Lehrvertragsauflösungen entgegenwirken (Pool Maag & Jäger 2016).

6.4 Aufgabenfelder der Heil-/Sonderpädagogik

Es zeigt sich, dass es im Übergang Schule – Beruf eine größere Gruppe von Jugendlichen gibt, welche aufgrund von individuellen Erschwernissen besonderer Förderung bedürfen. Die Verpflichtung zur ausreichenden Unterstützung der Lernenden mit sonderpädagogischem Hintergrund endet, wenn Jugendliche die obligatorische Schulzeit verlassen. Dann treffen sie zwar auf neue Fachpersonen und Unterstützungssysteme, jedoch stellt sich die Frage, wie stark das heil-/sonderpädagogische Fachwissen dort einfließt. Dieses Fachwissen an Sonderpädagogik sollte da auftauchen, wo allgemeine Pädagogik an ihre Grenzen kommt. Pädagogische Fachpersonen, Coaches und betriebliche Ausbildende auf Sekundarstufe II sind zunehmend gefordert, auf die spezifischen Bedürfnisse der Jugendlichen mit Beeinträchtigungen zu reagieren: Durch die Zunahme an inklusiven Modellen auf Sekundarstufe I gibt es auch auf Sekundarstufe II zunehmend Erwartungen bezüglich inklusiver Strukturen. In der Schweiz, in Deutschland und in Österreich werden seit einigen Jahren Diskurse über den Professionalisierungsbedarf im nachobligatorischen Bereich geführt (Ryter & Schaffner 2014). Für alle drei Länder gilt, dass Fachpersonen in der Ausbildung nur wenig bezüglich Förderansätzen für Jugendliche mit besonderen Bedürfnissen erfahren. Sie müssen ihre Kompetenzen deshalb zu einem großen Teil *on the job* erwerben. Hier wären Ansätze zu prüfen, inwieweit heil-/sonderpädagogische Konzepte in der Aus- und Weiterbildung von Fachpersonen auf Sekundarstufe II vermehrt Eingang nehmen sollten. In Deutschland kann beispielsweise eine *Sonderpädagogische Zusatzqualifizierung für Lehrkräfte an beruflichen Schulen* erworben werden (Elbert 2020). Die Professionsförderung umfasst Wissen und Reflexion von angemessenen Überzeugungen im Umgang mit sonderpädagogisch relevanten Problemen, um den Förderbedarf zu beurteilen und entsprechende Unterstützungsmassnahmen einzufordern.

Ein weiteres Handlungsfeld spannt sich dort auf, wo ausgebildete Heil-/Sonderpädagog*innen vermehrt auch auf Sekundarstufe II tätig werden. Beim Festlegen ihrer Aufgabenbereiche bzw. beim Aufbau entsprechender Curricula an den Schulen könnte die heil-/sonderpädagogische Profession auf Sekundarstufe I als Vorbild dienen: Dort wird festgehalten, dass Heil-/Sonderpädagog*innen für die (Förder-)Diagnostik und Umsetzung von besonderen Fördermaßnahmen von Schüler*innen mit Beeinträchtigungen, für die Beratung der Lehrpersonen bezüglich Förderzielen, aber auch im Hinblick auf Didaktik, Materialien und Gestaltung des Kontextes zuständig sind (Walt et al. 2017). Des Weiteren übernehmen sie koordinative Aufgaben zwischen Fachpersonen, vermitteln Kontakte zu Fachorganisationen und Kompetenzzentren und unterstützen die Schulleitung in Fragen zur Planung, Umsetzung und Evaluation sonderpädagogischer bzw. integrativer Konzepte. Analog dazu könnten Heil-/Sonderpädagog*innen auch auf Sekundarstufe II entsprechende Aufgaben übernehmen, sei es im Rahmen von Abklärungen und der Festlegung einer passenden Förderung (z. B. in Bezug auf geeignete Didaktik oder der Umsetzung vom Nachteilsausgleich), in der Beratung von Lehrkräften und Schulleitung bei behinderungsspezifischen Fragen und in der Verbesserung der Zusammenarbeit von Fachpersonen unterschiedlicher Disziplinen. Maßnahmen können vor allem dann gut greifen, wenn sie individuell auf die Bedürfnisse der Lernenden zugeschnitten sind und Lernende mitgestalten können (im Sinne von *Self-Advocacy*). Damit dies gut gelingt, braucht es Begleitpersonen während der Ausbildung, die über heil-/sonderpädagogisches Wissen bzw. entsprechende Qualifizierung verfügen, ihr Wissen einbringen und die Interessen verschiedener Beteiligter miteinander verknüpfen können. Ein möglicher Handlungszyklus für die Interdisziplinäre Zusammenarbeit sollte nach Zahnd und Kollegen (2022) mit der Analyse der Situation starten, gemeinsam Ziele definieren und Entscheidungen treffen – bis hin zur laufenden Überprüfung der Wirksamkeit der festgelegten Maßnahmen.

Um die Teilhabe an der Berufs- und Arbeitswelt für Menschen mit Beeinträchtigungen zu verbessern, braucht es den Ausbau geeigneter Strukturen, um Zugänge zu erleichtern (Vollmer 2020). Hier könnte eine stärkere Verankerung heil-/sonderpädagogischen Wissens einen Beitrag leisten und dafür sorgen, dass alle Lernenden mit ihren individuellen Voraussetzungen und Bedürfnissen adäquat unterstützt werden. Aus heilpädagogischer Perspektive sollten Aspekte wie frühzeitiges Erkennen von Schwierigkeiten (z. B. bei Lern- oder Verhaltensproblemen), fachkundige Diagnostik sowie Umsetzung geeigneter Unterstützungsmassnahmen im Übergang Schule – Beruf (insb. auch auf Sekundarstufe II) mehr Gewicht erhalten. Beachtet man die Häufigkeit sozialer und emotionaler Problematiken bei den Lernenden, erscheinen auch gesundheitsfördernde Maßnahmen und Prävention von psychischen Problemen zunehmend wichtig. Hier spielen eine ressourcenorientierte Förderung und der Aufbau sozio-emotionaler Kompetenzen eine wichtige Rolle. Damit werden wichtige Kompetenzen für eine eigenverantwortlichen, autonome Lebensführung adressiert, welche beim Übergang von der Schule in den Beruf und für das lebenslange Lernen wichtig sind. Zusätzlich sind jedoch auch Bestrebungen seitens der Politik, des Bildungssystems und der Wirtschaft nötig, sei es durch die Verbesserung der Durchlässigkeit zwischen Bildungsgängen oder auch durch die Erhöhung der Bereitschaft der Betriebe, Jugendlichen mit Beeinträchtigungen bei den Selektionsprozessen vermehrt eine Chance zu geben.

Literatur

Bach, H. (1995): Allgemeine Sonderpädagogik. In: H. Bach (Hrsg.), Sonderpädagogik im Grundriss (S. 5–78). Berlin: Marhold.
Bertschy, K., Böni, E., & Meyer, T. (2007): An der zweiten Schwelle: Junge Menschen im Übergang zwischen Ausbildung und Arbeitsmarkt. Ergebnisübersicht des Jugendlängsschnitts TREE, Update 2007. Bern: TREE.
Boban, I., & Hinz, A. (2021): Inklusive Schulentwicklung und Nachhaltigkeit. Überlegungen für transformative Inhalte und Prozesse. In: K. Resch, K. Lindner, B. Streese, M. Proyer & S.

Schwab (Hrsg.), Inklusive Schulentwicklung und NachhInklusive Schule und Schulentwicklung. Theoretische Grundlagen, empirische Befunde und Praxisbeispiele aus Deutschland, Österreich und der Schweiz. Bd. 8 der Reihe »Beiträge der Bildungsforschung« (S. 28–35). Münster: Waxmann.

Bylinski, U. (2016): Gestaltung individueller Entwicklungsprozesse und inklusiver Lernsettings in der beruflichen Bildung. Berufs- und Wirtschaftspädagogik online, 30.

Eck, R. & Ebert, H. (2020): Transitionen gestalten: Schnittstelle zwischen Berufsschule, Jugendhilfe und Psychiatrie. In: R. Stein & H.-W. Kranert (Hrsg.), Inklusion in der Berufsbildung im kritischen Diskurs (S. 157–168). Berlin: Frank & Timme.

Elbert, A. (2020): Sonderpädagogische Zusatzqualifikationen für Lehrkräfte an beruflichen Schulen. In: R. Stein & H. Kranert (Hrsg.), Inklusion in der Berufsbildung im kritischen Diskurs (S. 243–252). Berlin: Frank & Timme.

Gomensoro, A. & Meyer, T. (2017): TREE (Transitions from education to employment): A Swiss multi-cohort survey. Longitudinal and Life Course Studies, 8(2), 209–224.

Haeberlin, U. (2005): Grundlagen der Heilpädagogik. Bern, Stuttgart, Wien: Haupt.

Hänsel, D. (2003): Die Sonderschule – ein blinder Fleck in der Schulsystemforschung. Zeitschrift für Pädagogik, 49, 591–609.

Hofmann, C. & Schellenberg, C. (2019): Der Übergang Schule – (Aus-)Bildung – Beschäftigung in der Schweiz: Ein Überblick mit Fokus auf die berufliche Ausbildung. In: C. Lindmeier, H. Fasching, B. Lindmeier, & D. Sponholz (Hrsg.), Sonderpädagogische Förderung heute: inklusive Berufsorientierung und berufliche Bildung-aktuelle Entwicklungen im deutschsprachigen Raum (S. 194–217). Beltz Juventa.

Hofmann, C., Häfeli, K., Krauss, A., Müller, X., Duc, B., Bosset, I. & Lamammra, N. (2020): Situation der Lernenden und Bewältigung von Übergängen im niederschwelligen Ausbildungsbereich. Schlussbericht. Zürich: Interkantonale Hochschule für Heilpädagogik.

Hollenweger, J. & Bühler, A. (2019): Anwendung des Lehrplan 21 für Schülerinnen und Schüler mit komplexer Behinderung in Sonder- und Regelschulen. Luzern: Deutschschweizer Volksschulämterkonferenz.

Hupka-Brunner, S. & Wohlgemuth, K. (2014): Wie weiter nach der Schule? Zum Einfluss der Selektionin der Sekundarstufe I auf den weiteren Bildungsverlauf Schweizer Jugendlicher. In: M. P. Neuenschwander (Hrsg.), Selektion in Schule und Arbeitsmarkt (S. 99–112). Zürich: Rüegger Verlag.

Neuenschwander, M. (2020): Schule und Beruf. In: T. Hascher, T. Idel & W. Helsper, Handbuch Schulforschung. Wiesbaden: Springer.

Pool Maag, S. & Friedländer, S. (2013): Auf eine gelingende Kooperation im Netzwerk kommt es an. Journal für Schulentwicklung, H. 17(4), 33–37.

Pool Maag, S. & Jäger, R. (2016): Inklusive Berufsbildung unter besonderer Berücksichtigung berufsintegrativer Kompetenzen von Ausbildenden in Lehrbetrieben des ersten Arbeitsmarktes. Berufs- und Wirtschaftspädagogik online, H. 30.

Ryter, A. & Schaffner, D. (2014): Wer hilft mir was zu werden? Professionelles Handeln in der Berufsintegration. Bern: hep Verlag.

Schellenberg, C., Steinebach, C. & Krauss, A. (13 2022): Empower Peers 4 Careers: Positive Peer Culture to Prepare Adolescents' Career Choices, 13. Frontiers.

Schellenberg, C., Pfiffner, M., Krauss, A. & Georgi-Tscherry, P. (2020): EIL – Enhanced Inclusive Learning. Nachteilsausgleich und andere unterstützende Massnahmen auf Sekundarstufe II: Schlussbericht. Zürich: Hochschule für Soziale Arbeit Luzern & Interkantonale Hochschule für Heilpädagogik.

Schellenberg, C., Röösli, P. & Krauss, A. (2023): Stärkung sozio-emotionaler Komptenzen in der Beruflichen Orientierung. Schweizerische Zeitschrift für Heilpädagogik, 29(19), 22–28.

Schweizerischer Gewerbeverband. (2018): Orientierungshilfe zum individuellen Kompetenznachweis (IKN). Bern: SGV & SBBK.

Stein, R. & Kranert, H. (2020): Inklusion in der Berufsbildung im kritischen Diskurs. Berlin: Frank & Timme GmbH.

Stein, R., Kranert, H.-W. & Hascher, R. (2020): Gelingende Übergänge in den Beruf. Bielefeld: wbv.

Stein, R., Kranert, H.-W. & Wagner, S. (2016): Inklusion an beruflichen Schulen: Ergebnisse eines Modellversuchs in Bayern. wbv.

Stern, S., von Dach, A. & Thomas, R. (2018): Evaluation der fachkundigen individuellen Begleitung (fiB) in zweijährigen beruflichen Grundbildung mit EBA. Bern: Staatssekretariat für Forschung, Bildung und Innovation.

Test, D., Fowler, C., Wood, W., Brewer, D. & Eddy, S. (2005): A conceptual framework of self-advocacy for students with disabilities. Remedial and Special education, 26 (1), 43–54.

Vasileva, M., Nitkowski, D., Lammers, J., Petermann, F., & Petermann, U. (2019): Kurzfristige Wirksamkeit des Präventionsprogramms JobFit-Traning in unterschiedlichen Schulformen. Zeitschrift für Psychiatrie, Psychologie und Psychotherapie, 67 (4), 261–272.

Vollmer, K. (2020): Inklusion kontrovers – Schlaglichter auf Diskussionspunkte in der Beruflichen Bildung. In: R. Stein & H.-W. Kranert (Hrsg.), Inklusion in der Berufsbildung in kritischem Diskurs (S. 25–46). Berlin: Frank & Timme.

Walt, M., Peter, O. & Lienhard, P. (2017): Handreichung. Wege zur integrativen Förderung in der Sekundarschule. Orientierungs- und Entscheidungshilfen für den Entwicklungsprozess. Zürich: Hochschule für Heilpädagogik.

Zahnd, R., Kannengiesser, S. & Blechschmid, A. (2022): Ein Leitschema zur Unterstützung interprofessionellen Handelns. Schweizerische Zeitschrift für Heilpädagogik, 28(5–6), 29–35.

7 Sozialrechtliche Perspektiven

Katja Nebe & Belinda Weiland

7.1 Einleitung

Die Beteiligten des Arrangements

An der Schnittstelle beim Übergang von der Schule in die Ausbildung werden junge Menschen üblicherweise von anderen Personen begleitet. Und auch während der beruflichen Ausbildung steht der junge Mensch mit verschiedenen Personen/Institutionen in rechtlichen Beziehungen. Die jeweiligen Rechtsverhältnisse greifen dabei ineinander. Einen Eindruck dieses Arrangements vermittelt die folgende Übersicht:

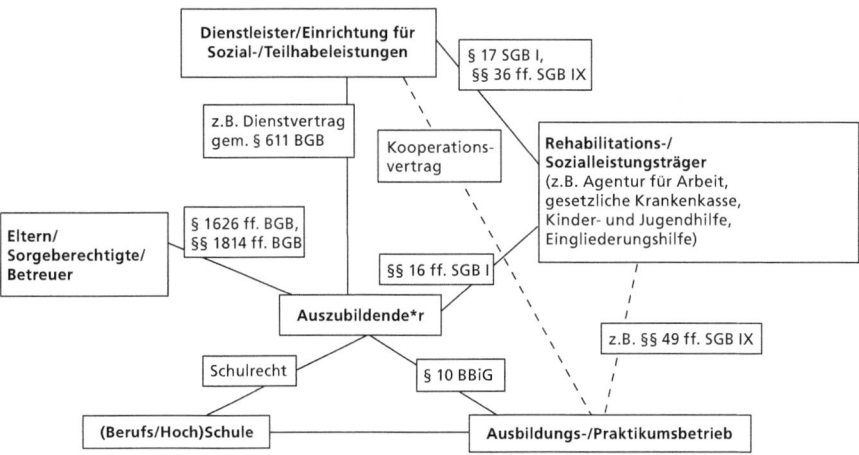

Abb. 7: Beteiligte des Arrangements und Rechtsgrundlagen

Rechtlicher Rahmen – Familienrecht, Sozialrecht, Ausbildungs- und Arbeitsrecht, Schulrecht, Antidiskriminierungs- und Teilhaberecht

Anhand der obigen Übersicht lassen sich die jeweiligen rechtlichen Beziehungen einordnen und der rechtliche Rahmen skizzieren. Bis zur Vollendung des 18. Lebensjahres sind die Eltern des jungen Menschen für diesen sorgeberechtigt und damit auch seine gesetzlichen Vertreter (§§ 1626 ff. BGB). Im Rahmen der elterlichen Sorge begleiten die Eltern ihr Kind auch im Wege der Berufsfindung. Für den Abschluss notwendiger Verträge oder die Abgabe rechtlich relevanter Erklärungen braucht der Minderjährige das Einverständnis seiner Eltern. Bei allen Entscheidungen müssen die Eltern die wachsende Fähigkeit des Minderjährigen zur eigenverantwortlichen Entscheidung berücksichtigen. Diese Regelung ist in § 1626 Abs. 2 BGB verankert, wird aber praktisch allzu oft vernachlässigt. Und gerade für Kinder und Jugendliche mit Beeinträchtigung ist es umso wichtiger, auch im Rahmen rechtlich relevanter Entscheidungen zur Selbstbestimmung befähigt und in die sie betreffenden Entscheidungsfindungsprozesse eingebunden zu werden. Hinsichtlich der Berufswahl ist dies in § 1631a BGB ausdrücklich geregelt.

Sobald die Jugendlichen volljährig sind, d. h. mit Vollendung des 18. Lebensjahres, endet die elterliche Sorge. Für den Fall behinderungsbedingter Unterstützungsbedarfe kommt dann eine rechtliche Betreuung gem. § 1814 BGB in Betracht. Dazu bestellt das Betreuungsgericht einen Betreuer. In der Praxis sind dies meist die Eltern. Wie bei Heranwachsenden muss nun umso mehr bei Volljährigen deren Autonomie berücksichtigt werden (vgl. § 1821 BGB). Deshalb spielen vor allem Unterstützungsleistungen durch die Sozialleistungsträger, meist durch die Eingliederungshilfe, eine zentrale Rolle (vgl. Beetz 2021, 5; Rosenow 2021, 13), zum einen, um den Menschen mit Behinderung ein selbstbestimmtes Leben zu ermöglichen, aber zum anderen auch, um die Eltern, die rechtlich nicht mehr sorgepflichtig sind, von ihrer dennoch meist lebenslang empfundenen Verantwortlichkeit für ihr beeinträchtigtes Kind zu entlasten.

Diese Schnittstelle zwischen Familien-/Betreuungsrecht und anstelle fremder/elterlicher Unterstützung zu gewährender Sozialleistungen ist ein anschauliches Beispiel, wie sich Rechtsanwendung als faktisch benachteiligend für Familien mit beeinträchtigten Kindern auswirken kann, meist zu Lasten der eigenen beruflichen Teilhabe von Müttern (vgl. BMFSFJ, 376 ff.; Große Stetzkamp, 2024). Umso aufmerksamer muss deshalb bedacht werden, dass es bei auslegungsfähigen Rechtssätzen nicht zu mittelbaren Exklusionswirkungen zum Nachteil der Angehörigen eines Menschen mit Behinderung kommt (vgl. Nebe 2011, 5; Janda & Wagner 2022, 59 ff.). So ist es z. B. ausgeschlossen, die behinderungsbedingten Unterstützungsbedarfe eines Menschen dessen Angehörigen über die familienrechtlichen Beistandspflichten (§ 1618a BGB) aufzuerlegen, um die Träger der Eingliederungshilfe zu entlasten (vgl. Nebe 2021, 37, 44; VG Halle/Saale, Urteil vom 05.09.2018 – 7 A 55/17, Rn. 23).

Wenn der junge Mensch nach Abschluss der allgemeinbildenden Schule seine Berufsausbildung beginnt, dann richten sich die Rechtsbeziehungen zu den Akteuren der Ausbildung nach dem gewählten Ausbildungsweg. Diese können höchst unterschiedlich sein. Es kommen rein schulische Ausbildungen in Betracht, z. B. an Hochschulen, an Fachhochschulen oder an weiterführenden Schulen, vor allem Berufsschulen. Die Träger dieser Schulen können öffentlich-rechtliche Körperschaften oder juristische Personen des Privatrechts sein. Da Schulrecht der Gesetzgebung der Länder unterliegt, kommt dann auch noch je nach Bundesland das Schulrecht der Länder zum Tragen. Wie auch immer sich der Einzelfall darstellt, besteht jedenfalls typischerweise eine rechtliche Beziehung zu einem Träger einer

Bildungseinrichtung. Wird die Ausbildung zugleich (dual) auch betrieblich absolviert, dann bestehen daneben Beziehungen – meist ein Ausbildungsverhältnis – zu einem Betriebsinhaber, d. h. typischerweise zu einem Unternehmen oder einer anders organisierten Ausbildungsstelle. Werden zum Schulbesuch oder zur betrieblichen Ausbildung oder für beides Sozialleistungen erforderlich, z. B. in Form von Assistenzleistungen, dann bestehen Sozialleistungsverhältnisse (§ 16 SGB I) zu einem oder mehreren Sozialleistungsträgern (regelmäßig Bundesagentur für Arbeit). Und wenn die Sozialleistungen nicht vom Träger selbst erbracht werden, sondern – wie im Sozialrecht regelmäßig der Fall – von Dienstleistern oder Einrichtungen, dann bestehen auch zu diesen Leistungserbringern Rechtsverhältnisse, meist in Gestalt von Privatrechtsverhältnissen, z. B. gem. § 611 BGB. Diese Rechtsverhältnisse sind häufig durch das sogenannte Leistungsrecht des jeweiligen Sozialleistungsbringers überformt. Das ergibt sich daraus, dass das Sozialrecht jeweils auch Regelungen über die Beziehungen zwischen dem Sozialleistungsträger und den Sozialleistungserbringern enthält (vgl. § 17 SGB I und für das SGB IX §§ 36 ff.). Teilhabeleistungen werden z. T. auch an Ausbildungsbetriebe geleistet, um Einstellungshindernisse abzubauen (vgl. §§ 49 ff. SGB IX). Wiederum müssen die unterstützenden Dienstleister bei der Erbringung von Sozialleistungen Schulen und Betriebe aufsuchen (bspw. zur Erbringung von Assistenzleistungen). Dann bestehen auch insoweit zwischen der Ausbildungsstelle und den Sozialdienstleistern Kooperationsverträge (typischerweise auf Basis des Privatrechts, z. B. zur Wahrung von Schutzpflichten, insbesondere Datenschutz).

Angesichts weiter bestehender erheblicher Barrieren beim Zugang zum allgemeinen Arbeitsmarkt werden Schüler*innen nach Abschluss ihrer Allgemeinbildung leider noch sehr häufig nicht am allgemeinen Arbeitsmarkt oder in allgemein zugänglichen weiterführenden Schulen ausgebildet, sondern auf die Einrichtungen der beruflichen Rehabilitation verwiesen. Das sind meist die Berufsbildungswerke oder die Werkstätten für behinderte Menschen (WfbM, dazu §§ 56 ff. SGB IX). Diese Einrichtungen der Rehabilitation lassen sich in die Übersicht integrieren. Sie sind, wie z. B. Dienstleister bei ambulanten Leistungen, sogenannte Leistungserbringer. Neben den allgemeinen Regeln zum Leistungserbringungsrecht gelten hier noch besondere Vorgaben, je nachdem, ob die Einrichtungen ihre Leistungen für die Eingliederungshilfe erbringen oder für einen anderen Rehabilitationsträger. Das kann an dieser Stelle nicht weiter vertieft werden (vgl. dazu Kalina 2019; Nebe & Waldenburger 2014, 30 ff.).

Damit ist allerdings auch schon aufgezeigt, worin die besonderen Herausforderungen für junge Menschen mit Beeinträchtigung liegen. Das gegliederte System des Sozialrechts (vgl. dazu §§ 3 ff. SGB I zu den Aufgaben der verschiedenen Bereiche des Sozialrechts) wirkt sich vor allem für Menschen mit Teilhabebedarf besonders nachteilig aus, da es keinen einheitlichen Träger für Rehabilitations- und Teilhabebedarfe gibt (vgl. die folgende Übersicht). Vielmehr sind gerade junge Menschen mit Beeinträchtigung in der Phase der beruflichen Ausbildung auf die Teilhabeleistungen unterschiedlicher Rehabilitationsträger angewiesen und nehmen diese zugleich meist in verschiedenen Lebenswelten (Arbeit/Schule/Wohnen/Freizeit) in Anspruch. Es bedarf also einer guten Planung und Koordinierung, um alle Akteure abgestimmt in die selbstbestimmte Inanspruchnahme einzubinden.

Teilhabeleistungen § 5 SGB IX / Rehabilitationsträger § 6 SGB IX	Gesetzl. Krankenversicherung	Bundesagentur für Arbeit	Gesetzl. Unfallversicherung	Gesetzl. Rentenversicherung	Eingliederungshilfe	Jugendhilfe	Träger des sozialen Entschädigungsrechts
Medizinische Rehabilitation (§§ 42 – 48 SGB IX)	ja	-	ja	ja	ja	ja	ja
Leistungen z. Teilhabe am Arbeitsleben (LTA) (§§ 49 – 63 SGB IX)	-	ja	ja	ja	ja	ja	ja
Leistungen zur Teilhabe an Bildung (§ 75 SGB IX)	-	-	-	-	ja	ja	ja
Leistungen zur sozialen Teilhabe (§§ 76 – 84 SGB IX)	-	-	ja	-	ja	ja	ja

Abb. 8: Zuständige Sozialleistungsträger für Rehabilitations- und Teilhabebedarfe

Teilhabeplanung, Lebensverlaufsperspektive und Vielfalt

Menschen mit Behinderungen erhalten Teilhabeleistungen, um ihre Selbstbestimmung und ihre volle, wirksame und gleichberechtigte Teilhabe am Leben in der Gesellschaft zu fördern (§ 1 S. 1 SGB IX). Die Teilhabeleistungen umfassen die notwendigen Sozialleistungen, um für Menschen mit (drohenden) Behinderungen eine Teilhabe am Arbeitsleben entsprechend ihren Neigungen und Fähigkeiten dauerhaft zu sichern (§ 4 Abs. 1 Nr. 3 SGB IX). Dies galt auch schon vor der Reform durch das 2016 verabschiedete Bundesteilhabegesetz (BTHG). Mit dem BTHG zielt der Gesetzgeber darauf, die Vorgaben aus der für Deutschland verbindlichen UN-Behindertenrechtskonvention umzusetzen. Deutschland hat trotz Ratifikation der UN-BRK seine Verpflichtungen noch nicht erfüllt. Der Arbeitsmarkt ist für Menschen mit Beeinträchtigungen nach wie vor schwer zugänglich (BT-Drs. 20/5664, 15). Die Gründe für die anhaltend hohen Barrieren sind vielfältig und können hier nur schlagwortartig benannt werden. Es geht um

- einen Wechsel von Fremd- zur Selbstbestimmung
- die partizipatorische Bedarfsermittlung und Teilhabeplanung
- die koordinierte Leistungsgewährung aus einer Hand
- einen Wechsel von der einrichtungszentrierten zur personenzentrierten Bedarfserfüllung
- ein Aufbrechen von Pfadabhängigkeiten (Stichwort: »einmal Eingliederungshilfe immer Eingliederungshilfe«)
- die Eröffnung von Wahlmöglichkeiten
- die inklusive Lebensweltgestaltung und
- die Berücksichtigung von Vielfalt.

Menschen mit angeborenen oder früh im Lebensalter erworbenen Beeinträchtigungen durchlaufen im Lebensverlauf bei der Ermittlung ihrer Teilhabebedarfe die Zuständigkeiten verschiedener Rehabilitationsträger. Für sie spielt es daher eine ganz besondere Rolle, dass die Weichen in jeder Phase der Teilhabeplanung mit

Blick auf spätere Träger-/Zuständigkeitswechsel so gestellt werden, dass Nachteile und Brüche in der Leistungsgewährung vermieden werden. Die sogenannte Lebensverlaufsperspektive spielt für die Kinder und Jugendlichen und deren Familien eine besondere Rolle, damit der mit dem BTHG angestrebte Paradigmenwechsel auch praktisch gelingt (Nebe 2020, 48 f.). In den meisten Fällen ist die Bundesagentur für Arbeit für die Leistungen zur Teilhabe am Arbeitsleben, einschließlich der Leistungen zur Berufsbildung, zuständig. Die an sich vorrangigen Rehabilitationsträger (wie z. B. die Unfallversicherung nach SGB VII oder die Soziale Entschädigung nach SGB XIV) kommen für die Leistungen zur Teilhabe am Arbeitsleben für Kinder oder Jugendliche eher seltener in Betracht. Für den Übergang aus der Schule in die Ausbildung sind daher die nach dem SGB III denkbaren Leistungen, vor allem die Leistungen zur Teilhabe am Arbeitsleben für die Ausbildung, so früh wie möglich in die Bedarfsfeststellung einzubeziehen, damit sich für die Schüler*innen, unterstützt durch ihre Eltern, auch tatsächlich Wahlmöglichkeiten eröffnen und sich damit Wege in die WfbM soweit wie möglich vermeiden lassen.

Die Lehrer*innen sind gem. § 34 Abs. 2 SGB IX verpflichtet, die Eltern auf Unterstützungsangebote der Ergänzenden unabhängigen Teilhabeberatung (EUTB) hinzuweisen. Die für die Berufsorientierung und die Leistungen zur Teilhabe am Arbeitsleben zuständige Bundesagentur muss als verantwortlicher Rehabilitationsträger die Teilhabeplanung gem. den Vorgaben des SGB IX, sprich insbesondere gem. §§ 12 ff. SGB IX, im Benehmen mit allen zu Beteiligenden vornehmen. Dabei hat sich die Bundesagentur mit den anderen Rehabilitationsträgern abzustimmen, die Teilhabeplanung (§§ 18 ff.) zu verantworten sowie für die hier betroffenen Leistungsberechtigten regelmäßig eine Teilhabeplankonferenz durchzuführen (dazu Stähler 2021 und ders. 2022).

7.2 Ersteingliederung durch Berufliche Bildung

Für junge Menschen ist die Berufswahl ein wichtiger Schritt hin zum Erwachsenwerden und eigenverantwortlichen, selbstständigen Handeln. Die Wahl eines passenden Ausbildungsplatzes stellt Jugendliche und auch ihre Familien dabei regelmäßig vor Herausforderungen. Zeichnen sich dann bei den jungen Menschen zusätzliche besondere Bedarfe, wegen Behinderungen oder Lernschwächen ab, wird diese Entscheidung noch erschwert. Es gilt für den Gesetzgeber und die Gesellschaft, bestehende Hürden und Barrieren abzubauen und einen inklusiven Übergang von der Schule in das Ausbildungs- und später Berufsleben zu gewährleisten.

Berufsbildungsgesetz

Die Berufsvorbereitung, die Berufsausbildung im Rahmen des dualen Systems, die berufliche Umschulung und die berufliche Bildung sind in Deutschland im Berufsbildungsgesetz (BBiG) geregelt. Das BBiG enthält insbesondere Regelungen zum Berufsausbildungsverhältnis, zur Eignung von Ausbildungsstätten und Ausbildungspersonal sowie zum Prüfungswesen. Des Weiteren werden Punkte wie Organisation der Berufsbildung, die Berufsbildungsforschung und Bestimmungen bezüglich des Bundesinstituts für Berufsbildung geregelt.

Das BBiG wurde 1969 mit dem Ziel verabschiedet, eine qualitative Berufsausbildung in Deutschland zu sichern und Chancen junger Menschen auf eine Berufsausbildung zu verbessern (vgl. Herkner 2009). Es wurde seitdem immer wieder reformiert und an die sich wandelnden Gegebenheiten angepasst. Zuletzt wurde das Gesetz 2020 mit dem Ziel, die Attraktivität der beruflichen Bildung zu steigern, novelliert (vgl. BMBF 2023). Reformfelder waren hier unter anderem die Einführung einer Mindestausbildungsvergütung und verbesserte Teilzeitregelungen (vgl. BMBF 2023). Das deutsche Bildungssystem soll flexibler gestaltet werden und sich stetig an die gesellschaftlichen, technologischen, wirtschaftlichen, arbeitsorganisatorischen Veränderungen und an die Qualifizierungswünsche junger Menschen anpassen. Auch bei solchen Anpassungen sollte immer die inklusive Gestaltung des Bildungssystems mitgedacht werden. Menschen mit Behinderung sollen – ebenso wie Menschen ohne Behinderung – in anerkannten Ausbildungsberufen nach § 4 BBiG ausgebildet werden (vgl. Lakies 2020, Rn. 1). § 64 BBiG knüpft an das Benachteiligungsverbot aus Art. 3 Absatz 3 Satz 2 GG an und beschreibt dabei, dass Menschen mit Behinderung grundsätzlich nach den allgemeinen Vorschriften des BBiG ausgebildet werden sollen. Für das Handwerk ist dies in § 42p HwO geregelt. Die Orientierung an den Vorgaben der Ausbildungsordnung wird eingeschränkt, soweit wegen Art und Schwere der Behinderung eine Ausbildung in einem anerkannten Ausbildungsberuf nicht in Betracht kommt. In diesen Fällen sind die Ausnahmeregelungen der §§ 66, 67 BBiG anwendbar (vgl. Lakies 2020, Rn. 1). Mit der jüngsten Reform des BBiG durch das Berufsbildungsvalidierungs- und -digitalisierungsgesetz (BVaDiG) zum 1.8.2024 sollen Möglichkeiten eröffnet werden, unabhängig von einem formalen Berufsausbildungsabschluss eine erworbene individuelle berufliche Handlungsfähigkeit feststellen zu lassen. Im Rahmen des dazu neu einzuführenden Feststellungsverfahrens werden die Belange von Menschen mit Behinderungen besonders berücksichtigt. Zugleich soll sichergestellt bleiben, dass vorrangig die behinderungsgerechte Ausbildung gem. §§ 64 ff. BBiG zu ermöglichen ist. Die eingeführten Neuregelungen in § 50d BBiG und § 41d HwO sollen die Zugänglichkeit des dualen Berufsbildungssystems für Menschen mit Behinderungen verbessern (Bundesrat 2024, 54).

Für den Verlauf der Berufsausbildung regelt § 65 BBiG, dass besonders hinsichtlich der zeitlichen und sachlichen Gliederung der Ausbildung, der Dauer von Prüfungszeiten, der Zulassung von Hilfsmitteln oder der Inanspruchnahme von Hilfeleistungen die besonderen Verhältnisse von Menschen mit Behinderung berücksichtigt werden sollen. Und auch, wenn es sich hier um eine sogenannte »Soll-Vorschrift« handelt, wird die Regelung allgemein als Auftrag an die zuständigen Stellen verstanden. Sie müssen folglich die Belange behinderter Menschen im Rahmen ihrer Tätigkeiten mitdenken und beachten (vgl. Proyer-Popella & Lohbeck 2021, Rn. 5). Soweit für die Menschen wegen der Art und Schwere ihrer Behinderung eine Ausbildung in einem anerkannten Ausbildungsberuf nicht im Rahmen des Möglichen liegt, sind gem. § 66 Absatz 1 S. 1 BBiG besondere Ausbildungsregeln zu treffen. Diese sollen nach § 66 Absatz 1 S. 2 BBiG auch unter Berücksichtigung der Lage und der Entwicklung des aktuellen Arbeitsmarktes aus den Inhalten anerkannter Ausbildungsberufe entwickelt werden. Es wird dann von einer sogenannten Fachpraktikerausbildung gesprochen. Dies geschieht auf Antrag der Menschen mit Behinderung oder ihrer gesetzlichen Vertreter*innen entsprechend den Empfehlungen des Hauptausschusses des Bundesinstituts für Berufsbildung.

Teilhabeleistungen

Jugendliche mit sonderpädagogischem Förderbedarf benötigen staatliche Fördermaßnahmen, die sie selbst, ihre Familie und die jeweilige Ausbildungsstätte bei der gleichberechtigten Teilhabe an Ausbildung und Arbeit unterstützen. Es muss für sie eine Möglichkeit geschaffen werden, im Anschluss an ihre Schulbildung einen ihren Fähigkeiten und Neigungen entsprechenden Beruf zu erlernen und damit anschließend eine geeignete Arbeitsstelle zu finden, vgl. Art. 27 UN-BRK. Um den Übergang von der Schule in das Berufsleben zu erleichtern, gibt es verschiedene Teilhabeinstrumente.

Teilhabeinstrumente

Durch Berufsorientierung, Berufseinstiegsbegleitung und berufsvorbereitende Bildungsmaßnahmen können Jugendliche mit Behinderung auf die Aufnahme einer Berufsausbildung vorbereitet werden (§§ 48, 49, 51–54a SGB III). Die Förderungsbedürftigkeit für Berufsvorbereitungsmaßnahmen richtet sich dabei nach § 52 Absatz 1 SGB III und umfasst junge Menschen, bei denen die berufsvorbereitende Bildungsmaßnahme zur Vorbereitung auf eine Berufsausbildung oder zur beruflichen Eingliederung erforderlich ist, die ihre Vollzeitschulpflicht erfüllt haben und deren Fähigkeiten erwarten lassen, dass sie das Ziel der Maßnahme erreichen. Maßnahmen können dabei beispielsweise der nachträgliche Erwerb des Hauptschulabschlusses oder betriebliche Praktika sein (vgl. Nebe & Waldenburger 2014, 83).

§ 74 SGB III regelt die assistierte Ausbildung (AsA). Bei diesem Modell bietet ein Bildungsträger als dritte Partei passende Dienstleistungen an, um die Ausbildung sozialpädagogisch zu begleiten. Diese soll dabei keine Alternative zur regulären Ausbildung darstellen, sondern eine inklusivere Ausbildung für Menschen mit Beeinträchtigung gewährleisten. Durch eine intensive und individuelle, fachliche und sozialpädagogische Förderung wird der/die Auszubildende bedarfsorientiert unterstützt (vgl. Conrads, Freiling & Ulrich 2019, 18; Utz 2023, Rn. 20), um so ein möglicherweise erschwertes Ausbildungsverhältnis zu stabilisieren. Förderungsberechtigt sind nach § 74 Absatz 3 SGB III auch Menschen mit Lernbeeinträchtigung (vgl. Utz 2023, Rn. 11 ff.). Mit der sogenannten außerbetrieblichen Berufsausbildung kann die Agentur für Arbeit eine Berufsausbildung auch in einer außerbetrieblichen Einrichtung (BaE) fördern, § 76 SGB III. Während einer außerbetrieblichen Berufsausbildung sind alle Möglichkeiten wahrzunehmen, um den Übergang in ein betriebliches Berufsausbildungsverhältnis zu unterstützen.

Als Teilhabeleistung ist in § 55 SGB IX die Unterstützte Beschäftigung vorgesehen. Dabei werden über einen Zeitraum von zwei Jahren Menschen mit Behinderung von einem Jobcoach begleitet und unterstützt. So soll ein sozialversicherungspflichtiges Beschäftigungsverhältnis geschlossen werden, welches in etwa mit einem betrieblichen Praktikum verglichen werden kann. Ziel der Unterstützten Beschäftigung ist es, Kontakte zum allgemeinen Arbeitsmarkt herzustellen und Barrieren abzubauen (vgl. Nebe 2017, 31).

Eine wichtige Rolle spielen auch die Berufsbildungswerke (BBW), § 51 SGB IX. Diese qualifizieren jedes Jahr über 16.000 junge Menschen mit Behinderung und psychischen Erkrankungen für eine berufliche Zukunft.[24] Die BBW verfolgen das Ziel, individuelle Fähigkeiten der Jugendlichen zu erkennen und passende Berufsperspektiven zu entwickeln. Dafür bieten sie neben Regelausbildungen auch Fachpraktiker- und Weiterbildungen an, welche stärker auf praktische als auf theoretische Inhalte ausgerichtet sind. Diese sind gerade für Menschen mit sonderpädagogischem Förderungsbedarf interessant.

Das Budget für Ausbildung (BfAusb) ist in § 61a SGB IX geregelt und hat als eigenständige Leistung zur Teilhabe am Arbeitsleben das Ziel, den Übergang von der Schule in das Berufsleben zu fördern. Als Sozialleistung unterliegt das Teilhabeinstrument dabei den Benachteiligungsverboten aus § 33c SGB I und § 19a SGB IV und ist mithin geeignet, angemessene Vorkehrungen zur Vermeidung von Diskriminierung und zur Umsetzung behinderungsgerechter Beschäftigung zu gewährleisten. Kern der Leistung ist die vollständige Erstattung der Ausbildungsvergütung und der Aufwendungen für die wegen der Behinderung erforderlichen Anleitung und Begleitung am Ausbildungsplatz und in der Berufsschule (vgl. Tabbara 2021, 672). Mit dieser Leistung sollen Ausbildungen außerhalb der WfbM gefördert werden, sodass junge Menschen eine Berufsausbildung oder eine theoriereduzierte Fachpraktiker-Ausbildung absolvieren können. Weiterhin hat der Gesetzgeber die Bundesagentur für Arbeit (BA) aufgrund ihrer Sachkunde und Sachnähe im Bereich der beruflichen Bildung zur Vermittlung auch für den Fall in die Verantwortung genommen, dass das BfAusb von einem anderen Leistungsträger als der BA erbracht wird. Darüber hinaus soll die BA Unterstützung bei der Suche nach geeigneten Einrichtungen der beruflichen Rehabilitation leisten.

Das Teilhabeinstrument soll Arbeitgeber motivieren, Jugendliche mit Behinderung auszubilden. Der Gesetzgeber knüpft hieran zugleich die Erwartung, dass sich die Chancen der jungen Menschen erhöhen, anschließend übernommen und langfristig am allgemeinen Arbeitsmarkt beschäftigt zu werden. Zusätzlich kann auf diesem Weg Vorurteilen entgegengewirkt und können mentale Barrieren sowohl bei Jugendlichen als auch bei Arbeitgebern und Belegschaften abgebaut werden (Weiland 2022, 39).

---

24 https://www.bagbbw.de/berufsbildungswerke/reha-angebote/ [Stand: 20.08.2023].

Barrieren

Es fällt noch immer auf, dass sich Menschen mit Behinderung auch selbst ausgrenzen, indem sie sich beispielsweise auf Ausbildungsplätze nicht bewerben, weil sie sich keine Chancen ausmalen. Das lässt auch Rückschlüsse auf die noch immer tief in der Gesellschaft verwurzelte Diskriminierung von Menschen mit Behinderung zu. Gerade Menschen mit sonderpädagogischem Förderungsbedarf sehen sich noch immer einer starken Stigmatisierung ausgesetzt. Nur wenige absolvieren eine betriebliche Ausbildung; berufliche Bildung findet dann meist in besonderen Einrichtungen statt, woraus schlechtere Arbeitsmarktchancen resultieren (vgl. Bergs & Niehaus 2016, 3).

Problematisch ist auch die Inkompatibilität zwischen den sonderpädagogischen Strukturen nach sonderpädagogischem Förderbedarf in der Schule zum einen und dem Ausbildungs- und Arbeitsmarkt zum anderen. Im allgemeinen Schulsystem werden verschiedene Förderschwerpunkte, wie Lernen, emotionale und soziale Entwicklung, geistige Entwicklung, körperliche und motorische Entwicklung, Sehen, Hören und Sprache, gesehen. Im Beschäftigungssystem beziehungsweise im Kategoriensystem der BA werden dem hingegen nur Menschen anerkannter (Schwer-)Behinderung oder Gleichgestellte erfasst. Es wird dann nur von Rehabilitand*innen und/oder Schwerbehinderten gesprochen. Mit dem Wechsel vom Schulsystem in das rechtliche Rahmenwerk zur Regelung der Teilhabe am Arbeitsleben ändern sich also die Definitionen der Zielgruppen, was den Zugang in die Berufswelt für ehemalige Förderschüler*innen erheblich erschwert (Pfister 2014, 223). Zur Umsetzung einer inklusiven Berufsbildung muss allen Jugendlichen ein gleichberechtigter und diskriminierungsfreier Zugang zur Berufsausbildung ermöglicht werden, vgl. auch Art. 24 UN-BRK. Aus pädagogischen und bildungspolitischen Gründen spricht viel dafür, die verschiedenen Teilhabeinstrumente zur Überwindung von Schwierigkeiten junger Menschen beim Übergang Schule – Beruf inklusiv in einem weiteren Sinne zu verstehen. Das würde nicht nur dem Risiko der intersektionellen Diskriminierung entgegenwirken. Vielmehr sprechen sich zahlreiche Stimmen dafür aus, inklusive Bildung im Sinne einer umfassenden »Benachteiligtenförderung« zu verstehen und damit nicht nur Jugendliche mit Behinderung, sondern allen beim Ausbildungszugang wegen Geschlecht, Herkunft, sozialen oder ökonomischen Voraussetzungen exkludierten Jugendlichen Lerngelegenheiten zu geben (vgl. Petersen 2016).

Wiedereingliederung in der Berufsausbildung

Fraglich ist, wie die Menschen unterstützt werden, die beispielsweise aufgrund einer Erkrankung vorübergehend ihre berufliche Ausbildung unterbrechen müssen. Auch hier braucht es für einen inklusiven Wiedereinstieg in das Ausbildungsverhältnis Unterstützungsleistungen. Auch diese Lebensrealitäten müssen unbedingt mitgedacht werden. Zur Wiedereingliederung nach längerer Krankheit wären zum Beispiel eine stufenweise Wiedereingliederung (vgl. § 44 SGB IX, § 74 SGB V), eine (vorübergehende) Stundenreduzierung in Form einer Teilzeitausbildung oder eine

Verlängerung der Ausbildung denkbar. Wichtig ist, dass diese Möglichkeiten und Leistungen individuell auf die Bedürfnisse des/der Auszubildenden zugeschnitten werden. Nur so kann eine für den Auszubildenden und den betrieblich Ausbildenden gleichermaßen erfolgreiche Wiedereingliederung ermöglicht und durchgeführt werden.

Teilzeitausbildung

Die Möglichkeit einer Teilzeitausbildung ist in § 7a BBiG geregelt. Dabei ist die Teilzeitausbildung allein vom Inhalt des Ausbildungsvertrages, also dem Willen der/des Auszubildenden und der/des Ausbildenden, abhängig (vgl. Malottke 2020, Rn. 2). Für Menschen mit Behinderung kann sich die Option als eine angemessene Vorkehrung zur Verhinderung einer Diskriminierung darstellen, so dass sich Ausbildende nicht ohne Sachgrund einer solchen verweigern dürfen. So kann neben Menschen mit Behinderung auch für Menschen mit Lernbeeinträchtigung eine Teilzeitberufsausbildung den Einstieg und den Übergang in eine Vollzeitausbildung und später in den Arbeitsmarkt ermöglichen. Eine Teilzeitausbildung kann eine Alternative zu einer Ausbildung nach § 66 BBiG darstellen (Bundestag, 55). Die Teilzeitausbildung stellt damit eine Gestaltungsoption für die Durchführung von Berufsausbildung dar (vgl. Maring 2020, Rn. 1). Dabei ist die Teilzeitausbildung gegenüber der Vollzeitausbildung als qualitativ gleichwertig anzusehen (Bundestag 2019, 56).

In einer Teilzeitausbildung kann die Arbeitszeit auf bis zu 50 % reduziert werden. So soll sichergestellt werden, dass die Auszubildenden auch bei einer täglichen oder wöchentlichen Reduzierung der betrieblichen Ausbildungszeiten mit den wöchentlichen Betriebsabläufen vertraut werden und sich in den Arbeitsalltag und auch das Kollegium integrieren können. Zu beachten ist hier, dass lediglich der praktische Teil der Ausbildung von der Teilzeitmöglichkeit umfasst ist. Der schulische Teil bleibt hiervon unberührt (Bundestag 2019, 56). Ob dies aber gerade mit Blick auf Menschen mit sonderpädagogischem Förderungsbedarf immer geboten und zielführend ist, ist fraglich. Vielmehr sollte Raum geschaffen werden, auch im Bereich der schulischen Ausbildung die Zeiten und Stoffmengen so anzupassen, dass ein erfolgreicher Abschluss der Ausbildung wahrscheinlich ist. Denn anderenfalls müssen die Auszubildenden das theoretisch erlernte Wissen über einen längeren Zeitraum, ohne Wiederholung in der Berufsschule abrufbar haben (vgl. Malottke 2021, Rn. 2). Das ist besonders für Menschen mit Lernschwierigkeiten eine große Herausforderung. Mit Verweis auf § 8 BBiG kann in Ausnahmefällen das Ausbildungsverhältnis auch verlängert werden.

Stufenweise Wiedereingliederung

Die stufenweise Wiedereingliederung (StW, vgl. § 44 SGB IX, § 74 SGB V) soll als eigenständige Maßnahme der medizinischen Rehabilitation arbeitsunfähige Beschäftigte – insbesondere nach längerer Krankheit – schrittweise an die volle Arbeitsbelastung heranführen und so die Rückkehr an den Arbeitsplatz erleichtern (so auch BSG 29.01.2008 – B 5a/5 R 26/07 R). Arbeitnehmer*innen sollen individuell – also je nach Gesundheitszustand und bisheriger Arbeitsfähigkeitsdauer – schonend, aber kontinuierlich an die Belastungen ihrer bisherigen Tätigkeit herangeführt werden, bis eine vollständige Rehabilitation erfolgt ist. Die Beschäftigten sollen bei zunächst reduzierter Arbeitszeit und/oder Arbeitsbelastung in den Arbeitsprozess wiedereingegliedert werden (vgl. Winkler & Brockmann 2022, Rn. 3).

Zu überlegen ist, ob das Modell der StW auch auf das Ausbildungsverhältnis anzuwenden ist. Grundsätzlich sind nach § 10 Abs. 2 BBiG, soweit sich aus seinem Wesen und Zweck und spezialgesetzlichen Regelungen nichts anderes ergibt, die Regeln des Arbeitsvertrages auch auf den Berufsausbildungsvertrag anzuwenden.

Die sozialrechtlichen Voraussetzungen für eine StW nach § 44 SGB IX sind eine bestehende Arbeitsunfähigkeit, eine Teilleistungsfähigkeit und eine günstige, ärztlich fundierte Prognose hinsichtlich des Wiedereingliederungserfolges (vgl. Winkler & Brockmann 2022, Rn. 5). Des Weiteren muss eine sozialrechtliche Leistungsberechtigung i. S. d. Teilhabeleistungen vorliegen (Nebe 2022 Rn. 7). Das erfüllen die Menschen mit Behinderungen typischerweise auch im Ausbildungsverhältnis nach § 10 BBiG. Daneben muss der Ausbilder auch vertraglich zur Mitwirkung an der StW verpflichtet sein. Das ergibt sich daraus, dass den Ausbildenden, ähnlich wie Arbeitgeber*innen, Schutzpflichten treffen. Diese finden sich in § 14 BBiG wieder. Gemäß § 14 Abs. 1 Nr. 5 BBiG muss der/die Ausbildende für die charakterliche Förderung sorgen und sicherstellen, dass der/die Auszubildende sittlich und körperlich nicht gefährdet wird. Mithin trägt der Ausbildende auch Schutz- und Förderpflichten hinsichtlich der Gesundheit, vergleichbar § 241 Absatz 2 Bürgerliches Gesetzbuch (BGB). Wie im Arbeitsverhältnis sind diese Schutzpflichten dahin auszulegen, dass Maßnahmen getroffen werden müssen, die es arbeitsunfähigen Auszubildenden ermöglichen, sicher und schrittweise an den ursprünglichen Ausbildungsplatz zurückzukehren, um weitere gesundheitliche Schäden, die bei einer verfrühten Rückkehr auftreten könnten, zu vermeiden. Im Rahmen der StW wird regelmäßig überprüft, welche Arbeit in welchem Umfang erbracht werden kann. Hierbei müssen auch die besonderen Bedürfnisse von Menschen mit Behinderung und besonderen Förderbedarfen mitgedacht werden (Nebe 2022 Rn. 16).

Das Modell der StW ermöglicht es Menschen, ihre Arbeitsfähigkeit langsam in einem gewohnten Umfeld und mit vertrauten Arbeitsabläufen zu erproben und wiederherzustellen. Es ist denkbar, dass Auszubildende, wenn sie vorübergehend aufgrund einer Arbeitsunfähigkeit im Sinne des § 44 SGB IX ihre Ausbildung nicht ausführen können, mit diesem Modell an ihren Ausbildungsplatz zurückkehren können. So könnte verhindert werden, dass die jungen Menschen ihren Ausbildungsplatz verlieren. Gerade für Menschen mit Behinderungen oder besonderen Förderbedarfen gestaltet sich die Suche nach einem Ausbildungsplatz schwer. Haben sie einen passenden gefunden, sollten alle Möglichkeiten bemüht werden, diese Menschen auch auf ihren Ausbildungsplätzen zu halten beziehungsweise sie wieder dahin zurückzubringen. Anderenfalls sind die Chancen, auf dem allgemeinen Arbeitsmarkt integriert zu werden, noch geringer. Stärker als bisher sollte das Modell der StW als durchaus passendes Instrument für eine Wiedereingliederung in die Berufsausbildung bedacht werden (dazu auch Nebe, Albersmann & Dittmann).

7.3 Fazit

Die volle und gleichberechtigte soziale Teilhabe hängt sehr vom gleichberechtigten Zugang zu Bildung, Ausbildung und Arbeit ab. Ausweislich der jüngsten Ergebnisse des Staatenberichtsverfahrens zur Umsetzung der UN-BRK muss Deutschland noch intensive Anstrengungen unternehmen, damit auch Menschen mit Behinderungen gleichberechtigte Zugangschancen zu Ausbildung und Arbeit haben. Dabei sind die Barrieren gerade für diejenigen Menschen besonders schwer zu überwinden, welche früh im Lebensverlauf eine Beeinträchtigung erwerben; das sind vor allem Menschen mit schweren kognitiven und mehrfachen Beeinträchtigungen (Grupp & Hahn 2024). Ihnen wird der Weg in ein selbstbestimmtes Leben in einer inklusiven Lebenswelt noch besonders schwer gemacht. Das Sozial- wie auch das Ausbildungs-, Arbeits- und Antidiskriminierungsrecht sehen zahlreiche Pflichten und Instrumente vor, um partizipativ und im Wege angemessener Vorkehrungen zu personenzentrierten Gestaltungen zu gelangen. Alle verantwortlichen Akteure sind gefordert, ihre Aufgaben in diesem Sinne wahrzunehmen und eigene Einstellungen kritisch zu reflektieren.

Literatur

Beetz, C. (2021): Reform des Betreuungsrechts durch das Gesetz zur Reform des Vormundschafts- und Betreuungsrechts – Die Änderungen im Lichte von Art. 12 UN-BRK. Recht und Praxis der Rehabilitation (RP Reha) 2, 5–12.

Bergs, L & Niehaus, M. (2016): Bedingungsfaktoren der Berufswahl bei Jugendlichen mit einer Behinderung. Erste Ergebnisse auf Basis einer qualitativen Befragung. Online verfügbar unter: https://www.bwpat.de/ausgabe/30/bergs-niehaus, Zugriff am 25.05.2024.

Bundesministerium für Bildung und Forschung (BMBF) (2023): Die Novellierung des Berufsbildungsgesetzes (BBiG). Online verfügbar unter: https://www.bmbf.de/bmbf/de/home/_documents/die-novellierung-des-berufsbildungsgesetzes-bbig.html, Zugriff am 25.05.2024.

Bundesministerium für Familie, Senioren, Frauen und Jugend (BMFSFJ) (2021): Neunter Familienbericht der Bundesregierung, BT-Drs. 19/27200. Online verfügbar unter: https://www.bmfsfj.de/resource/blob/179392/195baf88f8c3ac7134347d2e19f1cdc0/neunter-familienbericht-bundestagsdrucksache-data.pdf, Zugriff am 25.05.2024.

Bundestag (2019): Entwurf eines Gesetzes zur Modernisierung und Stärkung der beruflichen Bildung, BT-Drs. 19/10815.

Bundesrat (2024): Entwurf eines Berufsbildungsvalidierungs- und -digitalisierungsgesetzes (BVaDiG), BR-Drs. 73/24.

Conrads, R., Freiling, T. & Ulrich, A. (2019): Benachteiligte Jugendliche in Ausbildung und Beruf individuell begleiten. Online verfügbar unter: https://www.wbv.de/shop/Benachteiligte-Jugendliche-in-Ausbildung-und-Beruf-individuell-begleiten-6004752w, Zugriff am 25.05.2024.

Enggruber, R. & Ulrich J. G. (2016): Was bedeutet »inklusive Berufsausbildung«? Ergebnisse einer Befragung von Berufsbildungsfachleuten, In: A. Zoyke & K. Vollmer (Hrsg.), Inklusion in der Berufsbildung: Befunde – Konzepte – Diskussionen (S. 59–76). Bielefeld Online abrufbar unter https://www.agbfn.de/dokumente/pdf/agbfn_18_enggruber_ulrich.pdf, Zugriff am 25.05.2024.

Große Stetzkamp, B. (2024): Die Berücksichtigung der Behinderung und/oder chronischen Erkrankung eines Kindes bei der Erwerbstätigkeit der Eltern im Arbeits- und Sozialrecht. Dissertation, Baden-Baden: Nomos.

Grupp, L. & Hahn, N. (2024): Wege in den inklusiven Arbeitsmarkt für kognitiv und seelisch beeinträchtigte Menschen. Zusammenfassung der Online-Diskussion im moderierten Forum Fragen – Meinungen – Antworten zum Rehabilitations- und Teilhaberecht. Online verfügbar unter: https://www.reha-recht.de/fachbeitraege, Zugriff am 25.05.2024.

Herkner, V. (2009): Öffentliche Aufgabe »Berufsbildung« – Zur Verabschiedung des Berufsbildungsgesetzes vor 40 Jahren. Online verfügbar unter: https://www.bibb.de/de/16619.php, Zugriff am 25.05.2024.

Janda, C. & Wagner, M. (2022): Diskriminierung von und wegen Kindern. Baden-Baden: Nomos.

Kalina, D. (2019): Betriebliche Realisierung beruflicher Ausbildung behinderter Menschen. Baden-Baden: Nomos.

Lakies, T. (2020): § 64 BBiG. In: T. Lakies & A. Malottke (Hrsg.), BBiG Berufsbildungsgesetz Kommentar. 7. Auflage. Frankfurt am Main: Bund-Verlag.

Malottke, A. (2020): § 7a BBiG. In: T. Lakies & A. Malottke (Hrsg.), BBiG Berufsbildungsgesetz Kommentar. 7. Auflage. Frankfurt am Main: Bund-Verlag.

Maring, S. (2021): § 7a BBiG. In: H. H. Wohlgemuth & G. Pepping (Hrsg.), Berufsbildungsgesetz Kommentar. 2. Auflage. Baden-Baden: Nomos.

Nebe, K. (2011). Diskriminierungsschutz erwerbstätiger Eltern behinderter Kinder – EuGH stärkt den Schutz vor drittbezogener bzw. sogenannter assoziierter Diskriminierung (Anmerkung zur Rs. Coleman). Online verfügbar unter: https://www.reha-recht.de/fileadmin/download/foren/a/2011/A_1-2011.pdf, Zugriff am 25.05.2024.

Nebe, K. & Waldenburger, N. (2014): Budget für Arbeit (Forschungsprojekt im Auftrag des Integrationsamtes des Landschaftsverbandes Rheinland). Online Verfügbar unter: https://www.lvr.de/media/wwwlvrde/soziales/menschenmitbehinderung/1_dokumente/arbeitund ausbildung/dokumente_229/15_0456_Forschungsbericht_barrierefrei.pdf, Zugriff am 25.05.2024.

Nebe, K. (2017): Sozialrechtliche Grundlagen der Rehabilitation (psychisch) kranker und behinderter Menschen, Die berufliche Rehabilitation 1/2017, 23–36.

Nebe, K. (2020): Neue Herausforderungen für die BAR und die Lebensverlaufsperspektive im Rehabilitationsprozess, Recht und Praxis der Rehabilitation, (1), 48–49.

Nebe, K. (2021): Familiäre Beistandspflichten – Einfallstor für Benachteiligungen von Menschen mit Behinderungen und deren Familien statt Angehörigenentlastung. Recht und Praxis der Rehabilitation, (4), 37–46.

Nebe, K. (2022): Stufenweise Wiedereingliederung, § 44. In: W. Feldes, W. Kohte & W. Stevens-Bartol, SGB IX. 5. Auflage. Frankfurt a. M.: Bund-Verlag.

Nebe, K., Albersmann, L. & Dittmann, R. (2023): Die stufenweise Wiedereingliederung und ihr Stellenwert in betrieblich organisierten Return-to-Work-Prozessen, Sozialgerichtsbarkeit, (11), 649–658.

Petersen, W. (2016): Berufliche Förderpädagogik als Entwicklungsschwerpunkt des beruflichen Schulwesens unter Bedingungen von ›Diversity and Social Inclusion‹, In: Berufs- und Wirtschaftspädagogik – online. 31. Online verfügbar unter: http://www.bwpat.de/ausgabe31/petersen_bwpat31.pdf, Zugriff am 25.05.2024.

Pfister, J. (2014): Schulabschluss, und jetzt? – Übergänge in Ausbildung und Beruf. Berufliche Rehabilitation (3), 222–241.

Proyer-Popella, B. & Lohbeck, A. (2021): § 65 BBiG. In: H. H. Wohlgemuth & G. Pepping (Hrsg.), Berufsbildungsgesetz Kommentar. 2. Auflage. Baden-Baden: Nomos.

Rosenow, R. (2021): Eingliederungshilfe und rechtliche Betreuung. Recht und Praxis der Rehabilitation, (2), 13–25.

Stähler, T. (2021): Teilhabeplan und Teilhabeplanung. Beitrag A42-2021 unter www.reha-recht.de.

Stähler, T. (2022): Teilhabeplan. In: O. Deinert, F. Welti, S. Luik & J. Brockmann (Hrsg), Stichwortkommentar Behindertenrecht. 3. Auflage. Baden-Baden: Nomos.

Tabbara, A. (2021): Mehr Inklusion möglich machen: Das Teilhabestärkungsgesetz, Neue Zeitschrift für Sozialrecht, 665–675.

Utz, R. (2023): § 74 SGB III. In: C. Rolfs, R. Giesen, M. Meßling & P. Udsching (Hrsg.), Beck'scher Online Kommentar Sozialrecht. 70. Edition. München: C.H.Beck.

Weiland, B. (2022): Mehr Teilhabe durch das Teilhabestärkungsgesetz? Gute Arbeit, 36–39.
Winkler, B. & Brockmann, J. (2022): Stufenweise Wiedereingliederung. In: O. Deinert, F. Welti, S. Luik & J. Brockmann (Hrsg), Stichwortkommentar Behindertenrecht. 3. Auflage. Baden-Baden: Nomos.

8 Sozialpolitische Perspektiven

Harald Ebert

Dieser Band untersucht Perspektiven für junge Menschen mit sonderpädagogischem Förderbedarf, die einer der Inklusion verpflichteten beruflichen Bildung entspringen und die den Weg in das allgemeine Erwerbsleben unterstützen sollen. Seit jeher kommt der Sozialpolitik die Aufgabe zu, für die notwendige sozialrechtliche Rahmung Sorge zu tragen. Der politische Entscheidungsprozess des Deutschen Bundestages, der UN-Behindertenrechtskonvention schlussendlich beizutreten, hat zu einer ganzen Reihe von sozialrechtlichen Neuorientierungen in den Sozialgesetzbüchern geführt. Paternalistische Einfärbungen im Sozialrecht sind dem Recht auf Selbstbestimmung und dem Recht auf Beteiligung und Teilhabe von Betroffenen am gesellschaftlichen Leben gewichen. Für die Bildungsakteure stellt sich die Frage nach der künftigen Aufgabe der sonderpädagogischen Förderung und Unterstützung für diesen höchst anspruchsvollen Auftrag.

8.1 Die Würde des Menschen ist unantastbar – gesellschaftliche Basis für alle?

Andreas Möckel lehrte in Würzburg und wählte für das Nachdenken über Erziehung und Bildung die Metapher der »Sprache« (vgl. Möckel 2019, 17 ff.). Bei Sprache geht es einmal um die Kommunikation von Eltern und Kindern, Lehrkräften und Schülerinnen und Schülern, Ausbilderinnen, Ausbildern und Auszubildenden.

Möckel meint mit Sprache aber weit mehr. Sprache macht es Menschen möglich, sich in der Zeit gleichsam zu bewegen. Die Erfahrungen der Vergangenheit, das Erleben der Gegenwart und unsere Aspirationen für die Zukunft ermöglichen es, die für jede Gesellschaft existentiellste Herausforderung anzugehen: Wie kann eine Generation an die nachfolgenden Generationen die Verantwortung für den Fortbestand von Gemeinschaften und Institutionen übergeben? Nur wenn die Übergabe zwischen den Generationen gelingt, haben Gesellschaften Bestand.

Bei der Vermittlung von Wissen und Kompetenzen scheinen die abgebenden Generationen und mit ihnen die Schulen erfolgreich zu sein. Wir sehen und erleben ungeahnte technologische Fortschritte. Im Hinblick auf die für jede Zukunft ebenso bedeutsame Sicherung von Werten und Normen, wenn man so will als Grundlage künftigen sozialpolitischen Handelns, erfahren wir dieser Tage, dass alte Fragen gestellt und Antworten neu gefunden werden müssen – z. B. die Frage nach der Bedeutung der Arbeit im Leben eines Menschen.

Die berechtigten Zweifel vor allem junger Menschen bezüglich der Nachhaltigkeit des Lebensstils der älteren Generationen suchen dringlich ein eingehegtes Modell an Stelle des bloßen Glaubens an das immer neue Wachstum. Selbst die wichtigen Errungenschaften unserer Demokratie sind keineswegs dauerhaft gesichert. Das gilt auch für Fragen der Würde. Sich mit Wertschätzung und möglichst ohne Beschämung in der Familie, im sozialen Umfeld, in der Schule, in der Arbeitswelt und in der Gesellschaft zu begegnen, stärkt nach unserem Verständnis Demokratie.

Und doch steht die Frage wer dazugehört und wer nicht, die Frage nach dem *Drinnen* und *Draußen* für einen merklich erstarkenden Teil politischer Entscheidungsträgerinnen und Entscheidungsträger wieder auf der Agenda. Dabei waren im Sinne der christlichen Soziallehre und der Konventionen der Vereinten Nationen der globale Anspruch des Konzeptes Menschenwürde vermeintlich klar: Würde kommt allen Menschen zu. Die Sorge von Andreas Möckel, ob bei der Übergabe der Verantwortung von Generation zu Generation wirklich *alle* für den Fortbestand unserer Gesellschaft gebraucht werden, macht auch bezüglich der Beteiligung möglichst aller am Arbeitsleben nachdenklich.

> »Die Institutionen der Gesellschaft brauchen zum Überleben die Erziehung, aber sie brauchen nicht die aller Kinder. Die Bildung jedes einzelnen Kindes auf diesem Erdball ist für die gesellschaftlichen Institutionen nicht überlebensnotwendig. Die gesellschaftlichen Institutionen überleben, auch wenn in der Gesellschaft im Ganzen Ungebildete leben, Tausende ohne Ausbildung bleiben« (Möckel 2019, 17).

8.2 Kompensation von Benachteiligung. Sozialpolitischer Auftrag zur Befähigung

Über staatliche Transferleistungen hat die bundesdeutsche Gesellschaft über Jahrzehnte benachteiligte und randständige Menschen in schwierigen Lebenslagen – oft mehr schlecht als recht – *mitgenommen*. Sozialstaatlich wurde in der Vergangenheit gesellschaftlicher Friede gesichert und in dieser Tradition sehen Kritikerinnen und Kritiker auch das neue Bürgergeld, trotz der Beteuerungen der Akteure des Gesetzgebungsverfahrens, nämlich künftig Diskriminierungen möglichst zu vermeiden: »Das Bürgergeld soll die Würde des und der Einzelnen achten, zur gesellschaftlichen Teilhabe befähigen sowie digital und unkompliziert zugänglich sein« (SPD u. a. 2021, vgl. Bauer u. a. 2022). Der demografische Wandel sorgt einerseits für ein verändertes Verständnis des »Keine und Keiner darf verloren gehen« von einem ethischen Postulat hin zur volkswirtschaftlichen Notwendigkeit.

In der Fachdiskussion wird häufig auf die gelingende skandinavische Inklusion von Menschen in schwierigen Lebenslagen hingewiesen. Bei kleineren Bevölkerungszahlen wurde dort bei jedem inklusiven »Keine und Keiner darf verloren gehen« ein »wir brauchen dich« immer mitgedacht. Wir erleben Zeiten des Widersprüchlichen: Der Fachkräftemangel gilt als Hemmnis für wirtschaftliche Entwicklungen – und zugleich berichten Bildungsstudien von immer mehr jungen Menschen, die die grundlegenden Bildungsinhalte nicht oder nur unzureichend abbilden können. Dazu kommt, dass der Vielzahl technologischer Entwicklungen unserer digitalen Arbeitswelt nicht *alle (jungen) Menschen* Stand halten können. Der gegenwärtige *Arbeitnehmerinnen- und Arbeitnehmermarkt* legt jungen Menschen zweifellos mehr Möglichkeiten der Mitsprache und Mitgestaltung der eigenen Zukunft in die Hände, aber eben nur dann, wenn sie erfolgreiche Bildungsbiografien mit entsprechend zertifizierten Kompetenzen vorweisen können.

Aus der Perspektive von Bildungsverliererinnen und Bildungsverlierern erinnert Andreas Möckel an Erziehung und Unterricht als für jeden einzelnen Menschen überlebenswichtige Kompensation. »Von den Kindern aus gesehen ist die Sucht der Institutionen, immer die Besten gewinnen zu wollen, eine ständige Bedrohung« (Möckel 2019, 17). Anthropologisch sind alle Menschen auf Pflege, Erziehung und Unterricht angewiesen, um zu überleben. Vernachlässigen Eltern, Schule und Gesellschaft diese Aufgaben, kommt es zwangsläufig zu Krisen. Die Krise steht am Anfang der Sonder- und Heilpädagogik. Das heilpädagogische Paradigma verdichtet sich in der radikalen Zuwendung der öffentlichen Erziehung zu jedem Kind und zur not-wendigen Kompensation der Kompensation. Sozialpolitisch braucht es einen Rahmen für die Befähigung und die Suche nach Verwirklichungschancen für möglichst alle jungen Menschen. Die *Teilgabe* geht der *Teilhabe* und der nachfolgend möglichen handelnden aktiven *Teilnahme* der nachfolgenden Generation voraus.

Ethische, soziologische, psychologische, pädagogische, sozialrechtliche und sozialpolitische Zugänge unterstützen in der Zusammenschau die zugrundeliegende gesellschaftliche Aufgabe der Inklusion. Unterschiedliche Perspektiven von *Teilgabe*, *Teilhabe* und *Teilnahme* berühren zudem immer das Verhältnis des *Besonderen* und des *Allgemeinen*, aber eben auch von *Praxis* und *Theorie*. Die notwendigen dialogischen und interdisziplinären Auseinandersetzungen reichen von der theoretischen Grundlegung bis in die Praxis einer Berufsschule. Der Kolumnist der Süddeutschen Zeitung Heribert Prantl stellt bei der Betrachtung des Jahres 1848 die bürgerliche Revolution, die Drucklegung des kommunistischen Manifestes und Wicherns Rede auf dem protestantischen Kirchentag, die als Gründung der Diakonie gilt, nebeneinander – Letztere als *sozialpolitische Großtat* (vgl. Prantl 2023). Als Wichern traumatisierte Kinder in sein Rauhes Haus holte und sie auf ein gewaltfreies und selbstbestimmtes Leben vorbereitete, ging er zweifellos in politische Verantwortung und wirkte an der späteren sozialrechtlichen Rahmung des eigenen zuvorderst pädagogischen Handlungsfeldes wirkungsvoll mit. Das erklärt möglicherweise, warum hier ein Schulleiter das wichtige Thema der sozialpolitischen Einbindung von Inklusion beleuchtet.

8.3 Feststellung von Leistungsberechtigung als sozialpolitisch notwendige Legitimation?

Eine weitere sozialpolitisch bedeutsame Klärung betrifft am Übergang Schule – Beruf die Differenzierung nach sonderpädagogischen Förderschwerpunkten. Am Ende der Schulzeit sollten die je nach Förderbedarf unterschiedlichen Perspektiven skizziert und Gemeinsamkeiten und Differenzen herausgearbeitet werden. In der Diskussion zur UN-Behindertenrechtskonvention wird zwischen einem *engen* Inklusionsverständnis und einem *weiten* unterschieden. Während einerseits im sozialrechtlichen Sinne behinderte Personen oder im schulrechtlichen Sinne junge Menschen mit sonderpädagogischem Förderbedarf in den Blick genommen werden, bezieht sich das weite Inklusionsverständnis andererseits ausdrücklich auf *alle Menschen*.

Der Gedanke des Anspruchs aller Menschen auf eine qualitativ hochwertige Bildung und Berufsbildung, unabhängig von deren Geschlecht, Herkunft, sozialen oder wirtschaftlichen Lebenslagen oder Behinderung, ist bestechend. Und doch lassen sich beim Versuch der Dekategorisierung die Risiken des Verlustes von Orientierungen für die jeweils individuelle berufliche Bildung, des Verlustes von notwendigen Unterstützungsmaßnahmen und Hilfen aus sozialrechtlichen Gründen oder wegen der Aufgabe des Wissens um sonder- und heilpädagogische Kompensationen ausmachen. Stigmatisierungen infolge von Kategorisierungen wiegen schwer, der zu befürchtende Verzicht auf gegenüber der Gesellschaft begründungspflichtige sozialrechtliche Leistungen und fachspezifisches Unterstützungswissen aber eben auch. Vollmer (vgl. 2022) spricht in diesem Zusammenhang von einer sachlichen Koexistenz. In der Fachdiskussion sonderpädagogischer und inklusionspädagogischer Konzepte findet sich ein Spannungsfeld zwischen sozialrechtlich erforderlicher Kategorisierung und erwünschter, weil nichtdiskriminierender Dekategorisierung (vgl. Stein u. a. 2022). Lindmeier spricht vom Etikettierungs-Ressourcen-Dilemma (2023).

Im *weiten* Inklusionsverständnis wird die Unterstützung bis dato marginalisierter und vom Ausschluss bedrohter Gruppen gleichberechtigt mit der Unterstützung von jungen Menschen mit Behinderungen beschrieben. Die pädagogischen Antworten sollten dann – so der implizite Anspruch – bezogen auf situative und personenbezogene Bedarfe in den allgemeinen Diensten und Einrichtungen von Bildung und Berufsbildung umgesetzt werden. Dabei könnten sonder- und heilpädagogische Methoden angemessene Formen von Unterstützungen und Begleitung in diesem Setting abbilden. Die Inklusionspädagogik hätte ihrerseits an einem geeigneten sozialpolitischen Rahmen – auch für diese deutlich ausgeweitete Zielgruppe – zu arbeiten, der für eine auf Rechte basierende und antidiskriminierungsfreie allgemeine Pädagogik stehen kann. Jede Strategie der Auflösung sonderpädagogischer Dienste und Einrichtungen basierend auf UN-Behindertenrechtskonvention, unterstützt durch die vorliegenden zweiten und dritten Staatenberichte zur Umsetzung der Konvention und aktuell der abschließenden

Bemerkungen des zugehörigen Fachausschusses der Vereinten Nationen (United Nations 2023), muss diesen sozialpolitischen Auftrag annehmen.

Aktuell ist für diese Aufgabe keine konsequente politische oder gar gesellschaftliche Kraft erkennbar, auch nicht in Form eines nachhaltig inklusiven Arbeitsmarktes. Empirische Befunde, die die Beteiligung von Menschen mit Schwerbehinderungen am ersten Arbeitsmarkt erfassen, verweisen immer wieder auf den wünschenswerten inklusiven Arbeitsmarkt, aber eben als mittelfristiges Ziel. »Die im Vergleich niedrigeren Erwerbsquoten von Menschen mit Schwerbehinderungen zeigen deutlich, dass Inklusion nach wie vor eine wichtige gesamtgesellschaftliche Aufgabe ist« (Institut für Arbeitsmarkt- und Berufsforschung 2022, 7). Weniger »diplomatisch« beschreibt Helberg in der ZEIT die faktische Exklusion: »Obwohl sie dazu verpflichtet sind, stellen Zehntausende Unternehmen keine Menschen mit Behinderung ein« (Helberg 2023, vgl. Aktion Mensch 2023).

Weder Inklusionspädagoginnen noch Sonderpädagogen plädieren für das Beibehalten des Status quo. Nicht übersehen werden dürfen einerseits die immer neuen, unermüdlichen und bemerkenswerten Anstrengungen im Sinne eines Mehr an *Teilhabe* aller Menschen auch aus den sonderpädagogischen Diensten und Einrichtungen heraus und andererseits die sozialpolitische Wirksamkeit der Vertreterinnen und Vertreter der Inklusionspädagogik für ein Mehr an *Teilgabe* z. B. über die Weiterentwicklung des sozialrechtlichen Rahmens. Die Vertreterinnen und Vertreter der Inklusionspädagogik und der Sonderpädagogik brauchen einander schon aus sozialpolitischen Gründen, wie ich oben bereits ausgeführt habe. Die Zeichen der Zeit lassen erneut und untrüglich Risiken einer Gesellschaft mit einem weniger an *solidarischer Teilgabe* erkennen. Ich nenne als Beispiel die aktuelle Diskussion um den Umgang mit den knapper werdenden staatlichen Finanzen. Fast reflexhaft wird eben auch vorgeschlagen, im Bereich sozialer Leistungen einzusparen. Weil für die sozialpolitische Aushandlung die Kräfte eines »alle sind gemeint« aufeinander verwiesen sind, wird es zu einer nachvollziehbaren Position, sowohl der Inklusionspädagogik als auch der Sonder- und Heilpädagogik verpflichtet zu sein. Es braucht fortwährend die Kompensation der Kompensation als immer neue Herausforderung der Sonder- und Heilpädagogik (vgl. Möckel 2019).

8.4 Orientierung am Konzept Lebenslagen

Voranbringen könnte die kontroverse Diskussion das Lebenslagenkonzept. Es gewichtet gegenüber den sonderpädagogischen Förderschwerpunkten einerseits und dem sozialrechtlichen Verständnis von *Behinderung* und *Benachteiligung* andererseits die Dimensionen *Raum* und *Zeit*. Lebenslagen und soziale Räume gehören zusammen. So sucht etwa die Don Bosco Berufsschule mit den jungen Menschen nach Antworten, wenn der *Plan A* der allgemeinen beruflichen Bildung nicht oder noch nicht möglich oder zielführend erscheint. Lebenslagen beziehen sich auf die Dimension Zeit, denn Krisen und Brüche sind biografische Ereignisse: Sie kennen ein zuvor und danach und sie beziehen sich immer auf bestimmte konkrete Barrieren, seien sie räumlich, sozialräumlich oder als Handlungsräume für die Teilhabe am Arbeitsleben zu verstehen. In jedem Erwerbsleben ist *früher* oder *später* mit entsprechenden Unterbrechungen und Brüchen zu rechnen. Wir sind »Noch-nicht-Betroffene« oder »Betroffene« (vgl. Schuchardt 1980).

Die Don Bosco Berufsschule steht auf der Seite des inklusiven *alle* der christlichen Soziallehre (vgl. Rauscher 2008). Es geht um Menschen in schwierigen Lebenslagen, in Brüchen und Krisen und darum, dem *Modus des Nichtkönnens* die Erfahrung des *Könnens* (vgl. Loch 1980, 191 ff.) entgegenzuhalten. Wer mangels Bildung oder früh verstellter Bildungsbiografien keinen Zugang in die Arbeitswelt erhält, droht – um im Bild der Sprache zu bleiben – zu verstummen oder nicht gehört zu werden. Es ist sozialpolitische Aufgabe der Heil- und Sonderpädagogik, der Marginalisierung von Menschen in schwierigen Lebenslagen entgegenzuwirken, und neue Ansprache zu finden, um junge Menschen für die Teilhabe am gesellschaftlichen Leben zu gewinnen.

8.5 Berufliche Qualifizierung – individualisiert und differenziert

Das zentrale »Ticket« für die Teilhabe am Arbeitsleben ist eine qualifizierende berufliche Bildung. Arbeitsmarktpolitische Bemühungen zielen deshalb zuerst auf eine möglichst betriebliche Berufsausbildung im Rahmen anerkannter Berufsbilder. Dagegen verengen sich die Erwerbsmöglichkeiten von Ungelernten nicht nur durch den anhaltenden Rückgang einfacher Tätigkeiten, sondern auch im Zuge der stetig wachsenden technologischen Anforderungen. Menschen ohne Ausbildung könnten Gefahr laufen, überhaupt keine Beschäftigung zu finden (vgl. Weber 2013). Gegenüber dem Schwarz-Weiß von Ausbildung und ungelernter Beschäftigung muss sich die berufliche Qualifizierung von Menschen in schwierigen Lebenslagen *dazwischen* aufstellen.

Wenn die theoretischen Anforderungen des Berufsschulunterrichts oder die Anforderungen der Betriebe oder die Kammerprüfungen eine oft nicht (sofort) überwindbare Hürde darstellen, bleibt die Frage, ob die bildungspolitische Fokussierung einer dualen Ausbildung im »Vollberuf« für die sozialpolitischen Erfordernisse unserer Gesellschaft ausreicht. Eine ausschließliche Orientierung an den strukturellen Erfordernissen der Wirtschaft alleine ist ohnehin in einer inklusiven Demokratie nicht möglich (vgl. Eck, Stein & Ebert 2016).

Aus sozialpolitischer Perspektive ist es hier hilfreich, ein differenziertes System der beruflichen Bildung weiterzuentwickeln und sozial- und schulrechtlich abzusichern. Die Herausforderung einer inklusiven beruflichen Bildung besteht darin, individualisierte Qualifizierungswege zu suchen und möglichst allen jungen Menschen zu ermöglichen – Qualifizierungswege, die sowohl in Bezug auf die Bedürfnisse, die Persönlichkeits- und Leistungsstrukturen von Menschen als auch den Qualifikationsbedarf des Arbeitsmarktes Stand halten. Modelle zur Bildung für die Teilhabe am Arbeitsleben lassen sich dabei beispielsweise nach dem Konzept der Binnendifferenzierung der Aktion Bildung (vgl. Aktion Bildung 2004) anhand von vier Perspektiven unterscheiden. Diese gliedern sich nach Zunahme des Könnens einerseits und des Unterstützungsbedarfes andererseits.

Unter *Berufsbildorientierung* ist das Absolvieren einer »Vollausbildung« oder einer Ausbildung in einem einfachen Beruf einzuordnen. Mit den Mitteln der Berufsschule und der Agentur für Arbeit werden Auszubildende und Arbeitgeberinnen und Arbeitgeber bei Bedarf und auf Antrag unterstützt. Es finden sich Möglichkeiten wie sozialpädagogische Begleitung, fachlicher Förderunterricht oder die Begleitung durch Mobile sonderpädagogische Dienste. Zum Ausgleich von Nachteilen für bestimmte Formen von sozialrechtlich beschriebenen Behinderungen können gegebenenfalls veränderte Prüfungsmodalitäten in der Berufsschule und bei Kammerprüfungen für die jungen Menschen organisiert werden, z. B. die Genehmigung von mehr Zeit zur Bearbeitung von Aufgaben. Zum Ausgleich für Lebenslagen, die phasenhafte Brüche in der Ausbildungszeit generieren, wie der Status Alleinerziehend oder aber psychische Belastungen, wurde 2020 in der Novelle des Berufsbildungsgesetzes mit dem § 7a die Teilzeitberufsausbildung (vgl. Uhly 2020) und deren Umsetzung genauer gefasst und entfaltet. In der Don Bosco Berufsschule Würzburg werden die besonderen Bedürfnisse von Teilzeitausbildungen durch individuelle Antworten im Rahmen der Schulorganisation berücksichtigt, wenn z. B. in Klassen mit entsprechenden Schülerinnen der Unterrichtstag mit wiederholender Wochenplanarbeit startet und erst in Anwesenheit der ganzen Klasse neuer Unterrichtsstoff besprochen wird oder Förderunterricht, der zeitlich umsetzbar ist, vereinbart wird.

In den Kanon der Berufsbildorientierung gehören zudem Ausbildungsregelungen nach § 66 BBiG und § 42 m HwO für Menschen mit Behinderungen (Eck, Stein & Ebert 2016 304ff.). Diese Ausbildungen für Fachpraktikerinnen und Fachpraktiker werden aus der Perspektive der jungen Menschen einerseits und den Erfordernissen des Arbeitsmarktes andererseits aus bestehenden Ausbildungsordnungen erarbeitet, vorwiegend reduziert und entflochten. Weil die Gewerkschaften auf tarifrechtliche Fragen aufmerksam machen, nämlich dass Arbeitgeber Fachpraktikerinnen und Fachpraktiker zu niedrigeren Löhnen einstellen könnten auch verbunden mit dem Risiko der Absenkung des Lohnniveaus, stehen diese Ausbildungsordnungen ausdrücklich nur für junge Menschen mit Behinderungen im Sinne des Sozialrechts offen. Der Anspruch muss deshalb zunächst durch die Agentur für Arbeit nach Beratung durch den entsprechenden psychologischen Dienst bestätigt werden.

Für das Konzept der Berufsbildorientierung eröffnet die Agentur für Arbeit in vielen Fällen außerbetriebliche Maßnahmen, nämlich die Ausbildung in einem Berufsbildungswerk oder über andere Bildungsträger.

Sind geregelte Ausbildungen aufgrund von erschwerten Lebenslagen nicht oder noch nicht möglich, eröffnet das Modell der Vermittlung von Qualifizierungsbausteinen einen alternativen *berufsfeldorientierten* Weg zur Teilhabe an beruflicher Bildung und weitergehend an Arbeit. Die Vermittlung und Zertifizierung von

Qualifizierungsbausteinen bereits in der Berufsvorbereitung soll den exklusiven Tendenzen des Arbeitsmarktes entgegenwirken und qualifizierte Fachkräfte auch aus benachteiligten Zielgruppen sichern. Als Modell wurde in der Don Bosco Berufsschule in den letzten 20 Jahren eine eigene duale berufsvorbereitende Qualifizierungsmaßnahme (BQM) konzipiert und umgesetzt. Bausteine werden vermittelt und anschließend durch externe Expertinnen und Experten geprüft. Das Modell wurde inzwischen auch erfolgreich auf den Jugendstrafvollzug übertragen (vgl. Ebert & Eck 2017, 273 ff). Da bislang für die berufliche Bildung der Werkstatt für behinderte Menschen kein Anspruch auf Berufsschule vorgesehen ist, gehen die Würzburger Mainfränkischen Werkstätten und die Don Berufsschule mit dem dualen Berufsbildungsbereich neue Wege (vgl. Eck, Ebert & Wenzel 2017, 17 ff.). Das Konzept der Qualifizierungsbausteine, die dual vermittelt, geprüft und zertifiziert werden, muss in den nächsten Jahren für junge Menschen weiterentwickelt werden, die aufgrund psychischer Belastungen und/oder psychiatrischer Diagnosen Phasen der hohen Leistungsfähigkeit und Phasen der krankheitsbedingten Einbrüche kennen. Eine gute medizinisch-therapeutische Begleitung birgt die große Chance, einen guten individuellen Lebensweg zu erarbeiten, weil biografisch eine höhere Kompetenz im Umgang mit der eigenen Lebenslage gewonnen werden kann.

Je nach individueller Lebenslage und Assistenzbedarf sollte entschieden werden, ob darüber hinaus die Perspektiven einer *Arbeitsplatzorientierung* im Sinne einer unterstützten Beschäftigung mittels bewährter Modelle wie des »Training on the Job« oder auch einer *Tätigkeitsorientierung*, beispielsweise in Werkstätten für Menschen mit Behinderungen, zielführend wirken können. Die Modelle der Aktion Bildung (2004) konkurrieren nicht untereinander, sondern stellen individuelle Zugangswege der beruflichen Teilhabe dar. Insbesondere für das beschriebene Modell der Ausbildung zur Fachpraktikerin und zum Fachpraktiker wird in der Inklusionsdebatte kritisch diskutiert, ob sie als angemessene Vorkehrung im Sinne der UN-Behindertenrechtskonvention gelten kann oder konkreter, ob es im Einzelfall geeignet und erforderlich erscheint, um zu gewährleisten, dass ein Mensch mit Behinderungen einen gleichberechtigten Zugang zum Arbeitsmarkt findet (vgl. Eck & Ebert 2016, 35). Für die Praxis der beruflichen Bildung gilt vor allem, dass das »eigentliche Problem« darin bestehen sollte, unterschiedliche Wege für die berufliche Qualifizierung zu generieren, die dann zu den Bedürfnissen der betroffenen Menschen auch wirklich passen.

8.6 Sozialpolitischer Ausblick: Arbeitsmarkt und berufsbildungspolitische Flexibilisierung

Für die *politische Wirksamkeit* guter heil- und sonderpädagogischer Praxis gilt, dass wichtige fachliche Entwicklungen in unterschiedlichen Formaten in die *sozialpoli-*

tische und *bildungspolitische* Diskussion eingespielt werden müssen (siehe auch Prantl 2023). Die Don Bosco Berufsschule bemüht sich um eine enge Zusammenarbeit mit der Forschung, im Rahmen eigener Fachtagungen, in regionalen Netzwerken wie Arbeitskreis Schule Wirtschaft, Netzwerk berufliche Schulen Mainfranken, Berufsbildungsausschüssen der Kammern und mit der überregionalen Beteiligung in der Caritas, den Fachverbänden und im Preisträgernetzwerk des Deutschen Schulpreises.

In der theoriegeleiteten Fachdiskussion und in der Praxis einer Berufsschule wird deutlich, dass das Konzept der Menschenwürde *alle* einschießt. Der daraus folgende Bedarf und der Anspruch auf Erziehung, Unterricht und Bildung wirken als sozialpolitischer Auftrag zur Befähigung und zur Suche nach Verwirklichungschancen für alle jungen Menschen. Inklusionspädagogische Konzepte sorgen vor allem für den sozialrechtlichen Rahmen und mit sonder- und heilpädagogischen Settings werden Antworten auf die konkreten Erfordernisse unterschiedlicher Lebenslagen gesucht. Für die Modelle beruflicher Qualifizierung steht eine Weiterentwicklung an, vor allem das Recht auf Berufsschule für *alle* jungen Menschen (vgl. BMAS 2023, 267 ff. und Vereinte Nationen 2023, 13) und die Neuorganisation der beruflichen Bildung in der Zeit, von dual vermittelten Qualifizierungsbausteinen bis zum Modell des lebenslangen dualen Lernens.

Literatur

Aktion Bildung (2004): Abschlussbericht. Projekt zur Weiterentwicklung und Verbesserung der Praxis beruflicher Bildung im Berufsbildungsbereich der Werkstatt für behinderte Menschen. www.aktionbildung.de (online nicht mehr verfügbar).

Aktion Mensch e.V. (Hrsg.) (2023): Inklusionsbarometer Arbeit. Bonn: Aktion Mensch.

Bauer, F., Bernhard, S., Bernhard, S., Beste, J., Bruckmeier, K., Dietz, M., … & Zabel, C. (2022): Bürgergeld-Gesetz. IAB-Stellungnahme. Nürnberg: IAB.

Bundesministerium für Arbeit und Soziales (2023): Studie zu einem transparenten, nachhaltigen und zukunftsfähigen Entgeltsystem für Menschen mit Behinderungen in Werkstätten. Online verfügbar unter: https://www.bmas.de/SharedDocs/Downloads/DE/Publikationen/Forschungsberichte/f626-entgeltsystem-wfbm.pdf?__blob=publicationFile&v=3 , Zugriff am 08.12.2023

Ebert, H. & Eck, R. (2017): Berufsvorbereitung und Inklusion. In: E. Fischer & C. Ratz (Hrsg.), Inklusion – Chancen und Herausforderungen für Menschen mit geistiger Behinderung (S. 263–283). Weinheim: Beltz Juventa.

Eck, R., Ebert, H. & Wenzel M. (2017): Duale Qualifizierung in WfbM und Berufsschule. Impulse, 2017, (83), 17–21.

Eck, R., Stein, R. & Ebert, H. (2016): Ausbildungsregelungen nach § 66 BBiG und § 42 m HwO für Menschen mit Behinderungen. Zeitschrift für Heilpädagogik 67, 304–137.

Helberg, C. (2023): Exklusion. Zeit (52), 29.

Institut für Arbeitsmarkt- und Berufsforschung (2022): Beschäftigung von Menschen mit Schwerbehinderung. Online verfügbar unter: https://doku.iab.de/kurzber/2022/kb2022-11.pdf, Zugriff am 05.12.2023.

Lindmeier, C. (2023): Sonderpädagogik und inklusive Pädagogik. Sonderpädagogische Förderung heute 68 (3), 235 f.

Loch, W. (1980): Der Mensch im Modus des Könnens. Anthropologische Fragen pädagogischen Denkens. In: E. König & H. Ramsenthaler (Hrsg.), Diskussion Pädagogische Anthropologie (S. 191–225). München: Fink.

Möckel, A. (2019): Das Paradigma der Heilpädagogik. Würzburg: Edition Bentheim.

Prantl, H. (2023): Weichensteller. Die Gründung der Diakonie war eine sozialpolitische Großtat. Süddeutsche Zeitung, 214 (5).

Rauscher, A. (2008) (Hrsg.): Handbuch der katholischen Soziallehre. Berlin: Duncker & Humblot.

Schuchardt, E. (1980): Soziale Integration Behinderter. Braunschweig: Westermann.

Sozialdemokratische Partei Deutschlands, Bündnis 90/Die Grünen, Freie Demokratische Partei (2021): Mehr Fortschritt wagen. Koalitionsvertrag 2021–2025. Online verfügbar unter: https://www.spd.de/fileadmin/Dokumente/Koalitionsvertrag/Koalitionsvertrag_2021-2025.pdf, Zugriff 07.12.2023

Stein, R., Blatz, S., Hascher, P. & Kranert, H.-W. (2022): Labelling als Kategorisierung in Systemen – von der frühen zur beruflichen Bildung. In: T. Müller, C. Ratz, R. Stein, R. & C. Lüke (Hrsg.), Sonderpädagogik – zwischen Dekategorisierung und Rekategorisierung (S. 142–153). Bad Heilbrunn: Klinkhardt.

Uhly, A. (2020): Duale Berufsausbildung in Teilzeit. Empirische Befunde zu Strukturen und Entwicklungen der Teilzeitberufsausbildung (BBiG/HwO) sowie zu Ausbildungsverläufen auf Basis der Berufsbildungsstatistik. Bonn: BiBB

United Nations (2023): Concluding observations on the combined second and third periodic reports of – Convention on the Rights of Persons with Disabilities. Online verfügbar unter: https://tbinternet.ohchr.org/_layouts/15/treatybodyexternal/Download.aspx?symbolno=CRPD%2FC%2FDEU%2FCO%2F2-3&Lang=en , Zugriff am 29.11.2023.

Vollmer, K. (2022): Berufliche Bildung behinderter Menschen: gesellschaftspolitische Paradigmen – wissenschaftliche Diskurse – Anforderungen in der Praxis. In: M. Eckelt (Hrsg.), Berufsbildungspolitik: Strukturen – Krise -Perspektiven (S. 69–83). Oldenburg: wbv.

Weber, B. & Weber, E. (2013): Bildung ist der beste Schutz vor Arbeitslosigkeit (IAB-Kurzbericht Nr. 4/2013). Nürnberg: IAB.

9 Theorie der Teilhabe an Beruf und Arbeit – eine interdisziplinäre Perspektive

Roland Stein

Die drei großen Interessensbereiche aller Wissenschaften liegen in den Feldern ihres Objektbereiches, der Methoden – sowie eines Systems des Ordnungszusammenhanges. Mit Letzterem ist die Entwicklung von Theorien gemeint, welche ein »Durchschauen« der beobachteten Wirklichkeit ermöglichen sollen, im Sinne der Systematisierung, des Erklärens und des Verstehens. Abgeleitet aus den Theorien sowie von ihnen ausgehend gewonnenen empirischen Befunden ergibt sich aber auch eine »technologische« Funktion im Hinblick auf ein optimiertes Handeln in der Praxis (vgl. Tschamler 1996, 189). Zwischen Theorien einerseits und der Praxis – oder auch dem Alltag (vgl. Kron 1999, 66) – andererseits stehen Modelle als theorieabgeleitete (Handlungs-) Pläne und noch konkreter Konzepte als handlungsleitende Werkzeuge (vgl. Stein & Müller 2016, 45 f.).

All dies gilt auch für eine Theorie der Teilhabe. Zugleich besteht hier ein Spezifikum: Teilhabe als Gegenstandstheorie (vgl. Kron 1996, 66) findet sich über verschiedene Handlungsfelder der Praxis sowie unterschiedliche wissenschaftliche (Teil-)Disziplinen hinweg, hat hier Relevanz und wird diskutiert – und damit auch implizit geteilt. Ein gemeinsamer kritischer Diskurs und damit eine theoriebasierte Verständigung über Relevanz, Reichweite oder Implikationen für den Einzelnen oder die Gesellschaft unterbleibt aber dadurch – wiewohl ein mehrperspektivischer Ansatz hier durchaus gewinnbringend sein dürfte. Dies könnte beispielsweise auch einer der Gründe sein, wenn Biermann (2008, 207) zumindest für die Forschungslandschaft der beruflichen Rehabilitation einen »Theorie-Steinbruch« konstatierte – was gut 15 Jahre später ebenso gilt. Es ergeben sich Folgen auch für die Praxis, deren Theoriebezüge und ihr »Durchschauen« – auch diese Felder können nur aus einem solchen »Steinbruch« bestehen; verfügbar ist die persönliche Theorie aus der eigenen Praxis heraus, jedoch weniger die »Vogelperspektive« aus der Wissenschaft, ihrer Theoriebildung und Forschung.

Wenn das Konzept der Teilhabe hier spezifisch im Hinblick auf junge Menschen mit sonderpädagogischem Förderbedarf am Übergang von der Schule hin zu Beruf und Arbeit betrachtet wird, so ist zur Annäherung an eine Theorie der Teilhabe eine Bestandsaufnahme der mit diesem Konzept befassten Einzelwissenschaften von Bedeutung. Dies ermöglicht zumindest mittelbar den Diskurs zwischen diesen. Es zeigen sich aus verschiedensten Perspektiven heraus grundsätzlich je eigene Zugänge zu diesem Konzept: aus Philosophie und spezifisch Ethik, Soziologie, Sozialpolitik, Psychologie, Rechtswissenschaften sowie relevanten erziehungswissenschaftlichen Disziplinen.

Zugleich ist für Teilhabe einer spezifischen Zielgruppe im hier thematisierten Feld die Theoriebildung zu biographischen und dabei oft auch institutionellen

Transitionen ein bedeutsamer Hintergrund. Transitionen sollten aus den Arbeiten von Griebel & Niesel (vgl. 2003) am Übergang Kindergarten – Schule heraus als interaktionistisches, ökosystemisches Geschehen betrachtet werden, welches »von allen Beteiligten (…) in einem ko-konstruktiven, sinnstiftenden Prozess inhaltlich zu füllen ist« (ebd., 144). Biographische Transitionen beinhalten komplexe, prozesshafte Veränderungen in sozialen Kontexten, oft in verdichteten und beschleunigten Übergängen eines Lebenslaufes bei sich verändernden Rahmenbedingungen (vgl. Welzer 1993; siehe auch Mays 2014). Im Fokus stehen das Individuum, seine Interaktionen im Feld sowie situative und kontextuelle Faktoren (vgl. Stein 2019) – im Hinblick auf handlungsbezogene Fragen der Bewältigung von Transitionen durch das Individuum selbst.

Mit dieser Metaperspektive treten besondere Akzente einer theoriebasierten Beleuchtung von Teilhabe aus unterschiedlichen relevanten Disziplinen in den Vordergrund. Unter der Maßgabe der Entwicklung eines *Ordnungszusammenhangs* wird in der Diskussion um das Konzept deutlich, dass Teilhabe an *Arbeit* – auch am neuralgischen Übergang zum Ende der Schulzeit – auf Basis der Bedeutung von Arbeit und eines Lebens in und mit Arbeit einen Schlüsselbereich gesellschaftlicher Fragen von Inklusion repräsentiert. Eine besondere Frage ergibt sich für Teilhabe und Gerechtigkeit. Sie umgreift Fragen einer gerechten und alle aufnehmenden Arbeitsgesellschaft, aber auch Fragen der Bildungsgerechtigkeit im Hinblick auf mehr gesellschaftliche und arbeitsbezogene Teilhabe.

Dabei stellt Bildung vielfach einen wesentlichen Transmissionsriemen auch für mehr Teilhabe an Arbeit dar. Hier gilt es, die Priorisierung des Berufskonzeptes und daraus resultierend die Dominanz von Beruflichkeit als Zugangs- und Ordnungskriterium für Erwerbsarbeit in den Blick zu nehmen – ein exklusives Moment für Menschen, denen das Erreichen einer standardisierten Beruflichkeit aus unterschiedlichen Gründen verwehrt bleibt. Das sich daraus entwickelnde Spannungsfeld zwischen dem als Erweiterung entwickelten Zugang zum Arbeitsleben (»place and train«) sowie dem traditionellen bzw. normierten Weg (»train and place«) gilt es weiter zu diskutieren und nicht in Einfachlösungen zu überführen. Dialektisch gedacht ginge es darum, dies im Sinne von These und Antithese zu einer neuen, weiterführenden Synthese zu führen, die weder einer apodiktischen Entscheidung für eine der beiden Seiten entspricht noch einem simplen Kompromiss. Hierzu bedürfte es einer Verstärkung der Forschungsbemühungen, die zu einem beide Orientierungen beinhaltenden, in die Zukunft führenden Theorieansatz führen könnten.

Die Diskussion von Teilhabe umgreift aber auch den Blick aus bestimmten relevanten Konzepten heraus, etwa dem capabilities-approach. Eine Annäherung an mehr Teilhabe ergibt sich aus dem Spannungsfeld zwischen Teilhabe als (gegenwärtigem) Zustand sowie Teilhabe als Prozess. Letzteres fordert eine noch wenig ausgeprägte lebenswegbezogene Forschung heraus, dabei auch zum Zusammenhang von verschiedenen Transitionen und Teilhabe. Diesbezügliche wie auch weitere Fragestellungen befinden sich aber auch in einem breiten gesellschaftlichen Diskurs, der eingerahmt in verwandte Paradigmen wie Empowerment, Partizipation oder auch Diversity von manchen gesellschaftlichen Gruppen stark fokussiert wird – und von anderen Gruppen kritisch betrachtet, abgelehnt oder gar bekämpft.

Die Differenziertheit und Komplexität unterschiedlicher disziplinärer Perspektiven wird auch in dem für Referenzdisziplinen und nicht nur für diese selbst bedeutsamen Bereich der Judikative deutlich, indem hier eine enge Verbindung von unterschiedlichen Bestimmungen für Teilhabe relevant ist: Familienrecht, Schulrecht, Ausbildungs- und Arbeitsrecht, Antidiskriminierungs- und Teilhaberecht sowie nicht zuletzt dem differenzierten Korpus des Sozialrechts. Hinzu kommt eine zunehmend geringe »Halbwertszeit«, eine enorme Dynamik der Anpassung und Veränderung gesetzlicher Regelungen.

Im Hinblick auf die weiteren Interessensbereiche von Wissenschaften tritt auch die Bestimmung des *Objektbereiches* in den Vordergrund, dem die wissenschaftliche Betrachtung zu Teilhabe gilt: Dies sind zum einen vulnerable Gruppen, hier solche mit deklariertem sonderpädagogischem Förderbedarf. Es sind zum anderen, aus der eröffneten interaktionistischen oder ökosystemischen Perspektive auf Transitionen, auch die situativen Bedingungen und Umstände sowie die Kontextbedingungen, die zweite Seite des »Objektbereiches«. Damit umgreift das wissenschaftliche Interesse an dem Objektbereich angemessenen Methoden auch deren Passung und Einsatz in der Praxis. Den zwei Perspektiven (Person, Situation) umgreifenden und diese zugleich verschränkenden Blick eröffnen auch interaktionistische Auffassungen von Behinderung, wie im Sozialgesetzbuch IX zu finden, sowie die International Classification of Functioning (ICF). Zugleich zeigt sich zweierlei: Zum einen gibt es einen deutlichen Bedarf an konzeptioneller Weiterentwicklung der ICF (vgl. Stein 2013) sowie auch an Transmission der ICF in die Praxis hinein. Zum anderen stoßen am Übergang Schule – Beruf unterschiedliche Formen von »Labelling« aufeinander (Förderbedarf, Benachteiligung, Behinderung), die aus ebenso unterschiedlichen Systemen stammen und mit unterschiedlichen Professionen verbunden sind (Schule und Lehrkräfte, Berufs- und Wirtschaftspädagogik, Rehawissenschaften).

Hier geht es nicht allein um eine Bestimmung des Objektbereiches, sondern auch um Fragen wissenschaftlich-theoriebasierter *Methoden* – etwa um diagnostische Problemstellungen der Bestimmung von Teilhabe, Teilhabemöglichkeiten, Einschränkungen und Teilhabebedarfen im Hinblick auf Individuum, Situation, Kontexte sowie Interaktionen. Deren reflektierte und differenzierte Klärung entscheidet auch über Sinn oder Verzichtbarkeit von Etikettierungen – in einem erheblichen Spannungsfeld von Für und Wider, welches keine Einfachlösungen zulässt. Dabei geht es auch um Fragen der Verständigung pädagogischer und klinisch-therapeutischer Professionen, zudem der Verschränkung ihrer Diagnostik- und Handlungskonzepte. Ergänzend sind bedeutsame und durchaus differente Praxisfelder in den Diskurs mit einzubeziehen: Organisationsentwicklung, Personalentwicklung, institutionelle Vernetzungen sowie Modelle und Konzepte für konkretes, theoriegestütztes Handeln. Dies erfordert auch eine Auseinandersetzung mit dem Spektrum der Institutionen, ihrer Relevanz, ihren Aufgaben und ihrer Weiterentwicklung – von allgemeinen (oft als »inklusiv« bezeichneten) bis hin zu speziellen (darunter auch separierenden) Einrichtungen.

Die Eröffnung multiprofessioneller, aus verschiedenen Wissenschaften kommender Perspektiven auf Teilhabe ist ein Schritt hin zu Diskurs. Insofern gilt die für Praxisfelder gerade in den letzten Jahren stark geforderte Inter-, Multi- oder gar Trans-Disziplinarität auch für die Theoriebildung zu Teilhabe, Benachteiligtenförderung und beruflicher Rehabilitation. Möglich wäre dies in einem gemeinsamen Verständnis als »Teilhabewissenschaften«, wie es analog im Versuch der »Rehabilitationswissenschaften« zu sehen ist, welcher aber auch lediglich einen Schritt auf dem Weg repräsentiert. Der vorstehende Diskurs kann dazu dienen, den »Theorie-Steinbruch« sukzessive zu ordnen, um mehr »Durchschauen« in einem komplexen, jedoch zugleich individuell wie gesellschaftlich bedeutsamen Feld zu ermöglichen.

Literatur

Biermann, H. (2008): Pädagogik der beruflichen Rehabilitation. Eine Einführung. Stuttgart: Kohlhammer.

Griebel, W. & Niesel, R. (2003): Die Bewältigung des Übergangs vom Kindergarten in die Grundschule. In: W. E. Fthenakis (Hrsg.), Elementarpädagogik nach PISA: wie aus Kindertagesstätten Bildungseinrichtungen werden können. 4. Auflage (S. 136–151). Freiburg i.Br.: Herder.

Kron, Friedrich W. (1999): Wissenschaftstheorie für Pädagogen. München: Reinhardt.

Mays, D. (2014): In Steps! – wirksame Faktoren schulischer Transition: Gestaltung erfolgreicher Übergänge bei Gefühls- und Verhaltensstörungen. Bad Heilbrunn: Klinkhardt.

Stein, R. (2013): Kritik der ICF – eine Analyse im Hinblick auf die Klassifikation von Verhaltensstörungen. Zeitschrift für Heilpädagogik 64(3), 106–115.

Stein, R. (2019): Grundwissen Verhaltensstörungen. 6. Auflage. Baltmannsweiler: Schneider.

Stein, R. & Müller, T. (2016): Wissenschaftstheorie für Sonderpädagogen. Bad Heilbrunn: Klinkhardt.

Tschamler, H. (1996): Wissenschaftstheorie. Eine Einführung für Pädagogen. 6. Auflage. Bad Heilbrunn: Klinkhardt.

Welzer, H. (1993): Transitionen: Zur Sozialpsychologie biographischer Wandlungsprozesse. Tübingen: Edition Diskord.

Teil 2: Praxis der Teilhabe an Beruf und Arbeit – Aspekte und Optionen bei Unterstützungsbedarfen

10 Personen mit Auffälligkeiten im Erleben und Verhalten

Hans-Walter Kranert & Roland Stein

Die erfolgreiche Teilhabe an beruflicher Bildung wie auch am Erwerbsleben ist neben berufsfachlichen Kompetenzen wesentlich über die Verfügbarkeit und auch die Bereitschaft und Möglichkeit des Einsatzes von Schlüsselkompetenzen determiniert (vgl. Jerusalem & Meixner-Dahler 2021). Gerade darin liegt eine spezifische Herausforderung für junge Menschen mit Auffälligkeiten im Erleben und Verhalten. Sie verfügen oft nicht ausreichend über derartige Fähigkeiten oder können diese zumindest unter den gegebenen situativen Bedingungen nicht abrufen.

Zur schulischen Kennzeichnung dieses Unterstützungsbedarfs hat sich der Begriff des Förderschwerpunktes emotionale und soziale Entwicklung etabliert (KMK 2000). Aktuell werden hierunter 1,4 % der schulpflichtigen Kinder und Jugendlichen in Deutschland erfasst; etwa 57 % davon besuchen eine allgemeine Schule (KMK 2022). Trotz der quantitativen Zunahme besteht so gut wie keine Kenntnis der nachschulischen Lebensverläufe. Zugleich wird in allen pädagogischen Systemen beruflicher Bildung von Auffälligkeiten im Verhalten und Erleben berichtet, ohne dies sozialrechtlich als Förderkategorie zu identifizieren (Kranert & Stein 2023). Um Teilhabeoptionen für diese Personengruppe nachzuzeichnen, werden im Beitrag Gruppen mit vergleichbaren benachteiligenden Konstellationen betrachtet; dabei ist anzunehmen, dass sich hierunter auch junge Menschen mit Auffälligkeiten im Verhalten und Erleben befinden.

10.1 Auffälligkeiten im Erleben und Verhalten

Auffälligkeiten im Erleben und Verhalten zeigen sich different. Sie reichen von innerer Zurückgezogenheit bis hin zu exzessivem Ausagieren und beinträchtigen damit individuelle Lern- und Entwicklungsprozesse. Im Vordergrund stehen dabei dezidiert Probleme in folgenden Bereichen:

- Emotionalität: Emotionen erkennen, angemessen ausdrücken sowie regulieren;
- Sozialität: soziale Kompetenzen, soziale Sensibilität, Respektieren unterschiedlicher Interessen, Moderation und soziale Verhandlungsfähigkeit sowie
- Moralität: aufgebaute Werte und Einstellungen.

Bestehende Ordnungssysteme versuchen diese Vielfalt zu erfassen, werden jedoch letztlich der Komplexität nur bedingt gerecht (Stein 2019). Zu bedenken ist dabei auch ein Kompetenz-Performanz-Problem – Kompetenzen sind notwendig, aber nicht hinreichend, da sie auf Basis von Prozessen der Motivation und Volition auch realisiert werden müssen. Dies hat erheblichen Einfluss auf Fragen der Förderung.

Auffälligkeiten des Erlebens und Verhaltens in interaktionistischem Kontext

Die Kultusministerkonferenz (KMK 2011, 6) umschreibt den sonderpädagogischen Förderbedarf im Förderschwerpunkt emotionale und soziale Entwicklung offen mit einem »Bedarf an sonderpädagogischen Bildungs-, Beratungs- sowie Unterstützungsangeboten«. Hinsichtlich des Förderschwerpunktes werden die wahrgenommenen Beeinträchtigungen als »Ausdruck einer unbewältigten inneren Problematik und als Folge einer gestörten Person-Umwelt-Beziehung« verstanden (vgl. KMK 2000, 10). Die Feststellung eines Förderbedarfes erfolgt jedoch personbezogen. Hinter den Auffälligkeiten des Erlebens und Verhaltens stehen komplexe Prozesse der (misslingenden) Auseinandersetzung der dann »etikettierten« jungen Menschen mit ihren Herausforderungen. Insofern handelt es sich um Störungen im Person-Umfeld-Bezug, die in einem solchen, interaktionistischen Sinne als »Verhaltensstörungen« zu verstehen sind (vgl. Stein 2019); sie können auch als psychische Belastungen bezeichnet werden (vgl. Stein 2022). Die Prävalenzraten hierfür sind jedoch bei jungen Menschen deutlich erhöht; es ist davon auszugehen, dass 12–18 % aller Kinder und Jugendlichen in einem eng umschriebenen Zeitintervall gravierende Belastungen aufweisen (Ihle & Esser 2002, 2008; Klipker et al. 2018). Für die genauere Analyse der Problemlage kommt damit neben der Person auch situativen Aspekten eine erhebliche Bedeutung zu – herausfordernd und provozierend, insbesondere aber auch belastend. Unter diesen situativen Bedingungen ist der Übergang Schule – Beruf selbst als potenziell belastende Anforderung einzuordnen.

Benachteiligung als nachschulischer Arbeits- und Forschungsbegriff

Diese Personengruppe weist für den Übergang in Beruf schlechtere Startchancen auf (vgl. Stein & Kranert 2020):

- schulische Bildungsbiografie: häufige Brüche und Wechsel von Systemen, woraus sich eine veränderte Perspektive auf die Relevanz schulischen Lernens und schulischer Leistung ergibt; ein Schulabschluss ist nicht durchgehend erreichbar;
- soziales Netzwerk: potenziell belastetes Lebensumfeld mit Beiträgen zur Problematik der Betroffenen, das zugleich die bedeutsame Unterstützung für die Berufswahl und den entsprechenden Übergang nicht (ausreichend) bieten kann;

- Funktionsfähigkeit: mangelndes Funktionsgleichgewicht im Sinne der ICF (WHO 2005) zwischen persönlichen sowie umfeldbezogenen Ressourcen zum einen und den Anforderungen zum anderen.

Die sich ergebenden Benachteiligungen sind aber auch kennzeichnend für die Situation einer größeren Gruppe junger Menschen. Für den weiteren Diskurs wird daher »Benachteiligung« als spezifischer Arbeits- wie auch Forschungsbegriff herangezogen; dieser ist sowohl im berufspädagogischen Diskurs (Niedermair 2017) als auch in der sozialen Arbeit (Enggruber & Fehlau 2018) fest verankert. Seine Verwendung begründet sich daraus, dass der schulrechtliche Terminus sonderpädagogischer Förderbedarf nicht beibehalten wird; zudem dürfte sich die Zielgruppe am ehesten in dieser sozialrechtlich etablierten Förderkategorie wiederfinden (Kranert 2023). Es dominieren Beschreibungen wie Lernschwierigkeiten, Verhaltensauffälligkeiten, psychische Beeinträchtigungen, Migrationshintergrund, niedriger/fehlender Schulabschluss, Schulverweigerung, Ausbildungslosigkeit und ähnliches (vgl. Biermann 2008, 99; Steuber et al. 2013), was insgesamt auf eine erhebliche Heterogenität der Personengruppe verweist. Bojanowski (2012, 68 f.) beschreibt als »inklusives Kriterium« für diese junge Menschen ihre »Unversorgtheit im Bildungswesen und/oder auf dem Arbeitsmarkt«. In einer ausführlicheren Analyse werden individuelle wie auch soziale Faktoren identifiziert, die miteinander in Wechselwirkung stehen und somit Benachteiligungen konstituieren (vgl. Steuber et al. 2013); Jugendliche »sind oder werden benachteiligt« (BMBF 2005, 12).

10.2 Gelingen des Übergangs Schule – Beruf

Übergänge markieren bedeutsame Phasen der Veränderungen und des Wechsels. Sie können als Krisen im Sinne Eriksons (vgl. 1988) eingeordnet werden und sind in diesem Sinne von der einzelnen Person zu bewältigen (vgl. Stein & Kranert 2020). Insbesondere auf junge Menschen mit Auffälligkeiten im Verhalten und Erleben können diese Passagen stark verunsichernd wirken und müssen daher explizit durch pädagogische Begleitung flankiert werden (Kranert 2018). Letztlich kommen hier drei Krisenhaftigkeiten zusammen: die Transition als Lebensphasen- sowie institutioneller Wechsel, die Krisenhaftigkeit der Entwicklungsphase Jugendalter und der Entfaltung eigener Identität (vgl. Erikson 1988) – sowie die Krisenhaftigkeit bei Vorliegen von Auffälligkeiten des Erlebens und Verhaltens (vgl. Kranert & Stein 2019).

Für ein Gelingen des Übergangs Schule – Beruf muss bereits in den letzten Schuljahren auf das nachschulische Feld hingeführt und darauf vorbereitet werden. Dies kann für die Zielgruppe durch eine gezielte emotional-soziale Entwicklungsförderung erfolgen – aber auch über besondere Maßnahmen und Konzepte (vgl. Stein, Kranert & Hascher 2020; Bleher & Gingelmaier 2022; Bömelburg, Sponholz & Jochmaring 2022):

- ein niederschwelliger Einstieg in die Arbeitswelt über Schülerfirmen oder spezifische arbeitsweltbezogene Projekte;
- eine Heranführung an Arbeit und Beruf durch schulisch gut begleitete Praktikumsphasen in Betrieben oder Werkstätten;
- Orientierungs- und Einstiegshilfen in Ausbildungsverhältnisse durch ehrenamtliche Mentoren mit besonderen arbeitsweltbezogenen Erfahrungen, Vernetzungen und Interessen;
- eine gute schulische Netzwerkarbeit und Koordination verschiedener Institutionen und ihrer Stützangebote.

Für das Ende der Schulzeit – im Falle von Schulmüdigkeit möglicherweise vorgezogen – bestehen verschiedene Angebote. Das aus dem schweizerischen Modell der supported education (Pool-Maag 2013) entlehnte Modell der Berufseinstiegsbegleitung nach § 49 SGB III ist hier ein wertvoller Ansatz. Einerseits besteht damit die Möglichkeit, die bereits angesprochenen häufig fehlenden oder nicht hinreichend vorhandenen sozialen Stützsysteme im Übergang Schule – Beruf zu kompensieren, und andererseits übernimmt dies eine wichtige »Klammerfunktion« zwischen allgemeinbildender Schule und Berufsausbildung. Eine ähnliche Arbeitsweise kennzeichnet das österreichische Modell des »Jugendcoaches« (www.bundeskost.at). Mit Hilfe von Beratung, Begleitung und Perspektivplanung steht hier jungen Menschen ein »Lebensphasenbegleiter« – unabhängig vom jeweiligen Lern- und Arbeitsort – nach Abschluss der allgemeinbildenden Schule zur Seite (vgl. Kranert 2018).

10.3 Teilhabe an Beruflicher Bildung

Eine Ausbildung zum Beruf in der Sekundarstufe II vollzieht sich entweder im dualen oder im Schulberufssystem. Im Gegensatz zum letztgenannten kennt das duale Ausbildungswesen keinerlei formale Zugangskriterien (Rebmann, Schlömer & Tenfelde, 2011, 217 ff.). Dies eröffnet ein besonderes Integrationspotenzial für Menschen mit Auffälligkeiten im Verhalten und Erleben; zugleich liegen diesem marktförmig gesteuerten Zugang zur Berufsausbildung kaum objektivierbare Kriterien zugrunde.

Soweit noch keine Ausbildungsfähigkeit gegeben oder aber kein Ausbildungsplatz verfügbar ist, greifen Maßnahmen des Übergangssystems. Hierfür bestehen zum einen schulische Möglichkeiten, insbesondere das Berufsvorbereitungsjahr (BVJ; vgl. Schroeder & Thielen 2009; Ratschinski 2022, 119 f.) mit gestaffelten, auch je nach Bundesland spezifizierten Konzepten. Auf der anderen Seite sind außerschulische Maßnahmen von großer Bedeutung, gebündelt im Konzept der berufsvorbereitenden Bildungsmaßnahmen (BvB nach § 51 SGB III) (vgl. ebd., 120 ff.) und hier gestaffelt nach Intensität des Unterstützungsbedarfes. Gerade für den hier betrachteten Kontext sind auch die Produktionsschulen mit ihren Angeboten eine wichtige Alternative, vor allem, um schulmüden Jugendlichen eine Perspektive zu bieten und sie über Arbeitstätigkeit (wieder) an Bildungsprozesse heranzuführen (vgl. Mertens 2022, 169 ff.).

Soweit ein Ausbildungsplatz gefunden oder durch Unterstützung vermittelt wird, gilt zunächst, dass das Duale System beruflicher Bildung mit Betrieb und Berufsschule seit jeher mit stark heterogenen Gruppen agiert, in denen sich auch junge Menschen mit Auffälligkeiten des Erlebens und Verhaltens finden. Im Segment der Benachteiligtenförderung unterstützende Instrumente sind die assistierte Berufsausbildung (AsA) nach § 74 SBG III sowie die Ausbildung in außerbetrieblichen Einrichtungen nach § 76 SGB III (vgl. Heisler & Schemmer 2022). Die Bemühungen gehen dahin, im Rahmen einer heterogenen Zielgruppe auch psychisch belasteten und sozial auffälligen Jugendlichen zu einer regulären Ausbildung zu verhelfen und sie dort zu halten, mit spezifischer pädagogischer Unterstützung – oder auch eine Ausbildung in regulären Berufen in eigenen Werkstätten anzubieten, bei weitergeführtem Versuch, einen Wechsel in einen regulären Betrieb zu erreichen.

Höherschwelliger agiert die Berufliche Rehabilitation, die einen Rehabilitandenstatus (§ 112 SGB III) als seelisch oder lern-behindert voraussetzt. Hier erfolgen in der Regel zielgruppenspezifische Maßnahmen, teilweise auch in gesonderten Institutionen, insbesondere den Berufsbildungswerken (vgl. Weiser & Holler 2024), über die Adaptation von Bildungsgängen (z. B. das Berufsbild der Fachpraktiker:in/Werker:in; Eck, Stein & Ebert 2016) sowie über spezifische Nachteilsausgleiche nach § 65 BBiG (vgl. Vollmer & Frohnenberg, 2015). Für die Lernprozesse selbst werden in der Regel umfassendere Zeitkorridore vorgehalten sowie zugleich kompensatorische wie auch adaptive Lernstrategien individualisiert angewandt (Biermann & Bonz, 2012).

Parallel zu den genannten Ansätzen agiert auf Basis des SGB VIII die Jugendberufshilfe im engeren Sinne, der quantitativ eine geringere Bedeutung zukommt (Enggruber 2018). Mit Hilfe eines sozialpädagogischen Unterstützungsangebotes wird primär die Entwicklung einer »selbstbestimmten, eigenverantwortlichen und gemeinschaftsfähigen Persönlichkeit« (§1, 1 SGB VIII) adressiert, hier eben durch berufliche Bildung (vgl. Enggruber 2018, 45 f.). Damit ergibt sich ein klares Differenzmerkmal zu den beiden vorgenannten Unterstützungsansätzen, die jedoch in der Förderlogik als vorrangig betrachtet werden (Schruth 2018, 83 f.). In der Praxis findet sich eine Vielzahl von Umsetzungsformen sozialpädagogischer Hilfestellungen, die auch nicht unmittelbar berufsbezogen sein müssen (ebd.; vgl. Enggruber & Fehlau 2018, 141 ff.).

Ist ein Ausbildungsvertrag geschlossen, verweisen vorzeitige Vertragslösungen auf unstete Bildungsprozesse: etwa 27 % aller geschlossenen Ausbildungsverträge werden nicht zu Ende geführt (BiBB 2023, 143 ff.); dieses krisenhafte Ereignis muss zunächst von jungen Menschen verarbeitet werden (vgl. Kranert & Stein 2019). Dabei ergeben sich allerdings für etwa zwei Drittel der Betroffenen Chancen zur beruflichen Um- bzw. Neuorientierung, während etwa ein Drittel »problematische Verläufe« in Form von Übergangsmaßnahmen oder wechselnden Beschäftigungsverhältnissen zeigt (Autorengruppe 2022, 184). Zu den verursachenden Faktoren gibt es nur wenige Forschungsbefunde, welche zudem stark die Jugendlichen als Personen fokussieren (vgl. zum Überblick Kranert, Stein & Warmuth 2022, 43 ff).

Jedoch spielen gerade auch Unterrichts- und Ausbildungsqualität (vgl. Dietzen et al. 2014; Ernst 2016), vorgefundene Ausbildungsanforderungen (vgl. DGB 2016; 2020) sowie erlebte Unterstützungsmaßnahmen (vgl. BiBB 2018) eine bedeutsame Rolle. Somit zeigen sich auch hier – im Sinne eines Wechselwirkungsprozesses – die besondere Stellung der vorgefundenen Ausbildungssituation und damit verbundene Anforderungen für das erfolgreiche Bewältigen einer Berufsausbildung vor dem Hintergrund von Auffälligkeiten im Verhalten und Erleben.

10.4 Teilhabe am Erwerbsleben

Fragen zu Teilhabeoptionen am Erwerbsleben sind bisher kaum umfänglich unbeantwortet. So zeichnet etwa Hiller (1999) die Erwerbsverläufe von Jugendlichen nach Abschluss einer Berufsvorbereitung nach. Hierbei identifiziert er vier »Karrieremuster«: Ausbildungs-, Jobber-, Maßnahme- und Arbeitslosigkeitskarriere. Während im ersten Muster ein Berufsabschluss erreicht wird, stehen Jugendliche des zweiten Musters als An- und Ungelernte in wechselnden Beschäftigungsverhältnissen. Maßnahmekarrieren deuten auf Maßnahmenketten hin, die letztlich nicht zu einem qualifizierenden Abschluss führen; Arbeitslosigkeitskarrieren repräsentieren langanhaltende Phasen der Nichterwerbsarbeit. Anhand seiner Studie kommt Hiller zu dem Schluss, dass »im Schnitt auf vier Ausbildungskarrieren drei Jobberkarrieren und je eine Maßnahmen- bzw. Arbeitslosigkeitskarriere kommen« (ebd., 139). Hinsichtlich einer nachhaltigen und dauerhaften Integration in den Erwerbsarbeitsmarkt ist somit bei maximal der Hälfte dieser benachteiligten Personengruppen von einer reellen Chance des dauerhaften Einstiegs in Erwerbsarbeit auszugehen. Dies untermauern die Studienergebnisse von Lex (1997) unter Jugendlichen in der Jugendberufshilfe; sie stellt darin fest, dass »berufliche Einstiegsprozesse (...) die Richtung und den Verlauf der Erwerbsbiografie entscheidend prägen« (ebd., 312). Burgert (2001) zeichnet in seiner Anschlussstudie Unterschiede und Gemeinsamkeiten von Karrieremustern in drei Regionen nach. Er kommt zu dem Schluss, dass Biografien auch maßgeblich durch den regionalen Ausbildungs- und Arbeitsmarkt determiniert sind. Dabei ist zu bedenken, dass aus den jeweilgen Karrieremustern kaum »zuverlässige Voraussagen für scheiterndes oder gelingendes Leben« abzuleiten sind (Friedemann & Schroeder 2000, 98 f.). In Konsequenz müsste pädagogisch ein Umdenken erfolgen: statt »stur ausbildungs- und berufsorientiert zu denken und zu planen« wären auch alternative Einstiegswege in die Erwerbsteilhabe systematisiert anzugehen (ebd.). Dies bekräftigt auch Walther (2013) mit einem Blick auf Übergangswege im internationalen Vergleich. So existiert zwar nach wie vor der »glatte« Übergang aus der Schule über Berufsausbildung in Beschäftigung, aber durchaus auch weitere Formen. Derartige Beschreibungen zeichnen Übergangsprozesse allerdings lediglich nach; in Wirklichkeit können diese »eine Zeit lang stagnieren, dann korrigiert werden und eventuell auch eine alternative oder aufsteigende Richtung nehmen« (ebd., 18). Dennoch identifiziert auch Walther (vgl.

ebd.) hoch risikohafte Übergangsverläufe: »stagnierend« – bei Abbruch der Ausbildung und »absteigend« – ohne Ausbildung in Arbeitslosigkeit (ebd.). Fokussiert auf junge Menschen mit Auffälligkeiten im Verhalten und Erleben zeichnet Bernhardt (2010) die Erwerbsverläufe von acht Jugendlichen nach. Unabhängig vom Ausbildungserfolg ist keine Person in Erwerbsarbeit eingemündet. Bernhardt (ebd., 187) resümiert daher, dass »keinem der jungen Erwachsenen der Anschluss an gesellschaftlich-normative Lebensentwürfe gelungen ist«.

Gelingt das Erreichen eines Berufsabschlusses nicht bzw. wird unmittelbar ein Beschäftigungsverhältnis nach Ende der allgemeinbildenden Schulzeit angestrebt, so ist langfristig zumindest bei einer Teilkohorte von prekären Erwerbsverläufen auszugehen. Faißt et al. (2023) analysierten für die Gruppe der Ungelernten in Baden-Württemberg retrospektiv, dass etwa ein Fünftel dieser Kohorte von dauerhafter Arbeitslosigkeit bzw. Erwerbsverläufen mit vielen Brüchen betroffen sind (ebd., 35).

10.5 Fazit

Transitionen (in Beruf und Arbeit) repräsentieren spezifisch vulnerable Phasen für junge Menschen, insbesondere für Jugendliche mit Auffälligkeiten im Verhalten und Erleben. Gelingt kein Einstieg in Berufsausbildung nach Ende der allgemeinbildenden Schulzeit, sind weitere krisenhafte Biografien und zugleich häufig prekäre Erwerbsverläufe erwartbar. Dabei scheint das vorgelagerte Bildungssystem nur einen Teil der benachteiligenden Konstellationen kompensieren zu können. Wird ein formaler Schulabschluss erreicht, steigert dies die Chancen auf einen gelingenden Start in Berufsausbildung, jedoch wirken Faktoren wie Abgang aus einer Förderschule, niedriger sozioökonomischer Status oder geringe Bildungsaspirationen mindestens im gleichen Maß, wenn nicht sogar stärker auf die weiteren Einzelbiografien (Michaelis et al. 2022). Die sich anschließenden Stützsysteme, beispielsweise in Form von berufsvorbereitenden Angeboten, scheinen dieser Tatsache ebenso nur bedingt Rechnung zu tragen. Ist allerdings der Einstieg in Berufsausbildung geschafft und kann diese auch zu Ende geführt werden, ergibt sich eine nachhaltige Steigerung der Teilhabechancen an Erwerbsarbeit (Weber & Weber 2013); aber auch hier gelingt dies nicht allen Jugendlichen. So beinhalten dieses Transitionsphasen das Risiko eines mehrfachen Scheiterns aufgrund vorhandener Beeinträchtigungen bzw. Benachteiligungen; gleichzeitig können diese Erfahrungen des Nichtgelingens auch zu einer Verstärkung entsprechend weiter beeinträchtigender Konstellationen beitragen (Kölch & Fegert 2013). In der Gesamtschau finden sich konsekutiv zur Beendigung der allgemeinbildenden Schulzeit mehrfache Selektionsprozesse, die einerseits zwar zu Hilfsangeboten führen – welche andererseits den Bedarfen der jungen Menschen (erst) nur zum Teil gerecht werden.

Literatur

Autorengruppe Bildungsberichterstattung (Hrsg.) (2022): Bildung in Deutschland 2022. Ein indikatorengestützter Bericht mit einer Analyse zur Bildung von Menschen mit Behinderungen. Bielefeld: wbv.
Bernhardt, R. (2010): Lebenslagen ehemaliger Förderschüler. Bad Heilbrunn: Klinkhardt.
Biermann, H. & B. Bonz (Hrsg.) (2012): Inklusive Berufsbildung. Didaktik beruflicher Teilhabe trotz Behinderung und Benachteiligung. Baltmannsweiler: Schneider.
Biermann, H. (2008): Pädagogik der beruflichen Rehabilitation. Stuttgart: Kohlhammer.
Bleher, W. & Gingelmaier, S. (2022): Übergänge aus der Förderschule, Förderschwerpunkt emotionale und soziale Entwicklung. In: R. Stein & H.-W Kranert (Hrsg.), Psychische Belastungen in der Berufsbiografie (S. 80–93). Bielefeld: wbv.
Bojanowski, A. (2012): Bildungs- und ordnungspolitische Neuformatierung des Übergangssystems. Versuch eines »Masterplans«. In: A. Bojanowski & M. Eckert (Hrsg.), Black Box Übergangssystem (S. 65–80). Münster: Waxmann.
Bojanowski, A. & Straßer, P. (2013): Produktionsorientierung und Beruflichkeit. In: A. Bojanowski et al. (Hrsg.), Einführung in die Berufliche Förderpädagogik (S. 83–96). Münster: Waxmann.
Bömelburg, L, Sponholz, D. & Jochmaring, J. (2022): Übergänge aus dem inklusiven schulischen Setting. In: R. Stein & H.-W. Kranert (Hrsg.), Psychische Belastungen in der Berufsbiografie (S. 94–105). Bielefeld: wbv.
Bundesagentur für Arbeit (2009): Nationaler Pakt für Ausbildung und Fachkräftenachwuchs – Kriterienkatalog zur Ausbildungsreife. Online verfügbar unter: https://www.arbeitsagentur.de/datei/dok_ba029450.pdf, Zugriff am 23.05.2024.
Bundesinstitut für Berufsbildung (Hrsg.) (2023): Datenreport zum Berufsbildungsbericht 2023. Informationen und Analysen zur Entwicklung der beruflichen Bildung. Bonn: BiBB.
Bundesinstitut für Berufsbildung (2018): Ausgestaltung der Berufsausbildung und Handeln des Bildungspersonals an den Lernorten des dualen Systems: Ergebnisse betrieblicher Fallstudien. Online verfügbar unter: https://www.foraus.de/dokumente/pdf/Endbericht_Gestaltung_betrieblicher_Ausbildung_Maerz_2018.pdf, Zugriff am 23.05.2024.
Bundesministerium für Bildung und Forschung (Hrsg.) (2005): Berufliche Qualifizierung Jugendlicher mit besonderem Förderbedarf – Benachteiligtenförderung. 12–19. Online verfügbar unter: https://www.bibb.de/dokumente/pdf/berufliche_qualifizierung_jugendlicher.pdf, Zugriff am 23.05.2024.
Burgert, M. (2001): Fit fürs Leben. Langenau-Ulm: Vaas.
Deutscher Gewerkschaftsbund (Hrsg.) (2016): Ausbildungsreport 2016. Berlin: DGB.
Deutscher Gewerkschaftsbund (Hrsg.) (2020): Ausbildungsreport 2020. Berlin: DGB.
Dietzen, A., Velten, S., Schnitzler, A. & Schwerin, C. (2014): Einfluss der betrieblichen Ausbildungsqualität auf die Fachkompetenz in ausgewählten Berufen (Aqua.Kom). Abschlussbericht. Bonn: BIBB.
Dohmen, D., Bayreuther, T. & Sandau, M. (2023): Monitor Ausbildungschancen 2023. Gesamtbericht Deutschland. Gütersloh: Bertelsmann Stiftung.
Eck, R., Stein, R. & Ebert, H. (2016): Ausbildungsregelungen nach § 66 BBiG und § 42 m HwO für Menschen mit Behinderungen. Zeitschrift für Heilpädagogik, 67 (7), 304–317.
Enggruber, R. (2018): Jugendberufshilfe – ein vielfältiges und widerspruchsvolles Tätigkeitsfeld Sozialer Arbeit. In: R. Enggruber & M. Fehlau (Hrsg.), Jugendberufshilfe. Eine Einführung (S. 39–53). Stuttgart: Kohlhammer.
Enggruber, R. & Fehlau, M. (Hrsg.) (2018): Jugendberufshilfe. Eine Einführung. Stuttgart: Kohlhammer.
Erikson, E. H. (1988): Der vollständige Lebenszyklus. Frankfurt a.M.: Suhrkamp.
Ernst, C. (2016): Forschungsprojekt »Auszubildendenzufriedenheit«. Abschlussbericht. TH Köln. Online verfügbar unter: https://www.th-koeln.de/mam/downloads/deutsch/hochschule/aktuell/pm/ 2016/abschlussbericht_ausbildungszufriedenheit_2016.pdf, Zugriff am 23.05.2024.
Friedemann, H.-J. & Schroeder, J. (2000): Von der Schule…ins Abseits? Langenau-Ulm: Vaas.

Heisler, D. & Schemmer, S. (2022): Benachteiligtenförderung – ein Überblick. In: R. Stein & H.-W. Kranert (Hrsg.), Psychische Belastungen in der Berufsbiografie (S. 160–168). Bielefeld: wbv.

Hiller, G. (1999): Karrieremuster junger Männer mit geringem Schulerfolg im Bereich Ausbildung und Beschäftigung in den ersten sechs Jahren nach Ihrer Entlassung aus allgemeinbildenden Schulen. In: T. Hofsäss (Hrsg.), Jugend – Arbeit – Bildung (S. 113–148). Berlin: VWB.

Ihle, W. & Esser, G. (2002): Epidemiologie psychischer Störungen im Kindes- und Jugendalter: Prävalenz, Verlauf, Komorbidität und Geschlechtsunterschiede. Psychologische Rundschau, 53, H.4, 159–169.

Ihle, W. & Esser, G. (2008): Epidemiologie psychischer Störungen des Kindes- und Jugendalters. In: B. Gasteiger-Klicpera, H. Julius & C. Klicpera, C. (Hrsg.), Sonderpädagogik der sozialen und emotionalen Entwicklung (S. 49–62). Göttingen: Hogrefe.

Jerusalem, M. & Meixner-Dahle, S. (2021): Lebenskompetenzen. In: A. Lohaus & H. Domsch (Hrsg.), Psychologische Förder- und Interventionsprogramme für das Kindes- und Jugendalter (S. 201–221). Wiesbaden: Springer.

Klipker, K., Baumgarten, F., Göbel, K., Lampert, T. & Hölling, H. (2018): Psychische Auffälligkeiten bei Kindern und Jugendlichen in Deutschland – Querschnittsergebnisse aus KiGGS Welle 2 und Trends. Journal of Health Monitoring, 3 (3), 38–45.

Kölch, M. & Fegert, J. (2013): Psychische Störungen bei Kindern und Jugendlichen. KJug, 58 (3), 75–80.

Kranert, H.-W. (2018): Transition Schule – Beruf. Eine besondere Herausforderung für Heranwachsende mit psychischen Belastungen. Behinderte Menschen 41 (4/5), 62–64.

Kranert, H.-W. (2023): Berufliche Bildung und Verhaltensstörungen. In: R. Stein, T. Müller & P. Hascher (Hrsg.), Bildung als Herausforderung (S. 81–94). Bad Heilbrunn: Klinkhardt.

Kranert, H.-W. & Stein, R. (2019): Der Übergang ins Berufsleben von Heranwachsenden mit psychischen Belastungen – Forschungsstand und weitere Entwicklungslinien. ESE Emotionale und Soziale Entwicklung in der Pädagogik der Erziehungshilfe und bei Verhaltensstörungen, 1, 210–224.

Kranert, H.-W. & Stein, R. (2023): Psychische Belastungen in der Berufsbiografie – Konsequenzen für die berufliche Bildung. bwp@ Spezial PH-AT2: Diversität in der Berufsbildung in Österreich, Deutschland und der Schweiz – Perspektiven aus Forschung, Entwicklung und Bildungspraxis, 1–22. Online verfügbar unter: https://www.bwpat.de/spezial-ph-at2/kranert_stein_bwpat-ph-at2.pdf, Zugriff am 23.05.2024.

Kranert, H.-W., Stein, R. & Warmuth, M. (2022): Dropout in der beruflichen Rehabilitation. Bielefeld: wbv.

Kranert, H.-W., Stein, R. & Riedl, A. (2021): Berufliche Bildung in Werkstätten für Menschen mit Behinderung. Evaluation der harmonisierten Bildungsrahmenpläne. Bielefeld: wbv.

Kranert, H.-W., Warmuth, M. & Stein, R. (2019): Dropout in der Ausbildung im Berufsbildungswerk. Zeitschrift für berufliche Rehabilitation 33(3), 209–221.

Lex, T. (1997): Berufswege Jugendlicher zwischen Integration und Ausgrenzung. München: DJI.

Mertens, P. (2022): Die Produktionsschule – Konzepte, Handlungsansätze, Forschungsbefunde. In: R. Stein & H.-W Kranert (Hrsg.), Psychische Belastungen in der Berufsbiografie (S. 169–179). Bielefeld: wbv.

Michaelis, C., Busse, R., Seeber, S. & Eckelt, M. (2022): Nachschulische Bildungsverläufe in Deutschland. Bielefeld: wbv.

Müller, K. (2008): Schlüsselkompetenzen und beruflicher Verbleib. Bielefeld: wbv.

Niedermair, G. (Hrsg.) (2017): Berufliche Benachteiligtenförderung: theoretische Einsichten, empirische Befunde und aktuelle Maßnahmen. Linz: Trauner.

Peschner, J. & Sarigöz, S. (2015): Berufseinstiegsbegleitung: Zentrales Strukturelement der Initiative Bildungsketten. In: H. Solga, H. & R. Weiß (Hrsg.), Wirkung von Fördermaßnahmen im Übergangssystem (S. 101–116). Bielefeld: wbv.

Pool Maag, S. (2013): Supported Education: Inklusive Berufsbildung für Jugendliche mit erhöhtem Bildungsbedarf. Schweizerische Zeitschrift für Heilpädagogik, 19(11/12), 34–40.

Ratschinski, G. (2022): Übergangssystem – ein Überblick. In: R. Stein & H.-W. Kranert (Hrsg.), Psychische Belastungen in der Berufsbiografie (S. 118–127). Bielefeld: wbv.

Rebmann, K., Schlömer, T. & Tenfelde, W. (2011): Berufs- und Wirtschaftspädagogik. Wiesbaden: Gabler.

Reims, N., Rauch, A. & Nivorozhkin, A. (2023): Ersteingliederung in der beruflichen Rehabilitation: Nach einer Reha findet ein höherer Anteil junger Menschen mit Behinderungen Arbeit (No. 11/2023). IAB-Kurzbericht.

Schruth, P. (2018): Sozialrechtliche Grundlagen der Jugendberufshilfe. In: R. Enggruber & M. Fehlau (Hrsg.), Jugendberufshilfe. Eine Einführung (S. 78–95). Stuttgart: Kohlhammer.

Ständige Konferenz der Kultusminister der Länder in der Bundesrepublik Deutschland (KMK) (Hrsg.) (2000). Empfehlungen zum Förderschwerpunkt emotionale und soziale Entwicklung (Beschluss der KMK vom 20.03.2000). Online verfügbar unter: http://www.kmk.org/fileadmin/veroeffentlichungen_beschluesse/2000/2000_03_10-FS-Emotionale-soziale-Entw.pdf, Zugriff am 23.05.2024.

Ständige Konferenz der Kultusminister der Länder in der Bundesrepublik Deutschland (KMK) (Hrsg.) (2011): Inklusive Bildung von Kindern und Jugendlichen mit Behinderungen in Schulen (Beschluss der Kultusministerkonferenz vom 20.10.2011). Online verfügbar unter: http://www.kmk.org/fileadmin/veroeffentlichungen_beschluesse/2011/2011_10_20-Inklusive-Bildung.pdf, Zugriff am 23.05.2024.

Ständige Konferenz der Kultusminister der Länder in der Bundesrepublik Deutschland (KMK) (Hrsg.) (2022): Sonderpädagogische Förderung in Schulen 2011–2020. Online verfügbar unter: https://www.kmk.org/fileadmin/Dateien/pdf/Statistik/Dokumentationen/Dok231_SoPaeFoe_2020.pdf, Zugriff am 23.05.2024.

Stein, R. (2019): Grundwissen Verhaltensstörungen. 6. Auflage. Baltmannsweiler: Schneider.

Stein, R. (2022): Psychische Belastung – eine Verhaltensstörung? In: R. Stein & H.-W Kranert (Hrsg.), Psychische Belastungen in der Berufsbiografie (S. 20–29). Bielefeld: wbv.

Stein, R. & Kranert, H.-W. (2020): Transition Schule – Beruf für Jugendliche mit psychischen Belastungen – ein Theoriemodell. In: R. Stein & H.-W Kranert, (Hrsg.), Inklusion in der Berufsbildung im kritischen Diskurs (S. 121–156). Berlin: Frank & Timme.

Stein, R., Kranert, H.-W. & Hascher, R. (2020): Gelingende Übergänge in den Beruf. Bielefeld: wbv.

Steuber et al. (2013): Zielgruppen: Förderpädagogische Klassifikationen und individuelle Problemlagen. In: A. Bojanowski et al. (Hrsg.), Einführung in die Berufliche Förderpädagogik (S. 97–110). Münster: Waxmann.

Walther, A. (2013): Schwierige Jugendliche – prekäre Übergänge? Ein biografischer und international vergleichender Blick auf Herausforderungen im Übergang vom Jugend- in das Erwachsenenalter. In: M. Thielen, D. Katzenbach & I. Schnell (Hrsg.), Prekäre Übergänge? Erwachsenwerden unter den Bedingungen von Behinderung und Benachteiligung (S. 13–36). Bad Heilbrunn: Klinkhardt.

Weber, B. & Weber, E. (2013): Bildung ist der beste Schutz vor Arbeitslosigkeit (IAB-Kurzbericht Nr. 4/2013). Nürnberg: IAB.

Weiser, M. & Holler, M. (Hrsg.) (2024): Berufsbildungswerke. Weinheim: Beltz Juventa.

World Health Organization (WHO) (2005): Internationale Klassifikation der Funktionsfähigkeit, Behinderung und Gesundheit (ICF). Genf: WHO.

11 Personen mit Lernbeeinträchtigungen

Marc Thielen

Menschen mit Lernbeeinträchtigungen, die überwiegend von Armut, sozialer Benachteiligung und belasteten Familiensituationen betroffen sind (van Essen 2013), stellen in der allgemeinbildenden Schule und der beruflichen Bildung den größten Anteil der als behindert klassifizierten Personen dar, wobei die Bezeichnungen historisch und institutionell variieren (Autorengruppe Bildungsbericht 2014, 162 f.). Der Begriff Lernbeeinträchtigung löste in der Sonderpädagogik die umstrittene Kategorie der Lernbehinderung ab, die Lernprobleme in einer medizinisch-psychologischen Perspektive primär auf vermeintliche Intelligenzdefizite des Subjekts zurückführte (Pfahl 2011). Im Kontext der allgemeinbildenden Schule, der die berufliche Orientierung der Schüler*innen obliegt, wird gegenwärtig von jungen Menschen »im sonderpädagogischen Schwerpunkt Lernen« (KMK 2019) gesprochen. Als Zielgruppe von Maßnahmen zur Berufsvorbereitung und Berufsausbildung werden lernbeeinträchtigte und sozial benachteiligte junge Menschen adressiert. Leistungen zur Teilhabe am Arbeitsleben richten sich wiederum auch an Menschen mit Lernbehinderung. In der Erwachsenen- und Weiterbildung machen ehemalige Sonder- bzw. Förderschüler*innen im Schwerpunkt Lernen einen großen Teil gering literalisierter Lernender aus (Drecoll 2022). Empirische Studien zur Teilhabe an Beruf und Arbeit beziehen sich bislang meist auf ehemalige Schüler*innen von Förderschulen im Schwerpunkt Lernen (Blanck 2020; van Essen 2013).

Die Segregation auf Förderschulen wird schon lange kritisiert und dabei insbesondere die pauschale Zuschreibung von Hilfebedürftigkeit sowie die damit einhergehende geringe Leistungserwartung problematisiert (Koßmann 2019). Die jungen Menschen erleben den Förderschulbesuch häufig als eine biografisch folgenreiche Stigmatisierung und übernehmen die defizitorientierten Begründungen in ihr Selbstbild (Pfahl 2011). Der Übergang in Beruf und Arbeit ist erheblich erschwert, da Förderschüler*innen im Vergleich zu Hauptschüler*innen wesentlich seltener einen allgemeinen Schulabschluss erwerben und der Förderschulbesuch häufig mit Leistungsproblemen assoziiert wird (Blanck 2020, 177 f.). Demzufolge münden nur sehr wenige Abgänger*innen von Förderschulen direkt in Ausbildung. Die überwiegende Mehrheit besucht zunächst eine berufsvorbereitende Maßnahme, wobei es in der Folge zu Maßnahmenkarrieren kommen kann (Blanck 2020, 119 f.).

Langfristig sind die Lebensläufe im Kontext von Lernbeeinträchtigungen häufig durch Diskontinuitäten und Belastungen gekennzeichnet, wenngleich durchaus auch relativ stabile Erwerbskarrieren möglich sind. An meist außerbetriebliche Ausbildungen schließen sich körperlich belastende Tätigkeiten im Niedriglohnsektor, kürzere und längere Phasen von Erwerbslosigkeit sowie ausgeprägte Armutsrisiken an (van Essen 2013, 85 f.). Kommen weitere Beeinträchtigungen hinzu, kann es bei als lernbehindert klassifizierten Personen auch zur Einmündung in Werkstätten für Menschen mit Behinderungen kommen (Czedik & Pfahl 2020). Da sich »Lernen biografisch in allen Lebensphasen und institutionell an einer Vielzahl von Lernorten vollzieht« (Schroeder 2015, 33), bedarf die Teilhabe an Beruf und Arbeit lebensbegleitender Unterstützungsangebote, auf die im vorliegenden Beitrag eingegangen wird. Die Darstellung folgt den unterschiedlichen Phasen im Lebenslauf von der allgemeinbildenden Schule über die Berufsvorbereitung und Berufsausbildung bis zur Erwachsenenbildung und beruflichen Weiterbildung.

11.1 Unterstützung während der Schulzeit

Ungeachtet der UN-Behindertenrechtskonvention besuchte von den im Jahr 2020 knapp 230.000 Schüler*innen im Förderschwerpunkt Lernen nur etwas mehr als die Hälfte eine Regelschule (Sekretariat der Kultusministerkonferenz 2022). Unabhängig vom Förderort sollen nach den KMK-Empfehlungen zum sonderpädagogischen Schwerpunkt Lernen die individuell höchstmöglichen Schulabschlüsse ermöglicht (KMK 2019, 4) und mittels frühzeitiger berufspraktischer Erfahrungen Zugänge zur Arbeitswelt erschlossen werden (ebd., 8). Regionale Studien deuten an, dass im Zuge der Inklusion auf Regelschulen mehr für den Übergang in Ausbildung hilfreiche reguläre Schulabschlüsse erworben werden (Makles et al. 2019). Speziell für leistungsschwächere und abschlussgefährdete Schüler*innen werden unterschiedliche Fördervarianten angeboten, die auf kleinere Lerngruppen, sozialpädagogische Begleitung sowie handlungsorientiertes Lernen setzen. Beispiele sind Praxisklassen mit betrieblichen Langzeitpraktika, die von den Jugendlichen je nach Lebenssituation und biografischer Anschlussfähigkeit unterschiedlich genutzt werden (Berg 2017), sowie Bildungsangebote, die auf handlungs- und projektorientiertem Lernen in Werkstätten fußen (Gessler & Kühn 2013). Während die sozialpädagogische Unterstützung die Stabilisierung der Persönlichkeit und die Bearbeitung erschwerter Lebenslagen begünstigt, verhilft die Handlungsorientierung auch schulisch weniger erfolgreichen Jugendlichen zu positiven Lernerfahrungen.

Studien zur Berufsorientierung verweisen auf die Relevanz konzeptionell gut begleiteter Praktika, in denen schulisch schwächere Jugendliche ihr Potenzial zeigen können. Kritisch reflektiert werden muss hingegen, wenn sozial benachteiligten Jugendlichen nur ein schmales Berufespektrum empfohlen oder zu einer unkritischen Anpassung an problematische Arbeitsbedingungen geraten wird (Budde & Weuster 2018; Dittrich & Walther 2020). Die Potenziale von Einzelschulen zur Erschließung betrieblicher Kontakte für benachteiligte Schüler*innen unterscheiden sich deutlich und müssen daher aktiv im Rahmen der Schulentwicklung durch längerfristige Kooperationen gepflegt und erweitert werden (Thielen & Kurth 2023). In der Berufsberatung gilt es primär defizitorientierte Wahrnehmungen zu reflektieren, da sonst die Gefahr besteht, den Jugendlichen vorschnell segregierte Maßnahmen nahezulegen oder pauschal von der Aufnahme einer regulären Berufsausbildung abzuraten (Blanck 2020, 162 f.). Wichtig ist daher der frühzeitige Hinweis auf ausbildungsbegleitende Unterstützungsangebote.

Über das Ende der Schulzeit hinausreichende Angebote wie die Berufseinstiegsbegleitung sind gerade für junge Menschen wichtig, die nur auf eingeschränkte Unterstützung im familiären Kontext zurückgreifen können. Neben organisationalen Problemen wie etwa häufige Personalfluktuation bei den Anbietern besteht die Herausforderung, das Coaching auf die heterogenen biografischen Erfahrungen und lebensweltlichen Kontexte abzustimmen (Hirschfeld 2020). Eine weniger eng auf Ausbildung fokussierte Unterstützung ist das Mentoring in Form ehrenamtlicher Alltagsbegleitung, die »der Stärkung der Lebensverhältnisse« (Schroeder 2015, 133) insgesamt dienen soll und daher frühzeitig und systematisch durch Schulen zu initiieren ist.

11.2 Unterstützung im Zuge von Berufsvorbereitung

Der überwiegende Teil der Schulabgänger*innen mit Lernbeeinträchtigungen mündet in die Berufsvorbereitung des Übergangssektors. Hier ist zwischen Bildungsgängen an beruflichen Schulen und außerschulischen Maßnahmen bei Bildungsträgern im Zuständigkeitsbereich von Arbeitsagentur und Jobcenter zu unterscheiden. Mittelfristig gelingt zwei Drittel der Teilnehmenden der Zugang in Ausbildung. Insbesondere das Nachholen eines Schulabschlusses, längere Betriebspraktika sowie aktive Bewerbungsstrategien wirken sich positiv auf die Ausbildungschancen aus (Holtmann & Menze 2019, 526 f.).

Angesichts der den Teilnehmenden häufig pauschal zugeschriebenen Defizite in der Ausbildungsreife und daraus resultierender Etikettierungen (Thielen & Handelmann 2021, 63 f.) wurden Ansätze einer ressourcenorientierten Berufsvorbereitung entwickelt, die den Jugendlichen und jungen Erwachsenen mit häufig negativen Schulerfahrungen eine positive Sicht auf die eigene Person und die (berufliche) Zukunft eröffnen sollen. Hierbei werden unterschiedliche Methoden und Übungen in Kleingruppen durchgeführt (Schropp 2018). Für junge Menschen mit erhöhtem Unterstützungsbedarf werden spezifische Maßnahmen angeboten, bei denen zunächst die Stabilisierung der individuellen Lebenssituation im Fokus steht. Kleinere Lerngruppen, sozialpädagogische Unterstützung und kontinuierliche betriebliche Praxistage sind konzeptionelle Bestandteile (Thielen 2013). Eine Variante für als behindert klassifizierte junge Menschen stellt die rehaspezifische Berufsvorbereitung (BvB-reha) dar, die bei Bedarf in Berufsbildungswerken mit der Option einer Wohnmöglichkeit absolviert werden kann. Weitere Konzepte adressieren neueingewanderte junge Menschen und setzen zusätzlich auf die Vermittlung der deutschen (Bildungs-)Sprache. Eine hohe Übergangsquote in Ausbildung erreicht die betriebliche Einstiegsqualifizierung (EQ), die durch ein von der Arbeitsagentur gefördertes Langzeitpraktikum intensivere betriebliche Kontakte eröffnet. Sozial benachteiligte junge Menschen profitieren bislang jedoch weniger von dieser Förderung (Rensen & Thielen 2016).

11.3 Unterstützung im Rahmen einer Berufsausbildung

Für als lernbeeinträchtig oder sozial benachteiligt klassifizierte junge Menschen steht seit 2015 die Assistierte Ausbildung (AsA) zur Verfügung. Die im Auftrag der Arbeitsagentur von Bildungsträgern durchgeführte Maßnahme, die optional bereits mit der Suche nach einem Ausbildungsplatz starten kann, fußt auf Stütz- und Förderunterricht, sozialpädagogischer Unterstützung sowie einer Ausbildungsbegleitung, die von Auszubildenden und Betrieben gleichermaßen genutzt werden kann. Die überwiegend positiv bewertete Maßnahme, die eine Weiterentwicklung der ausbildungsbegleitenden Hilfen (abH) darstellt, wird bislang noch vergleichsweise wenig wahrgenommen und daher verstärkt beworben (Conrads, Freiling & Ulrich 2019, 78f.). (Lern-)Behinderte Auszubildende können im Rahmen einer regulären Berufsausbildung Nachteilsausgleiche in Anspruch nehmen (Kalina 2019, 136f.).

Für junge Menschen, die keine betriebliche Berufsausbildung beginnen oder abschließen können, wird die Berufsausbildung in einer außerbetrieblichen Einrichtung (BaE) angeboten. Unterschieden wird die integrative Form, die überwiegend in der Bildungseinrichtung stattfindet, und die kooperative Form, die mit einem höheren Praxisanteil in einem Kooperationsbetrieb und der Absicht zur Übernahme in ein betriebliches Ausbildungsverhältnis einhergeht. Allerdings kann die außerbetriebliche Ausbildung von den Jugendlichen selbst auch als stigmatisierend wahrgenommen werden (Jepkens 2020). Für als behindert klassifizierte junge Menschen besteht die Möglichkeit einer Berufsausbildung in Berufsbildungswerken, die inzwischen – etwa im Rahmen der sogenannten verzahnten Ausbildung – verstärkt mit Betrieben zusammenarbeiten (Kalina 2019, 28f.). Regionale Studien verweisen auf eine im Vergleich zu regulärer betrieblicher Ausbildung geringere Abbruchquote (Kranert, Stein & Warmuth 2022). Bundesweit gelingt etwa zwei Drittel der Auszubildenden 12 Monate nach Ausbildungsabschluss der Zugang zum Arbeitsmarkt (a.a.O., 31).

Mit der unter Inklusionsaspekten auch kritisch betrachteten Ausbildung in sogenannten Fachpraktiker-Berufen (Euler & Severing 2014, S. 16f.) steht als behindert klassifizierten jungen Menschen eine Ausbildung auf Basis besonderer Ausbildungsbedingungen offen. Fachpraktische Inhalte und Prüfungsanforderungen können hier höher gewichtet werden als fachtheoretische (Kalina 2019, 140f.). Aktuell wird das bislang begrenzte Berufespektrum erweitert, etwa um Fachpraktiker-Ausbildungen in IT-Berufen. Grundsätzlich besteht jedoch weiterhin die Notwendigkeit, mehr Betriebe für die Ausbildung behinderter junger Menschen zu gewinnen (Vollmer 2022).

11.4 Unterstützung zur Teilhabe am Arbeitsleben

Angesichts der einleitend erwähnten Diskontinuitäten in den Lebensläufen ehemaliger Förderschüler*innen im Schwerpunkt Lernen zielen Unterstützungsangebote im Kontext der Erwachsenen- und Weiterbildung auf den (Wieder-)Einstieg und Verbleib in Arbeit und Beruf. Gering literalisierten Personen stehen Alphabetisierungs- und Grundbildungskurse zur Erweiterung ihrer für die Teilhabe in unterschiedlichen Lebensbereichen wichtigen Lese- und Schreibkompetenzen zur Verfügung (Grotlüschen & Buddeberg 2020). Dem nachträglichen Erwerb von für die berufliche Teilhabe relevanten Schulabschlüssen dienen Bildungsangebote des sogenannten Zweiten Bildungswegs, die z. B. an Erwachsenen-, Abend- und Volkshochschulen vorgehalten und seit einigen Jahren verstärkt von sozial benachteiligten Personen sowie Menschen mit Migrationsgeschichte wahrgenommen werden (Käpplinger & Reuter 2020). In beiden Feldern besteht die Notwendigkeit, die Lernangebote an die heterogenen Bildungsbedarfe und häufig prekären Lebenslagen der Lernenden anzupassen.

Inzwischen gibt es auch betriebliche Weiterbildungsformate für gering literalisierte Beschäftigte in unterschiedlichen Branchen, z. B. für Gartenhelfer*innen, Küchenhelfer*innen, Hotelmitarbeitende im Roomservice sowie Möbelpacker*innen. Studien empfehlen eine grundsätzlich freiwillige Teilnahme und partizipative Kursgestaltung sowie eine flankierende Unterstützung durch Lernberatung und Coaching (Drecoll 2022, 300 f.).

Eine schwer erreichbare Personengruppe sind Langzeitarbeitslose, die entgegen gesellschaftlicher Vorurteile oft konkrete Berufs- und Zukunftsvorstellungen haben, diese jedoch angesichts belasteter Biografien und Lebenslagen nicht oder nicht erfolgreich realisieren können. Für Unterstützungsangebote empfohlen werden die Bewusstmachung informell erworbener Kompetenzen, die Förderung von Utopiefähigkeit im Zuge biografieorientierter Verfahren sowie mündigkeitsorientierte Formate (Bonna 2016, 231 f.).

Anstelle von klassischen Arbeitsplätzen in Werkstätten werden zur beruflichen Teilhabe von als lernbehindert klassifizierten Menschen alternative Wege zum ersten Arbeitsmarkt, bspw. in Form der Unterstützten Beschäftigung (UB) oder von Integrationsprojekten empfohlen (Einkötter 2017).

11.5 Ausblick

Der Beitrag hat gezeigt, dass die Folgen von sozialer Ungleichheit und Armut über den gesamten Lebenslauf hinweg wirksam sind und den Bedarf an lebensbegleitenden Unterstützungsangeboten im Kontext von Lernbeeinträchtigungen begründen. Dabei gilt es die defizitorientierten Zuschreibungen, denen die entsprechenden Menschen als Förder- oder Inklusionsschüler*innen, Jugendliche in der Berufsvorbereitung, außerbetrieblich ausgebildete Personen, gering literalisierte Erwachsene, Un- und Angelernte oder (Langzeit-)Arbeitslose ausgesetzt sind, zurückzuweisen, um die oftmals verschütteten Ressourcen und Potenziale in den Blick nehmen zu können. Allerdings vermag die individuelle Unterstützung alleine die (Re-)Produktion von sozialer Ungleichheit in Institutionen der schulischen und beruflichen Bildung nicht zu verhindern. Hierzu bedarf es grundlegender organisationaler Veränderungen, um eine höhere Passung zu den Biografien und Lebenslagen benachteiligter Kinder, Jugendlicher und Erwachsener zu erreichen. Angesichts eines auch im internationalen Vergleich besonders großen Niedriglohnsektors in Deutschland bedarf es zudem arbeitsmarktpolitischer Reformen, um den wachsenden Armutsrisiken der dort Beschäftigten und ihrer Familien entgegenzuwirken.

Literatur

Autorengruppe Bildungsberichterstattung (2014): Bildung in Deutschland 2014. Ein indikatorengestützter Bericht mit einer Analyse von Menschen mit Behinderungen. Bielefeld: Bertelsmann.

Berg, A. (2017): Lernbiographien Jugendlicher am Übergang Schule – Beruf. Weinheim: Beltz Juventa.

Blanck, J. M. (2020): Übergänge nach der Schule als »zweite Chance«? Eine quantitative und qualitative Analyse der Ausbildungschancen von Schülerinnen und Schülern aus Förderschulen »Lernen«. Weinheim: Beltz Juventa.

Bonna, F. (2016): Berufliche Zukunftsvorstellungen Langzeitarbeitsloser. Eine biographieanalytische Untersuchung. Bielefeld: wbv.

Budde, J. & Weuster, N. (2018). Erziehungswissenschaftliche Studien zu schulischer Persönlichkeitsbildung. Angebote – Theorien – Analysen. Wiesbaden: Springer VS.

Conrads, R., Freiling, T. & Ulrich, A. (2019): Benachteiligte Jugendliche in Ausbildung und Beruf individuell begleiten. Empfehlungen zur Umgestaltung der »Assistierten Ausbildung«. Bielefeld: wbv.

Czedik, S. & Pfahl, L. (2020): Aktivierende Arbeitsmarktpolitiken und berufliche Rehabilitation. Gouvernementalitätskritische Überlegungen zu Organisation, Funktion und Beschäftigungsbedingungen von Werkstätten für behinderte Menschen. Vierteljahreszeitschrift für Heilpädagogik und ihre Nachbargebiete (VHN), 98(2), 80–92.

Drecoll, F. (2022): Lernende in der betrieblichen Grundbildung. Zur Rekonstruktion der Gründe für Lernwiderstände und Lernen gering literalisierter Beschäftigter. Wiesbaden: Springer VS.

Dittrich, C. & Walther, A. (2020): Berufsorientierung durch Information und Verantwortung: Prozessierung von Übergängen durch die Inszenierung von Beratung in der Schule. In: H. Chyle, C. Dittrich, C. Muche, C. Schröder & N. Wlassow (Hrsg.), Übergänge in Arbeit gestalten. Beratungsdienstleistungen im Vergleich (S. 115–195). Weinheim: Beltz Juventa.

Eikötter, M. (2017): Leistungen zur Teilhabe am Arbeitsleben. In: A. Riecken, K. Jöns-Schneider & M. Eikötter (Hrsg.), Berufliche Inklusion. Forschungsergebnisse von Unternehmen und Beschäftigten im Spiegel der Praxis (S. 18–53). Weinheim: Beltz Juventa.
Euler, D. & Severing, E. (2014): Inklusion in der beruflichen Bildung – Hintergründe kennen. Daten, Fakten, offene Fragen. Bielefeld: Bertelsmann. Online verfügbar unter: https://www.bertelsmann-stiftung.de/de/publikationen/publikation/did/inklusion-in-der-beruflichen-bildung-hintergruende-kennen, Zugriff am 15.11.2023.
Gessler, M. & Kühn, K. (2013): Werkschulen in Bremen – ein präventiver Ansatz zur Integration lernbenachteiligter Jugendlicher. In: Zeitschrift für Berufs- und Wirtschaftspädagogik 109 (2), 262–277.
Grotlüschen, A. & Buddeberg, K. (2020): LEO 2018. Leben mit geringer Literalität. Bielefeld: wbv.
Hirschfeld, H. (2021): Macht und Ohnmacht sozialpädagogischer Hilfe. Biographische Perspektiven auf pädagogisch begleitete Übergänge. Opladen: Barbara Budrich.
Jepkens, K. (2020): »Alles darf man der auch nicht sagen« – Rahmenbedingungen der Nutzung Sozialer Arbeit in der außerbetrieblichen Berufsausbildung. In: A. van Reißen & K. Jepkens, K. (Hrsg.), Nutzen, Nicht-Nutzen und Nutzung Sozialer Arbeit. Theoretische Perspektiven und empirische Erkenntnisse subjektorientierter Forschungsperspektiven (S. 141–160). Wiesbaden: Springer VS.
Käpplinger, B. & Reuter, M. (2020): Der Zweite Bildungsweg in den Bundesländern – Strukturen und Perspektiven. Frankfurt am Main: GEW. Online verfügbar unter: https://www.gew.de/fileadmin/media/publikationen/hv/GEW/GEW-Stiftungen/MTS_-_Gefoerderte_Projekte/20200923-Der-Zweite-Bildungsweg-in-den-Bundesl–ndern-MTS.pdf, Zugriff am: 15.11.2023.
Kalina, D. (2019): Betriebliche Realisierung beruflicher Ausbildung behinderter Menschen. Baden-Baden: Nomos.
KMK – Kultusministerkonferenz (2019): Empfehlungen zur schulischen Bildung, Beratung und Unterstützung von Kindern und Jugendlichen im sonderpädagogischen Schwerpunkt Lernen (Beschluss der Kultusministerkonferenz vom 14.03.2019). Online verfügbar unter: https://www.kmk.org/fileadmin/veroeffentlichungen_beschluesse/2019/2019_03_14-FS-Lernen.pdf, Zugriff am 15.11.2023.
Koßmann, R. (2019): Schule und »Lernbehinderung«: Wechselseitige Erschließungen. Bad Heilbrunn: Klinkhardt.
Kranert, H.-W., Stein, R. & Warmuth, M. (2022): Dropout in der Beruflichen Rehabilitation. Analyse und Identifikationen von Risikofaktoren in der Berufsausbildung. Bielefeld: wbv.
Makles, A. M., Schneider, K., Lühe, J., Bachsleitner, A. & Neumann, M. (2019): Bildungsbeteiligung, -verläufe und -abschlüsse vor und nach der Bremer Schulreform. In: K. Maaz, M. Hasselhorn, T.-S. Idel, E. Klieme, B. Lütje-Klose, P. Stanat, M. Neumann, A. Bachsleitner, J. Lühe & S. Schipolowski (Hrsg.), Zweigliedrigkeit und Inklusion im empirischen Fokus. Ergebnisse der Bremer Schulreform (S. 61–82). Münster: Waxmann.
Menze, L. & Holtmann, A. C. (2019): Was können Schulabgängerinnen und Schulabgänger ohne Mittleren Schulabschluss aus Übergangsmaßnahmen mitnehmen? Entwicklungen und Übergangschancen in Ausbildung. In: Zeitschrift für Erziehungswissenschaft 22 (3), 509–533.
Pfahl, L. (2011): Techniken der Behinderung. Der deutsche Lernbehinderungsdiskurs, die Sonderschule und ihre Auswirkungen auf Bildungsbiografien. Bielefeld: transcript.
Rensen, L.-J. & Thielen, M. (2016): Betriebliche Normalitätserwartungen als Barrieren am Übergang in die berufliche Bildung. Ethnographische Einsichten in eine betriebliche Einstiegsqualifizierung. Sonderpädagogische Förderung heute 61 (2), 179–191.
Sekretariat der Kultusministerkonferenz (2022): Sonderpädagogische Förderung in Schulen 2011 bis 2020. Statistische Veröffentlichung der Kultusministerkonferenz. Dokumentation Nr. 231 – Januar 2022. Online verfügbar unter: https://www.kmk.org/fileadmin/Dateien/pdf/Statistik/Dokumentationen/Dok231_SoPaeFoe_2020.pdf, Zugriff am 15.11.2023.
Schroeder, J. (2015): Pädagogik bei Beeinträchtigungen des Lernens. Stuttgart: Kohlhammer.
Schropp, H. (2018): Ressourcenorientierte Förderung von jungen Menschen in Übergangsmaßnahmen. Entwicklung einer prototypischen Fördermaßnahme für vulnerable Jugend-

liche und junge Erwachsene. IAB-Discussion Paper 5/2018. Nürnberg: IAB. Online verfügbar unter: https://doku.iab.de/discussionpapers/2018/dp0518.pdf. Zugriff am 15.11. 2023.
Thielen, M. (2013): Zweijährige Berufsvorbereitung. Eine Verbleibstudie zum Schulversuch »Gestrecktes Berufsvorbereitungsjahr« in Sachsen. Bad Heilbrunn: Klinkhardt.
Thielen. M. & Handelmann, A. (2021): ›Fit machen‹ für die Ausbildung. Eine Ethnografie zu Unterricht in der Berufsvorbereitung. Opladen: Barbara Budrich.
Thielen, M. & Kurth, S. (2023): Übergangskulturen in der Sekundarstufe I. Einzelschulische Modi der Gestaltung von Berufsorientierung im Spiegel von Differenz- und Ungleichheitsdynamiken. Vierteljahreszeitschrift für Heilpädagogik und ihre Nachbargebiete (VHN plus). Online verfügbar unter: http://dx.doi.org/10.2378/vhn2023.art21d, Zugriff am 15.11. 2023.
van Essen, F. (2013): Soziale Ungleichheit, Bildung und Habitus. Möglichkeitsräume ehemaliger Förderschüler. Wiesbaden: Springer VS.
Vollmer, K. (2022): Berufliche Bildung behinderter Menschen: gesellschaftspolitische Paradigmen – wissenschaftliche Diskurse – Anforderungen in der Praxis. Ein pointierter Problemaufriss. In: M. Eckelt, T. J. Ketschau, J. Klassen, J. Schauer, J. K. Schmees & C. Steib (Hrsg.), Berufsbildungspolitik: Strukturen – Krise – Perspektiven (S. 69–83). Bielefeld: wbv.

12 Personen mit sprachlich-kommunikativen Beeinträchtigungen

Stephan Sallat & Anja Theisel

Im Vergleich zu anderen Förderschwerpunkten sind sonderpädagogische Hilfen für Menschen mit sprachlich-kommunikativen Beeinträchtigungen in der beruflichen Bildung und im Beruf wenig institutionalisiert. So liegt der Schwerpunkt der sprachheilpädagogischen Arbeit in vielen Bundesländern inzwischen lediglich auf dem Grundschulbereich. Auf der anderen Seite gibt es zunehmend Befunde, die zeigen, dass Kinder und Jugendliche mit eigentlich überwundenem sprachlichem Förderbedarf bei den komplexen schriftsprachlichen sowie fach- und bildungssprachlichen Anforderungen im Sekundarschul- und beruflichen Bereich Schwierigkeiten haben. Die sprachlich-kommunikativen Anforderungen zwischen Sekundarschule und Berufsbildung unterscheiden sich deutlich. Vor diesem Hintergrund sollten im Förderschwerpunkt (FS) Sprache Teilhabe- und Versorgungsfragen für den berufsbildenden Bereich ebenso neu gestellt werden wie sprachbezogene Hilfen und Differenzierungsmaßnahmen im Sekundarschulbereich.

12.1 Teilhabe von Menschen mit sprachlich-kommunikativen Beeinträchtigungen

Beeinträchtigungen in Sprache und Kommunikation haben vielfältige Auswirkungen auf die Aktivitäten der betroffenen Personen sowie ihre Partizipation durch gesellschaftliche und bildungsbezogene Teilhabe (McNeilly 2018; Theisel 2017; Spreer & Sallat 2015; Sallat et al. 2022). Sie stellen ein erhebliches Bildungsrisiko sowie ein Risiko für andere Entwicklungsbereiche dar (z. B. Weinert 2020, Hasselhorn & Sallat 2014). Folglich werden in der interdisziplinären Förder- und Interventionsplanung neben einem Fokus auf Sprachförderung und Sprachtherapie zunehmend die Subjektperspektive, die Lebensweltperspektive sowie die Bildungszielperspektive relevant (Sallat & Siegmüller 2016, AWMF 2022). Die *Subjektperspektive* nimmt das individuelle Störungsbewusstsein und die Wahrnehmung hilfreicher Unterstützungsmaßnahmen sowie mögliche sozio-emotionale Probleme in den Blick. Die *Lebensweltperspektive* fokussiert teilhabebezogene Probleme und Ressourcen im sozialen und gesellschaftlichen Umfeld. Im Hinblick auf die *Bildungszielperspektive* interessieren die Auswirkungen der sprachlichen Probleme auf Lehr-Lernprozesse und pädagogische Angebote sowie den schulischen

Kompetenz- und Wissenserwerb (Schreiben, Lesen, Rechnen, naturwissenschaftliche Kompetenzen) und damit die Auswirkungen auf die bildungsbezogene Teilhabe und erreichbare Bildungsabschlüsse (ebd.).

Teilhabe kann einerseits ›objektiv‹, z. B. an Schulleistungen bzw. an einem Schul- bzw. Berufsabschluss, ›gemessen‹, andererseits subjektiv wahrgenommen werden, z. B. durch das Partizipationserleben der Betroffenen, insbesondere bezogen auf kommunikative Prozesse. Eadie et al. (2006) definieren kommunikative Partizipation als sprachlich-kommunikatives Teilnehmen an Lebenssituationen, in denen Wissen, Informationen, Ideen oder Gefühle ausgetauscht werden. Neben Situationen zuhause oder in der Freizeit finden diese vielfältig im Bildungskontext statt (Opitz & Neumann 2019, 39). Für Jugendliche mit Sprachbeeinträchtigungen ist für die Definition von Teilhabe nach der Klassifikation der ICF-CY folglich insbesondere die Domäne der ›Kommunikation‹ von Bedeutung (vgl. Theisel 2017).

12.2 Besondere Versorgungssituation

Fragen der Versorgung und gesellschaftlichen Teilhabe für Personen mit (überwundenem) Förderbedarf Sprache wurden in bildungs- und berufsbiographischen Fragebogenstudien untersucht (für einen Überblick siehe Spreer & Sallat 2015; Theisel 2022). In einer Befragung ehemaliger Schülerinnen und Schüler (SuS) von Sprachheilschulen gaben 21,7% der Schulabgänger (Spreer & Sallat in Vorb.) sowie 10,9% der Schulabgänger mit inzwischen überwundenem sprachlichen Förderbedarf (Sallat & Spreer 2012) an, ihre Berufsausbildung an einem Berufsbildungswerk absolviert zu haben. In Deutschland gibt es 52 Berufsbildungswerke, von denen lediglich vier (Winnenden, München, Nürnberg und Leipzig) auf Hör- und Sprachbehinderungen spezialisiert sind. Die angebotenen Berufsfelder sind dabei unterschiedlich und die Zulassung zu einer Ausbildung im Berufsbildungswerk erfolgt in der Regel über die Arbeitsagenturen.

Die hier aufgeführten Daten bilden den tatsächlichen Bedarf von teilhabeorientierten sonderpädagogischen Hilfen und Angeboten für den beruflichen und berufsbildenden Bereich mit Fokus auf Sprache und Kommunikation nicht ab. Die Zahl der bedürftigen Personen dürfte um ein Vielfaches höher liegen. Die Ursachen sind sowohl inhaltlich als auch strukturell zu sehen. So deckt die geringe Anzahl der Förderschulen mit Schwerpunkt Sprache und Kommunikation – vor allem im Sekundarbereich – nicht den Bedarf an notwendiger sonderpädagogischer Unterstützung. In vielen Bundesländern existieren Schulen mit FS Sprache nur noch im Grundschulbereich, andere Bundesländer sehen von einer Feststellung des sonderpädagogischen Förderbedarfes im Bereich Sprache und Kommunikation generell ab und dies, obwohl die Häufigkeit von klinisch relevanten Sprachentwicklungsstörungen konstant bleibt. Daraus folgend ist die weiterführende Betreuung und sonderpädagogische Versorgung von betroffenen SuS im Sekundarbereich in diesen Ländern unzureichend organisiert. Dies ist schon allein vor dem Hintergrund der in den Bildungsvergleichsstudien für die Gesamtheit aller SuS aufgezeigten Bedeutung von laut- und schriftsprachlichen Kompetenzen für den Bildungserfolg (z. B. Autor*innengruppe Bildungsberichterstattung 2014, 2017) sowie der Bedeutung von Sprache und Kommunikation als Herzstück des Unterrichts und von Lehr-Lernkontexten problematisch (z. B. Schindler et al. 2019; Kunter & Trautwein 2013; Becker-Mrotzek & Vogt 2009). Die Betrachtung der beruflichen Teilhabe von Menschen mit FS Sprache ist somit nicht ohne die Betrachtung der vorhergehenden Bildungsorte möglich, da in diesen die schriftsprachlichen, fachsprachlichen und bildungssprachlichen Grundlagen für die berufliche Teilhabe gelegt werden. Notwendig sind darauf aufbauende spezifische Hilfen im Rahmen der Berufsvorbereitung und Berufsorientierung.

Im FS Sprache gibt es vor allem in den ersten Schuljahren eine große Fluktuation. Viele der Kinder, die zum Schuleintritt einen Förderbedarf im Bereich Sprache aufweisen, überwinden diesen Dank der sprachheilpädagogischen und sprachtherapeutischen Hilfen und wechseln häufig im Verlauf der Grundschulzeit an die Regelschule zurück. Sallat & Spreer (2012) ermittelten eine durchschnittliche Verweildauer an der Sprachheilschule von 2,75 Jahren. Theisel, Spreer & Glück (2018) berichten, dass knapp 40 % der SuS, die ihren Bildungsweg in der Förderschule Sprache begannen, im Laufe der Grundschulzeit in das Regelschulsystem wechseln. Ein Teil der SuS hat jedoch einen fortbestehenden Förderbedarf im Bereich Sprache und benötigt daher auch in Sekundar- und Berufsschule spezifische sprachliche Anpassung der Lerngegenstände und eine barrierefreie oder -arme Lernumgebung, um die Bildungsabschlüsse zu erreichen (Theisel & Wagner, 2018). Hinzu kommen Befunde, dass Jugendliche mit einem in der Kindheit oder im Grundschulalter überwundenen sprachlichen Förder- oder Therapiebedarf bei den höheren sprachlichen Anforderungen im Sekundarschulbereich (z. B. Lesen von Fachtexten, Formulieren komplexer schriftsprachlicher Texte) Probleme haben (Conti-Ramsden et al., 2001). Diesen Befunden sollte zunehmend mehr Beachtung geschenkt werden, vor allem mit Blick auf die Teilhabeaspekte im Beruf.

Strukturell gibt es im FS Sprache neben der geringen Zahl an sonderpädagogischen Hilfen und Schulen im Sekundarbereich das nachfolgend beschriebene Problem, dass für die Feststellung eines Rehabedarfs für Berufsausbildung und Beruf ein institutioneller Wechsel der feststellenden Institution erfolgt (Sallat 2014). Nicht mehr der schulische Bereich ist für die Förderdiagnostik und die Feststellung eines Förderbedarfes zuständig, sondern die Reha-Teams der Arbeitsagentur. In diesen wird der Förder- oder Rehabedarf viel stärker als im schulischen Bereich an das Bestehen einer Behinderung (festgestellter Grad der Schwerbehinderung) geknüpft. Dieser Status wird Jugendlichen mit sprachlichem Förderbedarf oder geringen sprachlichen Fähigkeiten in der Regel nicht zuerkannt. Daher ist die Zuweisung von Hilfen häufig unzureichend. Ein weiteres Problem besteht darin, dass es für das Jugendalter nur eine sehr unbefriedigende Auswahl an Sprachtests gibt. Daher widmet sich aktuelle Forschung diesem Bereich. Beispielhaft kann hier das Instrumentarium Leipziger Sprachinstrumentarium Jugend (LSI.J) genannt werden (Krause et al. 2018).

Mit zunehmendem Alter werden sprachliche Anpassungen und Hilfsmaßnahmen im beruflichen Bereich auch relevant durch eine wachsende Anzahl an Personen mit sprachlichen Problemen infolge von neurologischen Schädigungen, degenerativen Erkrankungen oder Unfällen (Siegmüller, Bartels & Höppe 2022). Für sie werden Rehabilitation und Wiedereingliederung sehr stark aus der Akuttherapiesituation und der klinischen therapeutischen Versorgung organisiert und abgeleitet. Zudem wird in diesen Fällen auch ein Behinderungsgrad damit verbunden, sodass eine andere Begründung der Hilfsmaßnahmen zu Grunde liegt.

12.3 Selbsteinschätzung der sprachlich-kommunikativen Fähigkeiten

Schwierigkeiten in der Sprachverarbeitung bleiben bei Jugendlichen oft unerkannt, da sie in ihrer Alltagssprache unauffällig sind und damit ein Förderbedarf kaum noch erkennbar ist. Die Schwierigkeiten betreffen vor allem tieferliegende Sprachverarbeitungsprozesse. So zeigen sprachbeeinträchtigter Jugendliche, die bis zum Ende ihrer Schulzeit einen sonderpädagogischen Bildungsanspruch haben, Probleme im Bereich der sprachlichen Speicherfähigkeit sowie des Sprachverstehens (Theisel, Glück & Spreer 2022). Das phonologische Arbeitsgedächtnis hat sich dabei bei unterschiedlichen Erstsprachen als stabiler Indikator über die Zeit erwiesen (Baird et al. 2010, Ebbels, Dockrell & van der Lely 2012, Theisel & Wagner 2018). Folglich haben die betreffenden SuS v. a. Schwierigkeiten, neue Begrifflichkeiten und Inhalte abzuspeichern, mündliche Anweisungen und Erklärungen oder schriftsprachliche Texte mit komplexer Bildungssprache sowie Aufträge ohne Unterstützung verstehen. Dies wird durch die Selbsteinschätzung betroffener Jugendlicher und ihrer Eltern bestätigt (Glück, Spreer & Theisel 2022). Jugendliche, deren sonderpädagogischer Förderbedarf auch in der Sekundarstufe bestand, fallen durch besonders schwache Leistungseinschätzungen im Lesen, Rechtschreiben, schriftlichem (Aufsätze) und mündlichem Ausdruck auf. Im mündlichen Bereich sehen sie vor allem Probleme bei ihren grammatikalischen Kompetenzen (ebd.). Darüber hinaus empfindet noch etwa ein Drittel der Jugendlichen Probleme dabei, sich gut und verständlich auszudrücken. Damit gehen Erfahrungen eingeschränkter, kommunikativer Selbstwirksamkeit einher, die das Verhalten der Jugendlichen in Situationen mit erhöhten, kommunikativen Anforderungen beeinflussen wie z. B. im Gespräch mit fremden Erwachsenen. 76 % der befragten Jugendlichen empfinden, dass ihnen das Ansprechen von fremden Personen schwerfällt (ebd.). Hieraus ergeben sich Schlussfolgerungen mit Blick auf die Anforderungen, die im Übergang zur beruflichen Bildung und in den Beruf vielfältig auftreten. Knapp die Hälfte der Jugendlichen wünscht sich weiterhin Unterstützung in der Berufsschule. Dies sind vorwiegend die Jugendlichen, deren sonderpädagogischer Bildungsanspruch noch bis in die Sekundarstufe bestand.

Die Ergebnisse werden durch Interviews mit den betroffenen Jugendlichen sowie Testungen zu Schulleistung und Sprache (Testalter 15;01–16;00) bestätigt (vgl.

Theisel, 2021; Theisel, Spreer & Glück 2022). Dabei bezieht sich die gewünschte Unterstützung vorwiegend auf den Bereich der schriftsprachlichen Kompetenzen beim Lesen, Rechtschreiben und in der Fremdsprache: »*Aber in Englisch, da ist, da ist es vorbei. Da kriege ich vielleicht einen Satz hin. Aber der ist auch äh nicht richtig geschrieben und die Wörter*« (ebd., 283).

Notwendig sind folglich auch im berufsschulischen Kontext die Sicherung von Sprach- bzw. Textverständnis, Wortschatzaufbau und -abruf, Unterstützung bei der Rechtschreibung und der Speicherung von Inhalten sowie Motivation und Ermutigung zu sprachlichen Äußerungen, da kommunikative Partizipation abhängig ist vom (sprachlichen) Selbstkonzept. Das Selbstkonzept wird sowohl durch die Schulleistungen als auch durch die Rückmeldung der Lehrkräfte beeinflusst, weshalb der Umgang der Lehrkräfte mit den sprachlichen Schwierigkeiten Einfluss auf die Entwicklung eines positiven Selbstkonzepts trotz objektiv schwacher Leistungen nehmen kann (Theisel, Glück & Spreer 2021). Zwar ist die Einschätzung der Lehrkräfte realistischer als die der SuS, aber es besteht die Gefahr einer Defizitorientierung, in der Lehrkräfte sprachbeeinträchtigte Kinder als multipel beeinträchtigt betrachten und negativer einschätzen (Conti-Ramsden & Botting 2004; Rannard & Glenn 2009). Diese Einschätzung kann mit dazu beitragen, dass sich die SuS selbst bezüglich ihrer sprachlichen Fähigkeiten negativer sehen, als sie es in Wirklichkeit sind. Vor diesem Hintergrund ist eine Sensibilisierung für die Belange von Kindern mit sprachlichen Beeinträchtigungen insbesondere im Sekundarbereich notwendig. Als positiv erleben die Jugendlichen ein Grundverständnis der Lehrkräfte für ihre Sprachbeeinträchtigung und die damit einhergehenden Nachteile, das sich einerseits in unterrichtlichen Anpassungen (u. a. mehr Zeit zur Wiederholung und zum Nachfragen) zeigt. Andererseits aber ist emotionale Unterstützung bedeutsam, die sehr zum Wohlbefinden beiträgt und ermutigt: »*Also ich bin gerade gern in der Schule, weil ich mich da sicher fühle in der Klasse und mit der Lehrerin. Die weiß, was meine Probleme sind in den Fächern und so und dann kann sie mir auch sofort helfen*« (Theisel, Spreer & Glück 2022, 281).

12.4 Sprachlich-kommunikative Herausforderungen im beruflichen Kontext

Vor dem Hintergrund der dargestellten Sprachverarbeitungsproblematik der betroffen SuS sowie der Versorgungssituation zeigen sich deutliche Herausforderungen für Beruf und Berufsbildung. Die sprachlichen Anforderungen unterscheiden sich von denen im schulischen Bereich (Sallat, 2014; Sallat et al. 2016). Neue Textformate und Textformen verlangen ebenso eine Vorbereitung wie das Einüben der pragmatisch-kommunikativen Gestaltung von Gesprächsformaten. So sind bestimmte Berufe mit spezifischen Dialogen und Sprechakten verbunden, die in der

Schule bereits geübt werden sollten (ebd.; Spreer & Sallat 2022; Sallat & Spreer 2022; Spreer & Theisel 2023).

Spechen/Gesprächsführung

Während im Lehrplan Deutsch für die Sekundarstufe I (Bildungsstandards – KMK 2004) die Schwerpunkte im Kompetenzbereich Sprechen und Zuhören die Aspekte »Zu anderen sprechen«, »Vor anderen sprechen«, »Mit anderen sprechen« und »Verstehend zuhören« behandelt werden, sind die sprachlich-kommunikativen Anforderungen im Beruf vielfältiger und verlangen erweiterte kommunikativ-pragmatische Fähigkeiten. So wird die schriftsprachliche Fixierung der Arbeit im Fach Deutsch vor allem im handwerklichen Berufsalltag von einer verbalsprachlich-kommunikativen Orientierung abgelöst (Efing 2013). Die mündliche Kommunikation durch Organisationsgespräche mit Kolleginnen und Kollegen (KuK) und Vorgesetzten, das Beschreiben und Darstellen von Abläufen, Problemen und Vorgehensweisen, das fachliche Argumentieren und Aushandeln im Austausch mit KuK oder Kunden sowie die Präsentation von Arbeitsergebnissen und die Umsetzung von Instruktionsgesprächen und Einweisungen sind dabei als Herausforderungen zu nennen (vgl. ebd.). Sie verlangen die Verwendung eines berufsspezifischen Fachwortschatzes (ggf. auch Fachjargon). Das in der Schule erlernte selbstständige Erschließen von neuen Inhalten aus Texten tritt in den Hintergrund. Bereits im Betriebspraktikum sind kommunikativ-pragmatische Fähigkeiten relevant (z. B. Gespräche mit KuK und Vorgesetzten; Reaktion auf Anweisungen; Nachfragen; Einbringen eigener Anliegen; Erfassung komplexer Sachverhalte im Arbeitsalltag; Auskünfte über sich selbst; Auftragsbearbeitung). Ebenso sind die sprachlich-kommunikativen Handlungen im Vorstellungsgespräch ein wichtiger Bereich, der Auswirkungen auf die Einstellung hat und damit teilhaberelevant ist.

Schreiben

Im Gegensatz zu den künstlichen Schreibsituationen im schulischen Kompetenzbereich Schreiben (KMK 2004) mit den Schwerpunkten »Über Schreibfertigkeiten verfügen«, »Texte schreiben«, »Texte überarbeiten« haben die Schreibsituationen im beruflichen Bereich einen direkten Arbeitsbezug sowie eine kontextuelle Einbindung. Sie verlangen den kompetenten Einsatz von sprachlichem Wissen in Bezug auf Inhalt, Zielsetzung, Strukturierung und Formulierung (Fix 2006). So sind berufliche Texte durch eine sprachliche Prägnanz und Knappheit sowie standardisierte Formulierungsroutinen gekennzeichnet. Dies umfasst die angemessene Verwendung von berufsfeldspezifischem Wortschatz. Außerdem müssen Inhalte aus rudimentären Texten in Tabellen, Listen und Formularen erschlossen werden können (vgl. Efing 2011; Schäfer 2013).

Lesen

Ebenfalls unterscheiden sich die Anforderungen im Bereich der Lesekompetenz. Im Kompetenzbereich Lesen – mit Texten und Medien umgehen (KMK 2004) geht es um »Strategien zum Leseverstehen kennen und anwenden«, »Literarische Texte verstehen und nutzen«. Dieses studierende Lesen wird im Beruf durch ein funktionales Lesen mit direktem Arbeitsbezug abgelöst. So müssen Gebrauchstexte zielgerichtet nach Informationen zu eher vertrauten (berufsbildbezogenen) Sachverhalten durchsucht werden. Gelesen werden im beruflichen Kontext Fachbücher, Produktinformationen, Normen, Rechtsverordnungen etc. und Texte mit Anleitungscharakter wie Gebrauchsanleitungen, Arbeitsanweisungen, Einsatz- und Wartungspläne (Becker-Mrotzek & Kusch 2007). Aus Texten erwächst häufig eine konkrete Umsetzung oder Arbeitshandlung. Zudem geschieht das Lesen in der Regel unter Handlungs- und Zeitdruck (Ziegler et al. 2012). Tabelle 1 bietet einen beispielhaften Überblick über die sprachlichen Anforderungen im beruflichen Kontext.

Tab. 1: Sprachliche Anforderungen im beruflichen Kontext (Efing 2013, 137)

Schriftsprachliche Texte – Lesen / Rezeption	
Informationen: • entnehmen • ermitteln • vergleichen • auswerten	• Arbeitsanweisungen • Betriebsanleitungen • Technische Informationen/ Unterlagen/ Dateien • Arbeitsverträge, Tarifverträge • Vorschriften (Umwelt, Sicherheit, Arbeitsschutz) • Handbücher in Fachsprache, ggf. Fremdsprache • Protokolle (Funktions-, Fehlerprotokoll)
Schriftsprachliche Texte – Schreiben / Produktion	
Informationen: • darstellen • präsentieren • ergänzen • aktualisieren	• Präsentation von Arbeitsergebnissen • Ausfüllen von Prüfprotokollen • Berichte • Arbeitsunterlagen ändern • Dokumentation von Vorgängen, Ergebnissen, Informationen, Produkten, Funktionszusammenhängen, Fehlerursachen, Qualitätsmängeln, Materialeinsatzfähigkeit, Arbeitszeit
Lautsprachliche Texte – Diskurs, Dialog, Kommunikative Interaktion	
• erklären • erläutern • beschreiben • darstellen • einweisen • anfordern • präsentieren • diskutieren • klären	• Gespräche mit Vorgesetzten, im Team, mit Kunden • Erklären, Erläutern (Rechtliches, Organisatorisches, Vorgänge, Konsequenzen, Funktionsweisen, Abläufe, Verfahren, Ergebnisse) • Beschreiben (u. a. Wirkungsweisen, Zusammenhänge, Sicherheitsanforderungen) • Darstellen von Sachverhalten und Fachwissen; von Systemen und ihrer Funktion; von Arbeitsabläufen • Anfordern von Material, Werkzeugen, Hilfsmitteln • Präsentieren von Arbeitsergebnissen

12.5 Fazit

In der Übersicht der beruflichen Teilhabesituation von Menschen mit sprachlich-kommunikativen Beeinträchtigungen wird deutlich, dass dem FS Sprache im berufsvorbereitenden und -bildenden Bereich sowie im Beruf selbst eine stärkere Beachtung geschenkt werden sollte. Die sprachspezifischen Hilfen sollten daher bereits im Sekundarschulbereich stärker die sprachlich-kommunikativen Herausforderungen beruflicher Kontexte berücksichtigen. Beispielhaft sind hier der Umgang mit berufsspezifischen Texten wie Gebrauchsanleitungen, das adressatenorientierte Schreiben sowie das Üben berufsspezifischer Kommunikationskontexte (z.B. Verkaufs- oder Kundengespräche) zu nennen (Sallat & Spreer 2022; Spreer & Theisel 2023). Zudem ist eine Sensibilisierung für die Notwendigkeit von spezifischen Hilfen für Jugendliche mit sprachlich-kommunikativen Beeinträchtigungen sowie die Kenntnis über diagnostische Möglichkeiten bei den Rehateams der Arbeitsagentur bedeutsam, damit die Hilfen auch finanziell, personell und strukturell verfügbar gemacht werden können.

Dies lässt sich auch mit aktuellen gesellschaftlichen Veränderungen begründen. So steigt die Anzahl von Jugendlichen mit Migrationshintergrund und Fluchterfahrung sowie die Anzahl von Jugendlichen, die Deutsch nicht als Erstsprache verwenden. Bei diesen Jugendlichen ist von einem sprachlichen Förderbedarf auszugehen, da sie in Lehr-/Lernsituation ebenso wie Jugendliche mit einem diagnostizierten Förderbedarf im Bereich Sprache und Kommunikation ein spezifisches, sprachliches Hilfsangebot benötigen. Fachtexte, Arbeitsblätter, Aufgabenstellungen etc. sind auch für sie sprachlich zu komplex und der mit den jeweiligen Berufen verbundene Fachwortschatz stellt für diese Jugendlichen ebenso eine besondere Herausforderung dar. Beide Schülergruppen benötigen daher spezifische sprachliche Hilfen und die Berücksichtigung sprachlich-kommunikativer Barrieren im berufsschulischen Unterricht, um die Teilhabe zu sichern.

Literatur

Autor*innengruppe Bildungsberichterstattung (Hrsg.) (2014): Bildung in Deutschland 2014. Ein indikatorengestützter Bericht mit einer Analyse zur Bildung von Menschen mit Behinderungen. München: Bertelsmann.

Autor*innengruppe Bildungsberichterstattung (Hrsg.) (2017): Bildung in Deutschland 2016. Ein indikatorengestützter Bericht mit einer Analyse zu Bildung und Migration. München: Bertelsmann.

AWMF (2022): Therapie von Sprachentwicklungsstörungen. Interdisziplinäre S3-Leitlinie, AWMF-Registernr.: 049–015. Online verfügbar unter: https://register.awmf.org/de/leitlinien/detail/049-015, Zugriff am 20.06.2024.

Baird, G., Dworzynski, K., Slonims, V. & Simonoff, E. (2010): Memory impairment in children with language impairment. Developmental Medicine & Child Neurology, 52(6), 535–540.

Bauer, A., Glück, C.W., Jonas, K., Mayer, A., Sallat, S. & Stitzinger, U. (2022): Kernkompetenzen für das Studium der Pädagogik im sonderpädagogischen Förderschwerpunkt Sprache und Kommunikation. Praxis Sprache, 67(4), 229–233.

Becker-Mrotzek, M. & Vogt, R. (2009): Unterrichtskommunikation. Linguistische Analysemethoden und Forschungsergebnisse. Berlin: Walter de Gruyter.

Becker-Mrotzek, M., & Kusch, E. (2007): Sachtexte lesen und verstehen. Der Deutschunterricht, 59(1), 31.
Conti-Ramsden, G., Botting, N., Simkin, Z. & Knox, E. (2001): Follow-up of children attending infant language units: Outcomes at 11 years of age. International Journal of Language & Communication Disorders, 36(2), 207–219.
Eadie, T. L., Yorkston, K. M., Klasner, E. R., Dudgeon, B. J., Deitz, J. C., Baylor, C. R., Miller, R. M., & Amtmann, D. (2006): Measuring communicative participation: A review of self-report instruments in speech-language pathology. American Journal of Speech-Language Pathology, 15(4), 307–320.
Ebbels, S. H., Dockrell, J. E. & van der Lely, H. K. J. (2012): Non-word repetition in adolescents with specific language impairment (SLI). International journal of language & communication disorders, 47(3), 257–273. DOI: 10.1111/j.1460-6984.2011.00099.x.
Efing, C. (2011): Schreiben für den Beruf. In: H. Schneider (Hrsg.), Wenn Schriftaneignung (trotzdem) gelingt: Literale Sozialisation und Sinnerfahrung. Weinheim: Juventa, S.38–62.
Efing, C. (2013): Sprachlich-kommunikative Anforderungen in der betrieblichen Ausbildung. In: C. Efing (Hrsg.), Ausbildungsvorbereitung im Deutschunterricht der Sekundarstufe I. Die sprachlich-kommunikativen Facetten von »Ausbildungsfähigkeit« (S. 123–146). Frankfurt: Lang.
Fix, M. (2006): Texte schreiben. Schreibprozesse im Deutschunterricht. Paderborn: Schöningh
Glück, C. W., Spreer, M. & Theisel, A. K. (2022): Bildungswege von Schüler:innen mit sprachlichem Unterstützungsbedarf im Rückblick (Forschungsbericht). Retrieved from Forschungsgruppe Ki.SSES-WEGE website: www.ki-sses.de/publikationen.
Glück, C. W., Theisel, A. & Spreer, M. (2022): »Meine Freunde sagen, dass ich da noch ein bisschen Probleme hab – aber sie akzeptieren das.« Selbsteinschätzungen zur Lernsituation und zur Partizipation von Schüler:innen mit Sprachbeeinträchtigungen am Ende der Schulzeit. In: M. Spreer, M. Wahl & H. Beek (Hrsg.), Sprachentwicklung im Dialog. Digitalität – Kommunikation – Partizipation (S. 331–340). Idstein: Schultz-Kirchner-Verlag.
Hasselhorn M. & Sallat S. (2014): Sprachförderung zur Prävention von Bildungsmisserfolg. In: S. Sallat, M. Spree & C.W. Glück (Hrsg.), Sprache professionell fördern. kompetent – vernetzt – innovativ (S. 28–39). Idstein: Schulz-Kirchner; 2014.
Hollenweger, J. & Kraus de Camargo, O. A. (Hrsg.) (2017): Die ICF-CY in der Praxis. Internationale Klassifikation der Funktionsfähigkeit, Behinderung und Gesundheit bei Kindern und Jugendlichen. 2., korrigierte Auflage. Bern: Hogrefe.
KMK (2004): Bildungsstandards im Fach Deutsch für den Hauptschulabschluss (Jahrgangsstufe 9). Sekretariat der Ständigen Konferenz der Kultusminister der Länder in der Bundesrepublik Deutschland. Neuwied: Wolters Kluwer.
Krause, C., Holzgrefe-Lang, J., Lorenz, E., Oelze, V., Glück, C. & Wagner, S. (2018): Das Leipziger Sprach- Instrumentarium (LSI-J): Eine neue, Tablet-basierte Sprachdiagnostik für Jugendliche. In: T. Jungmann, B. Gierscher, M. Meindl & S. Sallat (Hrsg), Sprach-und Bildungshorizonte: Wahrnehmen – Beschreiben – Erweitern (S. 194–198). Idstein: Schulz-Kirchner.
Kunter, M. & Trautwein, U. (2013): Psychologie des Unterrichts. Ferdinand Schöningh.
McNeilly LG. (2018): Using the International Classification of Functioning, Disability and Health Framework to Achieve Interprofessional Functional Outcomes for Young Children: A Speech-Language Pathology Perspective. Pediatric Clinics of North America, 65(1), 125–134.
Sallat S. & Siegmüller J. (2016): Interdisziplinäre Kooperation in verschiedenen Institutionen. In: Grohnfeldt M. (Hrsg.), Kompendium der akademischen Sprachtherapie und Logopädie. Bd 1: Sprachtherapeutische Handlungskompetenzen (S. 243–261). Stuttgart: Kohlhammer.
Sallat, S. & Spreer, M. (2015): Bildungs- und Berufsbiographien bei Menschen mit sprachlichen Beeinträchtigungen. In A. Leonhardt, K. Müller & T. Truckenbrodt (Hrsg.), Die UNBehindertenrechtskonvention und ihre Umsetzung (S. 554–562). Bad Heilbrunn: Klinkhardt.
Sallat, S. (2014): Einstieg ins Berufsleben bei Jugendlichen und jungen Erwachsenen mit Sprach(entwicklungs)störungen. In S. Ringmann (Hrsg.), Handbuch Spracherwerb und Sprachentwicklungsstörungen, Band 4: Jugend- und Erwachsenenalter (S. 237–248). Berlin: Elsevier.

Sallat, S. & Spreer, M. (2022): Förderung pragmatischer Fähigkeiten bei Jugendlichen. Sprachförderung und Sprachtherapie in Schule und Praxis. 11(2), 100–111.

Sallat, S., Spreer, M., Franke, G. & Schlamp-Diekmann, F. (2016): Pragmatisch-kommunikative Störungen – Herausforderungen für Sprachheilpädagogik und Sprachtherapie in Schule und Berufsbildung. In: U. Stitzinger, S. Sallat & U. Lüdtke (Hrsg.), Sprache und Inklusion als Chance?! Expertise und Innovation für Kita, Schule und Praxis (S. 119–129). Idstein: Schulz-Kirchner.

Sallat, S., Weinert, S., van Minnen, S. & Seidel, A. (2022): Bildungsrelevanz und gesellschaftliche Teilhabe. In: Therapie von Sprachentwicklungsstörungen. Interdisziplinäre S3-Leitlinie, AWMF-Registernr.: 049–015 29, 29–32.

Schäfer, J. (2013): Schreibkompetenz von Haupt- und Realschulabsolventen. In C. Efing (Hrsg.), Ausbildungsvorbereitung im Deutschunterricht der Sekundarstufe I. Die sprachlich-kommunikativen Facetten von »Ausbildungsfähigkeit« (S. 65–92). Frankfurt: Lang.

Schindler, A. K., Holzberger, D., Stürmer, K., Knogler, M. & Seidel, T. (2019): Soziale Interaktion und Kommunikation. In: D. Urhahne, M. Dresel & F. Fischer (Hrsg.), Psychologie für den Lehrberuf (S. 421–437). Berlin: Springer.

Siegmüller, J., Bartels, H. & Höppe, L. (Hrsg) (2022): Leitfaden Sprache Sprechen Stimme Schlucken. Elsevier Health Sciences.

Spreer, M. & Sallat, S. (2015): Gesellschaftliche Teilhabe ehemaliger Schülerinnen und Schüler mit sonderpädagogischem Förderbedarf Sprache: Bildungs- und Berufsbiographien im Fokus. In: M. Grohnfeld (Hrsg.), Inklusion im Förderschwerpunkt Sprache (S. 179–191). Stuttgart: Kohlhammer.

Spreer, M. & Sallat, S. (2022): Förderung kommunikativ-pragmatischer Fähigkeiten im Unterricht der Sekundarstufe. In: M. Spreer, M. Wahl & H. Beek (Hrsg.), Sprachentwicklung im Dialog. Digitalität – Kommunikation – Partizipation (S. 182–190). Idstein: Schulz-Kirchner.

Spreer, M. & Theisel, A. (2023): Sprachförderung im Unterricht der Sekundarstufe 1. München: Reinhardt.

Theisel, A. (2022): Bildungswege sprachbeeinträchtigter Kinder. Rahmenschrift zur Habilitation. Pädagogische Hochschule Heidelberg. urn:nbn:de:bsz:he76-opus4–13840.

Theisel, A. (2017): Bildungsbiografien ehemaliger Schüler sonderpädagogischer Bildungs- und Beratungszentren mit dem Förderschwerpunkt Sprache in Baden-Württemberg. Praxis Sprache, 62(4), 194–201.

Theisel, A. & Wagner, S. (2018): Sprachförderbedarf von Jugendlichen mit Sprachentwicklungsstörungen (SES) beim Übergang von der Schule in den Beruf. Forschung Sprache 63(2), 73–82.

Theisel, A., Glück, C. W. & Spreer, M. (2022): Jugendliche mit Sprachentwicklungsstörungen kommen zu Wort – Eine Interviewstudie am Ende der Schulzeit zu Förderbedarf, Unterstützungsangeboten und zum Übergang in die Berufsausbildung. VHN 91 (4), 272–288.

Weinert S. (2020): Sprachentwicklung im Kontext anderer Entwicklungsbereiche. In: S. Sachse, A.-K. Bockmann & A. Buschmann (Hrsg.), Sprachentwicklung: Entwicklung – Diagnostik – Förderung im Kleinkind- und Vorschulalter (S. 131–162). Berlin: Springer.

Ziegler, B., Balkenhol, A., Keimes, C. & Rexing, V. (2012): Diagnostik »funktionaler Lesekompetenz«. bwp@ Berufs- und Wirtschaftspädagogik – online, Ausgabe 22, 1–19. Online verfügbar unter: http://www.bwpat.de/ausgabe22/ziegler_etal_bwpat22.pdf, Zugriff am 31.07.2023.

13 Personen mit geistiger Behinderung

Kristina Schmidt

Menschen mit Behinderung stehen in der Arbeitswelt oft vor besonderen Herausforderungen und Barrieren. Sowohl historisch gewachsene separierende Strukturen als auch Effizienzorientierung, Vorurteile und Diskriminierungen erschweren die Teilhabe am inklusiven Arbeitsmarkt. In diesem Kapitel werden Menschen mit sogenannter geistiger Behinderung in den Blick genommen. Zunächst wird die schulische Situation skizziert, gefolgt von einer Darstellung der aktuellen Teilhabemöglichkeiten und -hindernisse im Übergang von der Schule ins Berufsleben. Abschließend wird kritisch hinterfragt und diskutiert, wie eine zukünftige Gestaltung der Teilhabe am Arbeitsleben von Menschen mit (geistiger) Behinderungen in der Praxis aussehen könnte.

13.1 Schulische Situation

Im Bildungssystem werden Kinder und Jugendliche mit erhöhten Unterstützungsbedarf in der kognitiven, sprachlichen, psychomotorischen, emotionalen und sozialen Entwicklung als Schülerinnen und Schüler mit den Förderschwerpunkt Geistige Entwicklung beschrieben. Die Kategorie *Geistige Entwicklung* weist auf einen besonderen und gleichzeitig unspezifischen Förderbedarf des Individuums hin (vgl. Musenberg 2022, 220), der durch sonderpädagogische Diagnostikverfahren festgestellt wird (siehe hierzu ausführlich Eigner 2022, 421–434; Sekretariat der Ständigen Konferenz der Kultusminister der Länder in der Bundesrepublik Deutschland [Sekretariat KMK] 2021, 17). Obwohl (geistige) Behinderung als komplexes und vielschichtiges Phänomen betrachtet wird, das sowohl individuelle als auch umweltbedingte Faktoren sowie Wechselwirkungen berücksichtigt (vgl. DIMDI 2005), konzentriert sich die aktuelle Praxis auf die Kategorisierung von Kindern und Jugendlichen. Im Schuljahr 2021/2022 besuchen insgesamt 332.150 Schüler und Schülerinnen die Förderschulen, von denen ca. 90.000 den Förderschwerpunkt Geistige Entwicklung haben (vgl. Sekretariat KMK 2022a, 4). Hinzukommen weitere 15.000 Schülerinnen und Schüler mit diesem Förderschwerpunkt an Regelschulen bzw. inklusiven Schulen (vgl. Sekretariat KMK 2022b, 8). Die Daten zeigen, dass die Förderschulen weiterhin gut besucht bleiben (vgl. Musenberg 2022, 223) und gleichzeitig ein erheblicher Zuwachs an Schülerinnen und Schülern mit dem Förderschwerpunkt Geistige Entwicklung in der inklusiven Schule zu beobachten ist (vgl. Sekretariat KMK 2022c, 3). Eine wissenschaftliche Erklärung zu dem Anstieg an Schülerinnen und Schülern mit diesem Förderschwerpunkt gibt es bislang nicht (vgl. Ratz & Dworschak 2021, 13).

Die Festlegung des Förderschwerpunktes Geistige Entwicklung zieht im Bildungsweg und bei den Lernzielen eine Trennlinie zwischen Schülerinnen und Schülern mit und ohne (geistige) Behinderung. In einigen Bundesländern werden spezielle Unterrichtseinheiten für diesen Förderschwerpunkt angeboten, die hauptsächlich auf die Förderung lebenspraktischer Fähigkeiten abzielen und Anpassungen im Lehrplan erfordern. Dies kann den Erwerb eines Schulabschlusses entweder maßgeblich erschweren oder dazu führen, dass die Absolvierung eines anerkannten Schulabschlusses nicht mehr vorgesehen ist (vgl. Heisig 2018, 11).

Die Vorbereitung auf das Berufs- und Arbeitsleben wird dahingegen in allen Schulformen (Förder- und Inklusive Schule) fokussiert und unterstützt. Neben der Pflege enger Kooperationen, z. B. mit der Agentur für Arbeit, ortsnahen Ausbildungsbetrieben und Beruflichen Schulen sowie Bildungswerken und Werkstätten für Menschen mit Behinderungen, bestehen die inhaltsbezogenen Aufgaben der Berufsorientierung darin, die Jugendlichen dabei zu unterstützen, sich mit den Anforderungen der Arbeitswelt auseinanderzusetzen, Praxiserfahrungen zu sammeln und Handlungskompetenzen zu erwerben. Zudem sollen junge Menschen mit dem Förderschwerpunkt Geistige Entwicklung lernen, die eignen individuellen Ressourcen und Grenzen zu reflektieren und einzuschätzen (vgl. Sekretariat KMK 2021, 16). Für die Erreichung dieser Ziele ergreifen die Schulen verschiedene Maßnahmen. Die Berufsvorbereitung wird z. B. in Form von begleiteten Orientierungspraktika während der Schulzeit ermöglicht. In Förderschulen wird die Arbeitshinführung in Werkstufen (11. und 12. Schuljahr) im Rahmen von Arbeitslehreinheiten unterstützt.

Werden die Anforderungen für den Erwerb eines anerkannten Schulabschlusses nicht erfüllt, stellt die Schule alternativ zum Schulabschluss Zeugnisse mit stärkenorientiertem Feedback in verbaler oder visualisierter Form aus. Darüber hinaus werden Rückmeldungen über den Leistungsstand gegeben (vgl. Sekretariat KMK 2021, 19). In vielen Bundesländern besteht zudem die Möglichkeit, ein Abschlusszertifikat zu erwerben (vgl. Autorengruppe Bildungsberichterstattung 2014, 181), um die Schullaufbahn für den weiteren beruflichen Werdegang nachzuweisen.

Obwohl es formell festgelegt ist, dass für duale Ausbildungsberufe kein Schulabschluss erforderlich ist, wird in den meisten Ausbildungsbetrieben als Mindestanforderung ein Hauptschulabschluss vorausgesetzt. Dadurch entstehen bei dem Übergang von der Schule in den Beruf für die hier beschriebenen Schülerinnen und Schüler verschiedene Benachteiligungen. Denn nicht nur fehlende individuelle Ressourcen können das Nichterreichen eines Hauptabschlusses begründen, sondern auch die fehlende Möglichkeit, einen anerkannten Schulabschluss zu erlangen. Die strukturell bedingten Benachteiligungen stellen – auch mit Blick auf die Teilhabeoptionen – eine erste Hürde für den Einstieg in das Berufsleben dar (vgl. Zölls-Kaser 2023, 51).

Außerhalb des schulischen Bildungssystems wird nicht von Förderschwerpunkt, sondern von geistiger Behinderung[25] bzw. Menschen mit Behinderungen gesprochen. Um für die Schulabgängerinnen und -abgänger mit dem Förderschwerpunkt Geistige Entwicklung die beruflichen Perspektiven zu ermitteln, werden im Anschluss an die Schullaufbahn – vorausgesetzt es liegt eine Behinderung im Sinne des SGB IX § 2 vor – Teilhabeplanverfahren (vgl. § 19 SGB IX) durchgeführt. Dieses umfasst den gesamten Teilhabeprozess und zielt auf die Integration in den Arbeitsmarkt ab.

13.2 Teilhabeperspektiven für die berufliche Bildung und das Arbeitsleben

Im Diskurs zu Teilhabe und Arbeit zeigen sich zwei Bedeutungsebenen: Einerseits wird unter dem Begriff der Teilhabe die Zugehörigkeit und Anerkennung von Menschen mit Behinderungen im Arbeitsleben diskutiert. Darunter fallen auch (Förder-)Maßnahmen, die es Menschen mit Behinderungen ohne Schulabschluss bzw. Schulabgängerinnen und -abgängern mit dem Förderschwerpunkt Geistige Entwicklung ermöglichen, nach der Schulzeit einer regelmäßigen, tagesstrukturierenden Beschäftigung jenseits der eigenen vier Wände nachzugehen (vgl. § 19 SGB III, § 4 (3) SGB IX). Der Fokus richtet sich hierbei auf die *Teilhabe am Arbeitsleben*. Anderseits wird unter Teilhabe – ebenfalls rechtlich verankert – eine gesellschaftliche Zugehörigkeit in Verbindung mit inklusionsorientierten Unterstützungsangeboten diskutiert. Um das Recht auf *gesellschaftliche Teilhabe* (Inklusion) von Menschen mit Behinderungen zu stärken, wurde im Jahr 2006 die Konvention über die Rechte behinderter Menschen (UN-BRK) durch die Vereinten Nationen verfasst, die durch Deutschland im Jahr 2008 ratifiziert wurde. Der Artikel 27 greift den Aspekt der Arbeit und Beschäftigung auf und betont, dass Menschen mit Behinderungen das gleiche Recht wie Menschen ohne Behinderungen besitzen, einer Arbeit nachzugehen, die selbstbestimmt, auf dem allgemeinen Arbeitsmarkt ist und so entlohnt wird, dass der eigene Lebensunterhalt finanziert werden kann (vgl. Art. 27, Abs. 1 UN-BRK).

Beim Übergang von der Schule in den Beruf sind für Schülerinnen und Schüler mit Förderschwerpunkt Geistige Entwicklung bzw. junge Menschen mit Behinderungen verschiedene Wege denkbar. Auf der Grundlage des Berufsbildungsgesetzes (BBiG §64 – §66) wird dem Personenkreis die duale Berufsausbildung in aner-

---

25 Es werden zudem Alternativbegriffe verwendet. Diese schließen entweder an die angloamerikanische Terminologie an, z. B. intellektuelle oder kognitive Beeinträchtigung (vgl. Musenberg 2022, 220), oder sie orientieren sich an der Selbstvertretungsinitiative Mensch zuerst – Netzwerk People First Deutschland e.V., welche die Formulierung ‚Menschen mit Lernschwierigkeiten' bevorzugt und die Bezeichnung ‚geistig behindert' als stigmatisierend und diskriminierend ablehnt (vgl. Ströbl 2006; Ross 2013; Mensch zuerst e.V. 2023).

kannten Ausbildungsberufen ermöglicht, indem gesetzliche Nachteilsausgleiche geregelt und individuell in Anspruch genommen werden können. Insbesondere die Anpassung der zeitlichen und sachlichen Gliederung der Ausbildung, auf die Schülerinnen und Schüler mit Förderschwerpunkt Geistige Entwicklung angewiesen sind, werden als mögliche Nachteilsausgleiche aufgeführt. Gleiches gilt für die Dauer von Prüfungszeiten, die Zulassung von Hilfsmitteln sowie die Inanspruchnahme von Hilfeleistungen. Bisher wird diese individualisierte Maßnahme von den Schulabgängerinnen und -abgängern mit dem Förderschwerpunkt Geistige Entwicklung noch wenig bis kaum genutzt. Ein Grund dafür sind zum einen die fehlenden allgemeinbildenden Zertifikate, die den Zugang zum Ausbildungsstellenmarkt erschweren (vgl. Enggruber et al. 2021, 18). Auf der anderen Seite zeigt sich, dass beim Übergang meist noch auf standardisierte Maßnahmen zurückgegriffen wird.

Verbreiteter ist daher der Weg, die besonderen (im eigentlichen Sinne nachrangig herangezogen) Leistungen der Arbeitsförderung im SGB III, §117 in Anspruch zu nehmen. In Verbindung mit dem §§ 57, 60, 61a und 62 des Neunten Buches (SGB) fokussieren sie beim Übergang von der Schule in den Beruf von Schülerinnen und Schüler mit Förderschwerpunkt Geistige Entwicklung das Eingangsverfahren und den Berufsbildungsbereich der Werkstatt für behinderte Menschen (WfbM). Der Berufsbildungsbereich richtet sich speziell an Schulabgängerinnen und -abgänger aus Sonderschulen und Förderzentren, da für die Aufnahme kein Schulabschluss notwendig ist. In der zweijährigen beruflichen Förderung lernen junge Menschen mit Behinderungen unterschiedliche Arbeitsfelder der WfbM kennen, absolvieren verschiedene Ausbildungseinheiten und qualifizieren sich praktisch und theoretisch für das Arbeitsleben (vgl. Bundesagentur für Arbeit [BA] 2010, 10f.). Wird der Berufsbildungsbereich der WfbM in Form einer berufsanschlussfähigen Teilqualifikation (vgl. BA 2020) strukturiert und die Entwicklung von Schlüsselqualifikationen ebenfalls als Bestandteil von Ausbildungsbausteinen bzw. Modulen anerkannt, entwickelt diese Maßnahme das Potenzial, Menschen mit Behinderungen eine individuelle Berufsbildung und Arbeitsqualifikation zu ermöglichen (vgl. Stein & Kranert 2022, 16). Eine Modularisierung von beruflichen Kompetenzen wird bei der Reformierung eines inklusiven Ausbildungssystems ebenfalls als Entwicklungs- und Neustrukturierungspotenzial betrachtet (siehe z.B. Enggruber et al. 2021, 28).

Im Nachfolgenden werden (aktuelle) Teilhabeangebote und Maßnahmen vorgestellt, die sich explizit an die Personengruppe der Menschen mit sogenannter geistiger Behinderung im Arbeitsleben richten.

13.3 Die Werkstatt für Menschen mit Behinderungen

Um tagesstrukturierende Maßnahmen in einer ›schützenden‹ (Arbeits-)Atmosphäre anzubieten, wurde in Deutschland in den 1950er Jahren die Werkstatt für Menschen mit Behinderungen gegründet. Die WfbM ist eine Sondereinrichtung, die in der

Eingliederungshilfe (SGB IX und XII) angesiedelt ist und darauf abzielt, Teilhabe von Menschen mit Behinderungen – in der Rolle von Werkstattbeschäftigten – am Arbeitsleben zu ermöglichen (vgl. Schreiner 2017). Die Aufgaben der Werkstatt für Menschen mit Behinderungen sind in § 219 des SGB IX beschrieben.

Die Werkstatt für Menschen mit Behinderungen, als älteste und lange Zeit auch alternativlose Einrichtung, steht aufgrund der segregierenden Struktur, der niedrigen Entlohnung und der unzureichenden Integrationsbemühungen in der Kritik (siehe hierzu u. a. Hüppe 2021; Trenk-Hinterberger 2015).

Seit der schrittweisen Umsetzung der UN-BRK, die Teilhabe durch die »Verwirklichung des Rechts auf Arbeit, (…) durch geeignete Schritte, einschließlich des Erlasses von Rechtsvorschriften« (Art. 27, Abs. 1 UN-BRK) vorantreibt, werden zunehmend alternative Arbeitsmöglichkeiten auf dem allgemeinen Arbeitsmarkt entwickelt. Ebenso wie die etablierte WfbM implizieren diese Angebote eine dauerhafte Unterstützung für den Personenkreis. Im Folgenden werden sie skizziert.

13.4 Ausgelagerte Arbeitsplätze der WfbM (Außenarbeitsplatz)

Je nach konzeptioneller Ausrichtung des jeweiligen Trägers erhalten die Beschäftigten einer WfbM die Möglichkeit, einer Tätigkeit in einem Unternehmen oder einer Einrichtung auf dem allgemeinen Arbeitsmarkt nachzugehen. »Zum Angebot an Berufsbildungs- und Arbeitsplätzen gehören ausgelagerte Plätze auf dem allgemeinen Arbeitsmarkt. Die ausgelagerten Arbeitsplätze werden zum Zwecke des Übergangs und als dauerhaft ausgelagerte Plätze angeboten« (§ 219 Abs. 1 Nr. 2 SGB IX). Der Arbeitsplatz liegt also außerhalb der Räumlichkeiten der Werkstatt, die dortige Arbeit wird aber durch die WfbM-Mitarbeitenden (pädagogisch) angeleitet und durch die Werkstatt finanziert (niedriges Werkstattentgelt, siehe § 45 SGB IX). Der Außenarbeitsplatz ermöglicht die Erprobung und Weiterentwicklung der eigenen Fähigkeiten und Fertigkeiten in einem realen Arbeitsumfeld. Jedoch gibt es keine Informationen darüber, wie umfassend die WfbM in Deutschland die Bereitstellung von Außenarbeitsplätzen vorantreiben (vgl. Seeger 2023, 284) und nach welcher konzeptionellen Ausrichtung die Übergänge verlaufen. Sowohl der Ansatz *train and place*, bei dem die Beschäftigten erst bestimmte Fähigkeiten erlangen müssen, bevor sie auf dem allgemeinen Arbeitsmarkt arbeiten können, als auch der in den USA entwickelte Ansatz des *supported employment* (vgl. Doose 2007; 2012), bei dem Personen mit Unterstützungsbedarf erst einen Arbeitsplatz erhalten und dann qualifiziert werden, können als Strategien – auch im Rahmen ausgelagerter Arbeitsplätze der WfbM – zum Einsatz kommen.

13.5 Inklusionsbetriebe

Inklusionsbetriebe sind im § 215 SGB IX geregelt und gehören dem allgemeinen Arbeitsmarkt an. Sie gelten als gemeinnützige Zweckbetriebe (im Sinne des § 68 der Abgabenverordnung) und richten sich explizit an Menschen mit einem hohen Unterstützungsbedarf; jedoch dürfen max. 50% der sozialversicherungspflichtig eingestellten Mitarbeitenden eine Beeinträchtigung haben. In Inklusionsbetrieben arbeiten aufgrund der inklusionsorientierten Strukturen zunehmend Menschen mit sogenannter geistiger Behinderung (vgl. BAG IF 2023). Viele Inklusionsunternehmen bilden auch aus und sind somit für Schülerinnen und Schüler mit dem Förderschwerpunkt Geistige Entwicklung in der Berufsorientierungsphase bzw. nach dem Verlassen der Schule eine interessante Alternative zum Berufsbildungsbereich der WfbM. Es gibt sowohl Inklusionsbetriebe, die an den sozialen Träger einer WfbM angegliedert sind, als auch Firmen und Betriebe ohne Trägeranbindung.

13.6 Unterstützte Beschäftigung

Das Konzept der Unterstützten Beschäftigung basiert auf dem Grundsatz »erst platzieren, dann qualifizieren« (Doose 2012, 136) und verfolgt das Ziel, Menschen mit Behinderungen beim Zugang zum allgemeinen Arbeitsmarkt und bei der Integration in das Arbeitsleben umfassend zu unterstützen (vgl. § 55 SGB IX). Kernelemente der Unterstützten Beschäftigung sind die Berücksichtigung der Interessen, Bedürfnisse und Fähigkeiten anspruchsberechtigter Personen sowie die Integration – gemeint ist Seite an Seite mit Kolleginnen und Kollegen ohne Behinderung sozialversicherungspflichtig zu arbeiten. Die Person mit Behinderung wird dabei intensiv unterstützt, indem nach einem passenden Arbeitsplatz gesucht und Kontakt zu potenziellen Arbeitgeberinnen und -gebern hergestellt wird sowie die individuellen Anpassungen am Arbeitsplatz vorgenommen werden. Die Einarbeitung sowie Jobcoachings, um notwendige (soziale) Kompetenzen einzuüben, sind ebenfalls Bestandteil der Unterstützten Beschäftigung. Menschen, die diese Teilhabeoption in Anspruche nehmen, haben nicht nur einen Arbeitsplatz, sondern verwirklichen möglicherweise ihre persönlichen Ziele und erlangen somit Selbstbestimmung (vgl. Doose 2012,135–176). Die Unterstützte Beschäftigung wird über das Budget für Arbeit und Ausbildung finanziert.

13.7 Das Budget für Arbeit und Ausbildung

Das Budget für Arbeit (vgl. § 61 SGB IX) und Ausbildung (vgl. § 61a SGB IX) sind Leistungen zur Teilhabe am Arbeitsleben und wurden 2018 und 2020 durch die stufenweise Implementierung des Bundesteilhabegesetzes (BTHG) flächendeckend eingeführt. Beide Budgetformen sind Instrumente für Anspruchsberechtigte, den Weg aus der WfbM zu finden, Alternativen zur WfbM zu realisieren und einer sozialversicherungspflichtigen Ausbildung oder Arbeit nachzugehen. Arbeitgeberinnen und -geber auf dem allgemeinen Arbeitsmarkt erhalten hierbei finanzielle Zuschüsse, um eine nachhaltige Beschäftigung von Menschen mit Unterstützungsbedarf zu gewährleisten. Gleichzeitig erhalten Menschen mit Behinderungen Unterstützung in Form von Arbeitsassistenz, die sie über das Budget finanzieren. Im Gegensatz zum Budget für Arbeit zielt das Budget für Ausbildung auf die Erstausbildung beim Übergang von der Schule in den Beruf ab. Sie ist daher eine zeitlich befristete Leistung.

Die Budgetleistungen knüpfen inhaltlich an den Zielen der Unterstützten Beschäftigung an. Das Instrument hat ein enormes Potenzial, für Menschen mit hohem Unterstützungsbedarf *individuelle Maßnahmen* zu entwickeln, um die Teilhabe an einem inklusiven Arbeitsmarkt zu ermöglichen. Die Bereitschaft der WfbM, Beschäftigte auf diesem Weg zu begleiten, z. B. in Form von Beratung, Vermittlung und die Begleitung von Beschäftigten, die einen Außenarbeitsplatz haben (siehe auch Seeger 2023), übernimmt eine Schlüsselfunktion.

13.8 Kritische Diskussion

Von den im Jahr 2021 ermittelten 312.127 Beschäftigten mit Behinderungen in einer WfbM gehören ca. ¾ zu dem Personenkreis der Menschen mit sogenannter geistiger Behinderung (vgl. BAG WfbM 2022, o.S.). Obwohl mit dem Inkrafttreten der UN-Behindertenrechtskonvention im Jahr 2009 ein Umdenken bei der Gestaltung von Hilfesystemen gefordert wird, beobachtet Zölls-Kaser (2023) im Hinblick auf die Begleitung des Übergangs von der Schule in Beruf und Arbeit bei Schülerinnen und Schülern mit dem Förderschwerpunkt Geistige Entwicklung einen »Automatismus« (ebd., 50). Die gängige ›Praxis der Teilhabe‹ stellt für sie der Übergang von der Schule in eine WfbM dar (vgl. ebd. nach Lindmeier & Schör 2015, 152; Fischer & Heger 2019, 54). Zölls-Kaser (2023) konstatiert zudem, dass Menschen mit dem Förderschwerpunkt Geistige Entwicklung in Entscheidungen zur Berufswahl und zum Übergang von Schule und Beruf nicht ausreichend einbezogen werden. Den Schulabgängerinnen und -abgängern fehlen für die Entscheidungsfindung umfassende Informationen über Alternativmaßnahmen und -möglichkeiten (vgl. ebd., 55 f.). Die daraus resultierende Unentschlossenheit begünstigt die Praxis, dass insbesondere Schülerinnen und Schüler mit dem Förderschwerpunkt Geistige Entwicklung nahtlos von der Schule in die pauschalisierte Maßnahme einer WfbM wechseln. Auch dort werden sie nur unzureichend über ihre Rechte und Chancen, auf den allgemeinen Arbeitsmarkt zu wechseln, aufgeklärt (vgl. Kahl & Schulze 2023, 128). Teilhabe reduziert sich für den Personenkreis somit auf die ›alternativlose Option‹, in einem separierenden Sondersystem einer wenig lukrativen Beschäftigung nachzugehen. »Der UN-BRK zufolge sind behinderte Menschen als Subjekte zu betrachten, die die gleichen Menschenrechte haben wie jeder andere Mensch auch. Dies schließt auch das gleiche Recht auf Arbeit und die Partizipation an einem ›offenen, integrativen und für Menschen mit Behinderungen zugänglichen Arbeitsmarkt und Arbeitsumfeld‹ (Art. 27 Abs. 1) ein« (Hirschberg 2018, 122). Schlussfolgernd muss daher hervorgehoben werden, dass der Übergang von der Schule in das Berufs- und Arbeitsleben insbesondere für Schülerinnen und Schüler mit dem Förderschwerpunkt Geistige Entwicklung eine hochgradig sensible Lebensphase darstellt, die aufgrund der fehlenden Möglichkeit, einen Schulabschluss zu erwerben, eine strukturelle Benachteiligung birgt. Der beschriebene Automatismus kann erst durchbrochen werden, wenn allen Teilhabeoptionen (auch die Möglichkeit, einen Schulabschluss nachzuholen) die gleiche Aufmerksamkeit zuteilwird und jede Schülerin und jeder Schüler informiert und selbstbestimmt eine (modularisierte bzw. teilqualifizierte) Ausbildungs- und Berufswahl treffen kann. Die Fokussierung eines unabhängigen Teilhabeverfahrens (z. B. durch den Einbezug der Ergänzenden unabhängigen Teilhabeberatung) sowie das Instrument der Teilhabeplankonferenz (vgl. § 20 SGB IX) bieten Möglichkeiten, dem Anspruch nach einer selbstbestimmten beruflichen Teilhabe nachzukommen (vgl. Zölls-Kaser 2023, 56). Wie sich in Untersuchungen von Teilhabeplankonferenzen zeigt, müssen Verantwortliche für Teilhabeprozesse beachten, dass Teilhabe die kommunikative Ebene erreicht und die Bedürfnisse der Leistungsberechtigten berücksichtigt (vgl. Niedieck et al. 2022; Hitzler & Messmer 2015). Demnach wäre die wichtige weiterführende Frage zu klären, wie Schülerinnen und Schüler mit dem Förderschwerpunkt Geistige Entwicklung während des Übergangs von der Schule in das Arbeitsleben an den (in der Regel institutions- und profizentrierten) Teilhabe- und Begleitprozessen selbstbestimmt partizipieren können.

Literatur

Autorengruppe Bildungsberichterstattung (2014): Bildung in Deutschland 2014. Ein indikatorengestützter Bericht mit einer Analyse zur Bildung von Menschen mit Behinderungen. Bielefeld: Bertelsmann. Online verfügbar unter: www.bildungsbericht.de/de/bildungsberichte-seit-2006/bildungsbericht-2014/pdf-bildungsbericht-2014/bb-2014.pdf, Zugriff am 12.10.2023.

Bundesagentur für Arbeit (Hrsg.) (2010): Fachkonzept für Eingangsverfahren und Berufsbildungsbereich in Werkstätten für behinderte Menschen (WfbM). Online verfügbar unter: https://www.arbeitsagentur.de/datei/dok_ba013436.pdf, Zugriff am 28.11.2023.

Bundesagentur für Arbeit (Hrsg.) (2020): Berufsanschlussfähige Teilqualifikationen. Online verfügbar unter: https://www.arbeitsagentur.de/bildungstraeger/berufsanschlussfaehige-teilqualifikationen,
Zugriff am 28.11.2023.

Bundesarbeitsgemeinschaft Inklusionsfirmen e.V. (BAG IF) (2023): Inklusionsunternehmen in Zahlen. Online verfügbar unter: https://bag-if.de/integrationsunternehmen-in-zahlen/, Zugriff am 12.10.2023.

Bundesarbeitsgemeinschaft der Werkstätten für behinderte Menschen e.V. (BAG WfbM) (2022): Anzahl der wesentlichen Behinderungsarten in den Mitgliedswerkstätten zum 1. Januar 2021. Online verfügbar unter: https://www.bagwfbm.de/category/34, Zugriff am 12.10.2023.

Deutsches Institut für Medizinische Dokumentation und Information (2005): Internationale Klassifikation der Funktionsfähigkeit, Behinderung und Gesundheit. Online verfügbar unter https://www.dimdi.de/dynamic/de/klassifikationen/downloads/?dir=icf, Zugriff am 29.11.2023.

Doose, S. (2007): »Supported Employment – working for all?« In impulse, Nr. 44/2007, 37–40.

Doose, S. (2012 [1998]): Unterstützte Beschäftigung: Berufliche Integration auf lange Sicht. Theorie, Methodik und Nachhaltigkeit der Unterstützung von Menschen mit Lernschwierigkeiten auf dem allgemeinen Arbeitsmarkt. Eine Verbleibs- und Verlaufsstudie. 3., aktualisierte und völlig überarbeitete Auflage. Marburg: Lebenshilfe.

Eigner, B. (2022): Diagnostik im Kontext geistiger Behinderung: Komplexität, Herausforderungen, Strategien. In: M. Gebhardt, D. Scheer & M. Schurig (Hrsg.), Handbuch der sonderpädagogischen Diagnostik. Grundlagen und Konzepte der Statusdiagnostik, Prozessdiagnostik und Förderplanung (S. 421–434). Regensburg: Universitätsbibliothek. Online verfügbar unter: https://doi.org/10.5283/epub.53149, Zugriff am 12.10.2023.

Enggruber, R., Neises, F., Oehme, A., Palleit, L., Schröer, W. & Tillmann, F. (2021): Übergang zwischen Schule und Beruf neu denken: Für ein inklusives Ausbildungssystem aus menschenrechtlicher Perspektive. Expertise im Auftrag des Paritätischen Gesamtverbandes. Berlin: Der Paritätische.

Fischer, E. & Heger, M. (2019): Berufliche Teilhabe und Integration von Menschen mit geistiger Behinderung. Abschlussbericht der wissenschaftlichen Begleitung zum Projekt »Übergang Förderschule Beruf«. Oberhausen: Athena.

Heisig, K. (2018): Bundesländerunterschiede im Förderschulsystem. Aktuelle Forschungsergebnisse. Ifo Dresden berichtet 5/2018. Online verfügbar unter: https://www.ifo.de/DocDL/ifoDD_18-05_10-16_Heisig.pdf, Zugriff am 18.10.2023.

Hirschberg, M. (2018): Konzeptualisierungen von Behinderung in der ICF und der UN-BRK und deren Beitrag zur Verwirklichung des Rechts auf Arbeit. In: G. Wansing, F. Welti & M. Schäfers (Hrsg.), Das Recht auf Arbeit für Menschen mit Behinderungen. Internationale Perspektiven (S. 109–130). Baden-Baden: Nomos.

Hitzler, S. & Messmer, H. (2015): Formen der Berücksichtigung Interaktive Praxen der Ein- und Ausschließung im Hilfeplangespräch. In: Kommission Sozialpädagogik (Hrsg.), Praktiken der Ein- und Ausschließung in der Sozialen Arbeit (S. 173–192). Weinheim: Beltz Juventa.

Hüppe, H. (2021): Werkstätten im Konflikt mit dem Grundgesetz. In: H. Greving & U. Scheibner (Hrsg.), Werkstätten für behinderte Menschen. Sonderwelt und Subkultur behindern Inklusion (S. 36–64). Stuttgart: Kohlhammer.

Kahl, Y. & Schulze, V. (2023): Das Erleben von Arbeit in Werkstätten für Menschen mit Behinderung. Eine explorative Befragung von Menschen mit geistiger Behinderung. In: Teilhabe 2023, 62(3),124–129.

Lindmeier, B. & Schrör, N. (2015): Bedingungen des Übergangs von Jugendlichen im Grenzbereich der Förderschwerpunkte Lernen und geistige Entwicklung in die berufliche Bildung. In: Teilhabe 2017, 54(4), 150–156.

Mensch zuerst – Netzwerk People First Deutschland e.V. (2023): Dafür kämpfen wir: Wir wollen »Menschen mit Lernschwierigkeiten« genannt werden! http://www.menschzuerst.de/pages/startseite/was-tun-wir/kampf-gegen-den-begriff-geistig-behindert.php, Zugriff am 12.10.2023.

Musenberg, O. (2022): Geistige Entwicklung. In: I. Hedderich, G. Biewer, J. Hollenweger & R. Markowetz (Hrsg.), Handbuch Inklusion und Sonderpädagogik (S. 220–225). 2. Auflage. Bad Heilbrunn: Klinkhardt.

Niedieck, I., Gerland, J. & Dobslaw, G. (2022): Teilhabe multimodal. In: Wansing, G., Schäfer, M. & Köbsell, S. (Hrsg.), Teilhabeforschung – Konturen eines neuen Forschungsfeldes, Beiträge zur Teilhabeforschung (S. 281–301). Wiesbaden: Springer VS.

Ratz, C. & Dworschak, W. (2021): Studiendesign. In: D. Baumann, W. Dworschak, M. Kroschewski, C. Ratz, A. Selmayr & M. Wagner (Hrsg.), Schülerschaft mit dem Förderschwerpunkt geistige Entwicklung II (S. 11–33). Bielefeld: wbv.

Ross, H. (2013): Unsere Sicht: Wir sind Endverbraucher. In: K. E. Ackermann, O. Musenberg & J. Riegert (Hrsg.), Geistigbehindertenpädagogik!? Disziplin – Profession – Inklusion (S. 207–217). Oberhausen: Athena.

Schreiner, M. (2017): Teilhabe am Arbeitsleben. Die Werkstatt für behinderte Menschen aus Sicht der Beschäftigten. Wiesbaden: Springer VS.

Seeger, A. (2023): Budget für Arbeit – Zauberformel für Inklusion? In: V. Schachler, W. Schlummer & R. Weber (Hrsg.) (2023), Zukunft der Werkstätten. Perspektiven für und von Menschen mit Behinderung zwischen Teilhabe-Auftrag und Mindestlohn (S. 280–293). Bad Heilbrunn: Klinkhardt.

Sekretariat der Ständigen Konferenz der Kultusminister der Länder (2021): Empfehlungen zur schulischen Bildung, Beratung und Unterstützung von Kindern und Jugendlichen im sonderpädagogischen Schwerpunkt Geistige Entwicklung. Online verfügbar unter: https://www.kmk.org/fileadmin/veroeffentlichungen_beschluesse/2021/2021_03_18-Empfehlungen-Schwerpunkt-Geistige-Entwicklung.pdf, Zugriff am 12.10.2023.

Sekretariat der Ständigen Konferenz der Kultusminister der Länder in der Bundesrepublik Deutschland (2022a): Sonderpädagogische Förderung in Förderschulen 2021/2022. Online verfügbar unter: https://www.kmk.org/fileadmin/Dateien/pdf/Statistik/Dokumentationen/Aus_Sopae_2021.pdf, Zugriff am 12.10.2023.

Sekretariat der Ständigen Konferenz der Kultusminister der Länder in der Bundesrepublik Deutschland (2022b): Sonderpädagogische Förderung in allgemeinen Schulen 2021/2022. Online verfügbar unter: https://www.kmk.org/fileadmin/Dateien/pdf/Statistik/Dokumentationen/Aus_SoPae_Int_2021.pdf, Zugriff am 12.10.2023.

Sekretariat der Ständigen Konferenz der Kultusminister der Länder in der Bundesrepublik Deutschland (2022c): Sonderpädagogische Förderung in Schulen 2011 bis 2020. Dokumentation Nr. 231. Online verfügbar unter: https://www.kmk.org/fileadmin/Dateien/pdf/Statistik/Dokumentationen/Dok231_SoPaeFoe_2020.pdf, Zugriff am 12.10.2023.

Stein, R. & Kranert, H.-W. (2022): Berufliche Bildungsgänge in Werkstätten für behinderte Menschen Analysen und Perspektiven. In: berufsbildung Heft 194(2).

Ströbl, J. (2006): Behinderung und gesellschaftliche Teilhabe aus Sicht von Menschen mit so genannter geistigen Behinderung. In: G. Hermes & E. Rohrmann (Hrsg.), Nichts über uns – ohne uns! Disability Studies als neuer Ansatz emanzipatorischer und interdisziplinärer Forschung über Behinderung (S. 42–49). Neu-Ulm: AG Spak.

Trenk-Hinterberger, P. (2015): Arbeit, Beschäftigung und Ausbildung. Teilhabe am Arbeitsleben nach Artikel 27 UN-BRK. In: T. Degener & E. Diehl (Hrsg.), Handbuch der Behindertenrechtskonvention. Teilhabe als Menschenrecht – Inklusion als gesellschaftliche Aufgabe (S. 105–117). Bonn: Bundeszentrale für politische Bildung.

Zölls-Kaser, P. (2023): Der Übergang Schule-Beruf von Schüler*innen des Förderschwerpunktes Geistige Entwicklung. Berufswünsche und berufliche Bildungsmöglichkeiten. In: Teilhabe 2023, 62 (2), 50–57.

14 Personen mit Körperbehinderung

Jessica Lilli Köpcke

Arbeiten heißt bewusstes und gezieltes Handeln in Zusammenhang mit der Existenzsicherung in Form von Erwerbsarbeit. Darüber hinaus ist die Arbeit eine Quelle der Sinngebung des Daseins, in der erbrachten Arbeitsleistung, die nicht immer materiell belohnt werden muss, sondern auch aus ehrenamtlichem Einsatz oder der Arbeit im eigenen Privatbereich, wie Haushalt oder Kindererziehung bestehen kann. Damit erlebt sich das Individuum als Einfluss nehmendes Wesen, das eine Aufgabe seiner Existenz erfüllt (Greving & Ondracek 2014, 412). Diese Definition von Arbeit umfasst alle Dimensionen und ist somit auch für ein Sinnbild von Arbeit als Teilhabe an der Gesellschaft geeignet.

Insbesondere die Gruppe der Menschen mit Körperbehinderung weist eine große Diversität innerhalb der Gruppe selbst auf und ist somit sehr heterogen aufgestellt, wenn es um die Teilhabechance am Arbeitsmarkt geht. Nach Leyendecker (vgl. 2005) wird eine Person als *körperbehindert* bezeichnet, die infolge einer Schädigung des Stütz- und Bewegungsapparates, einer anderen organischen Schädigung oder einer chronischen Krankheit so in ihren Verhaltensmöglichkeiten beeinträchtigt ist, dass die Selbstverwirklichung in sozialer Interaktion erschwert ist. Das Spektrum von Menschen mit Körperbehinderung reicht von Rollstuhlnutzenden mit Hochschulabschluss bis hin zu Menschen mit komplexen Behinderungen, für die eine Beschäftigung in einer Werkstatt für Menschen mit Behinderung nicht geeignet ist, aufgrund der Voraussetzung, dass ein Mindestmaß an wirtschaftlich verwertbarer Arbeit erbracht werden muss. Infolge der heterogenen Ursachen und Auswirkungen von Körperschädigungen variieren die Leistungsfähigkeit und die beruflichen Eignungen in starkem Maße. Dabei dominieren die Auswirkungen auf die Mobilität und das Leistungsverhalten (Stadler 2007, 236). Dies spiegelt sich ebenfalls in der Bereitschaft wider, Arbeitnehmenden mit Körperbehinderung eine Chance im Unternehmen einzuräumen. Eine Studie von Shamshiri-Petersen und Krogh (2020) zeigte auf, dass bei einer fiktiven Bewerbung an Unternehmen in Dänemark eine signifikant niedrigere Bereitschaft von Seiten der Arbeitgebenden besteht, Personen, die im Rollstuhl sitzen, einzustellen, im Vergleich zu Personen ohne Rollstuhl. Hier ist davon auszugehen, dass diese Ergebnisse auf die Arbeitsmarktsituation in Deutschland übertragbar sind.

14.1 Transition von der Schule ins Erwerbsleben

Die Brennpunkte der Rehabilitation junger Menschen mit Körperbehinderung liegen seit Jahren in den Bereichen der schulischen Bildung, Berufsvorbereitung und Berufsausbildung sowie der beruflich-sozialen Eingliederung in den Arbeitsmarkt (Stadler 2007, 220). Der Begriff der *Transition* ist wissenschaftlich geläufig und grenzt sich von alltagssprachlichen Begriffen wie Wechseln oder Übergängen ab. Dabei sind zwei Merkmale entscheidend: Mit Transitionen sind nicht die täglich wiederkehrenden Wechsel im Erziehungs- und Bildungssetting gemeint, sondern der eigentliche Institutions- oder Lebensphasenwechsel als solcher. Dieses stellt einen Prozess dar, der nicht nur vom Jugendlichen mit Körperbehinderung selbst durchlaufen wird, sondern von allen Beteiligten in hohem Maß Anpassungsleistungen erfordert.

> »Transition wird also auf Lebensereignisse bezogen, die Bewältigung von Veränderungen auf mehreren Ebenen erfordern und in der Auseinandersetzung des Einzelnen und seines sozialen Systems mit gesellschaftlichen Anforderungen Entwicklung stimulieren und als bedeutsame biographische Erfahrungen in der Identitätsentwicklung ihren Niederschlag finden« (Griebel & Niesel 2005).

Dies beinhaltet eine starke Zusammenarbeit aller Akteurinnen und Akteuren bei der Transition von der Schule in das Berufsleben. Dabei beginnt dieser Prozess nicht mit dem Wechsel an sich, sondern die Vorbereitung der Transition beginnt in Förderschulen sowie allgemeinbildenden Schulen bereits zwei bis drei Jahre vor dem Verlassen dieser. Angebote sind hierbei zum Teil mehrere Praktika in Werkstätten oder auf dem ersten Arbeitsmarkt sowie eine enge Zusammenarbeit mit dem Integrationsfachdienst der Agentur für Arbeit, der über Perspektiven informiert und eine Einschätzung zu späteren Berufswahloptionen der Schüler und Schülerinnen vornimmt. In vielen Förderschulen besteht zudem eine Integration der Berufsvorbereitung in den Unterricht sowie ein gut ausgebautes Netzwerk an Schülerfirmen, in denen die Schüler und Schülerinnen bereits Kompetenzen erwerben und ihre Fähigkeiten austesten können. Im Lebensverlauf junger Menschen mit Körperbehinderung stellen sich unter Umständen je nach individuellen Voraussetzungen Fragen nach spezifischen Alternativen zum ersten Arbeitsmarkt, die dann Übergänge in das System der beruflichen Rehabilitation, wie beispielsweise die Werkstatt für Menschen mit Behinderung, beinhalten. »Bisher existiert keine theoretische Konzeption einer spezifisch inklusiven Transition, die Heterogenitätsdimensionen gezielt berücksichtigt« (Albers & Lichtblau 2015). Vor allem Menschen mit Behinderung, die lange im professionellen Hilfesystem leben, fällt es schwer, eine eigene Entscheidung zu treffen, da immer andere die Entscheidungen über das eigene Leben getroffen haben (Aselmeier 2016, 49). Werkstätten für Menschen mit Behinderung sind aus inklusionstheoretischer Perspektive kritisch zu betrachten, dennoch sind sie häufig die einzige Option auf eine berufliche Tätigkeit. Bei einer Befragung von Menschen mit Körperbehinderung differenzieren diese dabei insofern, als sie Werkstätten für Menschen mit kognitiven Einschränkungen für durchaus sinnvoll erachten, jedoch nicht für Menschen mit Körperbehinderung.

Die Werkstätten können, wenn Menschen mit Körperbehinderung dort beschäftigt sind, eine Barriere für diese Personengruppe darstellen, wenn diese auf dem ersten Arbeitsmarkt arbeiten möchten (Langner 2013). Diese Ergebnisse lassen sich auch anhand einer anderen Studie (Buchner 2018, 297) bestätigen, die lebensweltliche Perspektiven von Menschen mit Körperbehinderung in den Blick nimmt. Die Befragten wurden durch den Besuch der Regelschule dazu befähigt, in den an Schule anschließenden Institutionen Arbeitsmarkt und Universität zu partizipieren. Dieses Verlaufsmuster unterscheidet sich deutlich von jenen Personen, die ihre Schulzeit in einer Sonderschule verbracht hatten. Denn hier waren die postschulischen Lebensabschnitte durch Arbeit in einer Werkstatt für Menschen mit Behinderung oder der Teilnahme an berufsbezogenen Trainingsmaßnahmen geprägt, die nicht zu einer Beschäftigung am ersten Arbeitsmarkt führten.

14.2 Adaption von Arbeitsplätzen und der Einsatz von Assistiven Technologien

Insbesondere für Menschen mit Körperbehinderung gelten die Assistiven Technologien als Chance der Inklusion in berufliche Ausbildung, Studium und in den ersten Arbeitsmarkt. Dazu zählen beispielsweise virtuelle Berufsbildungswerke, die mit Blended Learning Ansätzen Menschen mit schweren Körperbehinderungen eine Ausbildung bei guten Schulleistungen ermöglichen (Stadler 2007, 225). Darüber hinaus können Hilfsmittel wie Exoskelette als Assistenzsysteme für Menschen mit körperlichen Behinderungen eingesetzt werden, um das Berufsspektrum zu erweitern (iwd 2019, 3). Knapp 60 % der Menschen mit Schwerbehinderung betrachten die Digitalisierung als Chance, dass Menschen mit Behinderung besser in das Arbeitsleben integriert werden. Auch begrüßen etwas mehr Menschen mit als ohne Schwerbehinderung die Flexibilisierung des Arbeitsalltags durch die Digitalisierung im Sinne frei einteilbarer Arbeitszeiten (67 %) (Aktion Mensch 2021, 58). Für Studierende mit Behinderung bestehen gezielte Unterstützungsangebote durch bestehende Nachteilsausgleiche wie Stipendien, Hilfen bei der Aufbereitung von Studienmaterialien und den Einsatz von persönlichen Assistenzen und modernen Informationstechnologien. Dabei übernehmen die Studienberatungsstellen und Gleichstellungsbeauftragen der Hochschulen eine entscheidende Beratungsfunktion (Puhr 2009, 579). Insbesondere durch die Corona-Pandemie sind Blended Learning-Konzepte, online-Studiengänge und die Option auf Home-Office in den Fokus gerückt und bieten damit eine Chance auf berufliche Teilhabe für Menschen, die aufgrund der Schwere ihrer Körperbehinderung darauf angewiesen sind.

Allgemein lässt sich festhalten, dass insbesondere Hilfsmittel dazu beitragen können, die Teilhabe von Menschen mit Körperbehinderung zu verbessern. Dabei fehlt Arbeitgebenden häufig das Wissen über finanzielle Förder- und Unterstützungsmöglichkeiten. Dies führt dazu, dass die Beschäftigung von Menschen mit

Körperbehinderung mit verbundenen Kosten für das Unternehmen assoziiert wird (Kaye et al. 2011). Damit wird die Chance, Hilfsmittel einzusetzen, häufig aufgrund der Barrieren der Beantragung nicht genutzt (Graham et al. 2019). Gleichzeitig stellt die Verwehrung der notwendigen Arbeitsplatzanpassungen die häufigste Form der Diskriminierung von Menschen mit Körperbehinderung am Arbeitsplatz dar (Graham et al 2019). Hier bietet sich eine Perspektive durch die Erweiterung und die Verbreitung von Informationen über Beratungsangebote sowie die Einbeziehung von Unternehmen an.

14.3 Akademisierung von Menschen mit Körperbehinderung als Chance auf berufliche Teilhabe

Unter den Menschen mit Körperbehinderung finden sich viele, die sich nach der Schullaufbahn für ein Studium entscheiden. Insbesondere durch die Ergebnisse der Studie *beeinträchtigt studieren – best2* (Birkelbach 2019) sind auch bezogen auf die Gruppe der Studierenden mit Körperbehinderung Bedarfe sichtbar geworden und die Aufmerksamkeit für die Gruppe der Studierenden mit Behinderung hat sich erhöht. Für viele Jugendliche mit Körperbehinderung und weiterführendem Schulabschluss bildet das Studium eine realistische Möglichkeit, eine hohe berufliche Qualifikation zu erwerben, die aus ihrer Perspektive den Zugang zum ersten Arbeitsmarkt öffnet. Entgegen diesen Erwartungen führt ein abgeschlossenes Hochschulstudium häufig jedoch nicht dazu, die Arbeitsmarktchance signifikant zu verbessern. Der Bildungsbericht des Jahres 2014 (BMAS 2021, 186f.) zeigt, dass die Erwerbsbeteiligung von Hochschulabsolvierenden mit Behinderungen im Alter von 25 bis unter 45 Jahren mit 61,2% um 25,4% geringer ist als unter gleich qualifizierten Mitbewerbenden ohne Behinderungen. Diese Differenz deutet darauf hin, dass für Hochschulabsolvierende mit Behinderungen Teilhabebarrieren auf dem Arbeitsmarkt existieren, die ihre Chancen auf einen erfolgreichen Übergang vom Studium in den Beruf verringern.

Daraus folgend liegt es für Bewerbende, deren Behinderung nicht auf den ersten Blick sichtbar ist, häufig nahe, ihre Behinderung bei der Bewerbung zu verschweigen (BMAS 2021, 187.) – was dann wiederum häufig mit Diskriminierungserfahrungen einhergeht, die auf einen nicht angepassten Arbeitsplatz zurückzuführen sind. Dies betrifft insbesondere Menschen mit chronischen Erkrankungen.

Eine berufliche Perspektive für Akademikerinnen und Akademiker mit Körperbehinderung, bei der die eigene Beeinträchtigung als wichtige Erfahrungskompetenz gilt, ist die Tätigkeit an Hochschulen, an denen sie als *Expertinnen und Experten in eigener Sache* eingesetzt werden. Studierende aus den Studiengängen der Sonder- und Heilpädagogik erleben dort insbesondere Menschen mit Körperbehinderung in einer anderen Rolle. Diese Lehrenden verfügen dabei über einen doppelten Expertenstatus – ihren Hochschulabschluss in Pädagogik, Architektur, Rechtswissenschaften und weiteren Fachbereichen – sowie das Leben mit der eigenen Behinderungserfahrung. Dies kann über den unmittelbaren Gewinn für die Hochschullehre hinaus auch Auswirkungen auf die allgemeine Wahrnehmung und Wertschätzung gegenüber Menschen mit Körperbehinderung im Berufsleben fördern (Köpcke 2019).

14.4 Aktuelle Perspektiven und Ausblick

Menschen mit Beeinträchtigungen gelingt der Übergang aus der allgemeinbildenden Schullaufbahn in die berufliche Qualifizierungsphase im Allgemeinen schlechter als Menschen ohne Beeinträchtigungen. Der Anteil von Personen ohne berufsqualifizierenden Abschluss ist unter ihnen deutlich größer, und es deutet sich in den letzten Jahren auch keine Angleichung an. Zudem erreichen sie seltener höhere berufliche Abschlüsse (BMAS 2021, 196). Dies bedeutet eine Reihe von Konsequenzen für die Transition von Jugendlichen mit Körperbehinderung. Es bestehen 27 Berufsbildungswerke in Deutschland, die sich auf die Ausbildung von Jugendlichen mit Körperbehinderungen spezialisiert haben (Bundesarbeitsgemeinschaft Berufsbildungswerke 2023). Dies ist ein Versuch, einen weichen Übergang von der schulischen Laufbahn in die Ausbildung zu erreichen. Ein Versuch der Integration in den ersten Arbeitsmarkt wird damit auf einen späteren Zeitpunkt verschoben. Dabei sind in den letzten Jahren neue betriebliche Unterstützungsmöglichkeiten wie Unterstützte Beschäftigung (Supported Employment), Job Coaching und Arbeitsassistenz entstanden. Ansätze wie das Diversity Management ermöglichen einen Umgang mit Vielfalt im Betrieb ohne Diskriminierungen (Doose 2016, S. 448). Diese Bemühungen sind nicht zuletzt auf die Umsetzung der UN-BRK zurückzuführen und zeigen bereits erste Ergebnisse: Besonders große Zuwächse bei der Anzahl der gewährten Leistungen gab es im Zeitraum zwischen den Jahren 2014 und 2017, insbesondere bei den Arbeitsassistenzen (+ 22 %) sowie den Leistungen bei außergewöhnlichen Belastungen (BMAS 2021, 262).

Nicht zuletzt lohnt sich hier wieder ein Blick auf die unterschiedlichen Diversitätsdimensionen von Körperbehinderungen. Gegenwärtig besteht die Annahme, dass Menschen mit schweren (Körper)Behinderungen, wenn sie auf dauerhafte Unterstützung angewiesen sind, nur in speziellen für sie zugeschnittenen außerbetrieblichen Berufsbildungsmaßnahmen und in entsprechend ausgestatteten und geschützten Werkstätten für Menschen mit Behinderung arbeiten können. Menschen mit schweren (Körper)Behinderungen werden dadurch im Arbeitsleben zu *unsichtbaren Bürgern und Bürgerinnen*, weil sie fast vollständig vom allgemeinen Arbeitsmarkt ausgegrenzt werden (Doose 2016, S. 451).

Dies führt in der Folge dann auch häufig zu einem Leben ohne Erwerbsarbeit. Die Erhebungen zu der Lebenssituation von nicht erwerbstätigen Personen machen deutlich, dass ein wesentlich größerer Anteil der Menschen mit Behinderung (im

Vergleich zum Durchschnitt aller Nichterwerbstätigen) die Aufnahme einer Erwerbstätigkeit in Zukunft vollständig ausschließt. Dabei stehen die Schwere der Behinderung und der steigende Grad der Minderung der Erwerbstätigkeit in einem signifikanten Verhältnis zu einem sinkenden Anteil an zukünftiger Erwerbstätigkeit. Eine Ursache dafür könnte sein, dass die erwerbslosen Menschen mit Behinderung die Chance darauf, eine geeignete Stelle zu finden, mit einem Drittel deutlich geringer einschätzen als der Gesamtanteil aller Nichterwerbstätigen mit nur einem Fünftel (Flüter-Hoffmann, Kurtenacker & Schmidt 2021, 54). Dies bedeutet, dass ein Verständnis von Arbeit als eine Quelle der Sinngebung des Daseins in der erbrachten Arbeitsleistung unabhängig von einer materiellen Belohnung gedacht werden muss. Dies könnte für ein Leben ohne Erwerbsarbeit der ehrenamtliche Einsatz oder die Arbeit im eigenen Privatbereich sein, die eine Struktur und Sinngebung im eigenen Leben schafft. Wenn wir dieser Definition von Arbeit nach Greving und Ondracek (2014) folgen, dann muss das Leben ohne Erwerbsarbeit bei der Begleitung von Transitionsprozessen bedacht werden. Für die schulische Vorbereitung bedeutet dies eine stärkere Fokussierung auf die jeweilige Lebenswelt der Schüler und Schülerinnen sowie eine Herausbildung der individuellen Interessen. Die Anbahnung von kommunalen Netzwerken im jeweiligen Sozialraum sowie die Nutzung von Instrumenten der Persönlichen Zukunftsplanung sind für die Vorbereitung auf ein Leben ohne Erwerbsarbeit ebenfalls relevant.

Perspektivisch werden die kommenden Jahrgänge, die ihre Schulzeit integrativ oder inklusiv erlebt haben, einen noch stärkeren Anspruch mitbringen, die Berufsausbildung integriert zu erfahren. Für Institutionen und Betriebe wird dahingehend der Druck steigen. Für künftige Lernende eröffnet sich somit ein breiteres Angebot. Dabei ist die Motivation der Betriebe für die Anstellung und Ausbildung von Menschen mit Behinderung entscheidend (Schellenberg, Studer & Hofmann 2016). Den Akteurinnen und Akteuren in der Arbeit mit Jugendlichen mit Behinderung kommt dabei eine komplexe Rolle zu. Sie sollten in der Lage sein, die Transition und Teilhabe zu unterstützen. Dies gelingt nur mit einem breit gefächerten Angebot an Beratung hinsichtlich immer komplexer werdender Optionen von Inklusion, Assistiven Technologien, digitaler Teilhabe und einer Definition von Arbeit, die über die klassische Erwerbsarbeit hinaus geht. Mit diesem Anspruch kann der sehr diversen Gruppe von Menschen mit Körperbehinderung bei der Begleitung in das Arbeitsleben entsprochen werden.

Literatur

Albers, T. & Lichtblau, M. (2015): Transitionsprozesse im Kontext von Inklusion – Normative, theoretische und empirische Perspektiven auf die Gestaltung des Übergangs vom Elementar- in den Primarbereich. Zeitschrift für Inklusion, (1). Online verfügbar unter: https://www.inklusion-online.net/index.php/inklusion-online/article/view/260, Zugriff am 22.06.2023.

Aktion Mensch (2021): Situation von Frauen mit Schwerbehinderung am Arbeitsmarkt. Online verfügbar unter: https/delivery-aktion-mensch.stylelabs.cloud/api/public/content/studie-frauen-mit-behinderung-auf-dem-arbeitsmarkt.pdf, Zugriff am 22.06.2023.

Aselmeier, L. (2016): Transformationsprozesse in wohnbezogenen Unterstützungsangeboten. In: G. Theunissen & W. Kulig (Hrsg.), Inklusives Wohnen (S. 45–64). Stuttgart: Fraunhofer IRB.
Birkelbach, R. (2019): beeinträchtigt studieren – best2. Online verfügbar unter: https://metadata.fdz.dzhw.eu/public/files/studies/stu-bst02$-1.0.0/attachments/bst02_MethodReport_de.pdf, Zugriff am 22.06.2023.
BMAS (Bundesministerium für Arbeit und Soziales) (2021): Dritter Teilhabebericht der Bundesregierung über die Lebenslagen von Menschen mit Beeinträchtigungen. Online verfügbar unter: https://www.bmas.de/SharedDocs/Downloads/DE/Publikationen/a125-21-teilhabebericht.pdf%3Bjsessionid=33047E84BCB52D7B4AA28FF1C77DE6F9.delivery1-replication?__blob=publicationFile&v=4 , Zugriff am 22.06.2023.
Buchner, T. (2018): Die Subjekte der Integration. Schule, Biographie und Behinderung. Bad Heilbrunn: Julius Klinkhardt.
Bundesarbeitsgemeinschaft Berufsbildungswerke (2023): Start ins BBW. Online verfügbar unter: https://www.bagbbw.de/berufsbildungswerke/start-ins-bbw/, Zugriff am 22.06.23.
Diw – Der Informationsdienst des Instituts der deutschen Wirtschaft (2019): Bessere Inklusion mit Datenbrille und Exoskelett. Online verfügbar unter: https://www.iwd.de/artikel/bessere-inklusion-mit-exoskelett-und-datenbrille-426528/, Zugriff am 22.06.23.
Doose, S. (2016): Lebensbereich Arbeit. In: I. Hedderich, G. Biewer, J. Hollenweger (Hrsg.), Handbuch Inklusion und Sonderpädagogik (S. 448–453). Bad Heilbrunn: Julius Klinkhardt.
Greving, H. & Ondracek, P. (2014): Handbuch Heilpädagogik. Köln: Bildungsverlag EINS.
Griebel, W. & Niesel, R. (2005): Die Bewältigung von Übergängen zwischen Familie und Bildungseinrichtungen als Co-Konstruktion aller Beteiligten. In: M. R. Textor & A. Bostelmann (Hrsg.), Das Kita-Handbuch. Online verfügbar unter: https://www.kindergartenpaedagogik.de/fachartikel/gestaltung-von-uebergaengen/uebergang-von-der-familie-in-die-tagesbetreuung/1220/, Zugriff am 22.06.2023.
Graham, K. M., McMahon, B. T., Kim, J. H., Simpson, P. & McMahon, M. C. (2019): Patterns of workplace discrimination across broad categories of disability. Rehabilitation Psychology, 64(2), 194–202. Online verfügbar unter: https://doi.org/10.1037/rep0000227, Zugriff am 22.06.2023.
Kaye, H. S., Jans, L. H. & Jones, E. C. (2011): Why don't employers hire and retain workers with disabilities? Journal of Occupational Rehabilitation, 21(4), 526–536. Online verfügbar unter: https://doi.org/10.1007/s10926-011-9302-8, Zugriff am 22.06.2023.
Köpcke, J. (2019): Experten in eigener Sache – Menschen mit Beeinträchtigung in der Ausbildung von Sonder- und Heilpädagogen. Hamburg: Dr. Kovac.
Langner, A. (2013): Erwerbsarbeit – Inklusion und Werkstatt für Menschen mit Behinderung? Zeitschrift für Inklusion, (3). Online verfügbar unter: http://bidok.uibk.ac.at/library/inkl-03-13-lang-ner-erwerbsarbeit.html, Zugriff am 22.06.2023.
Leyendecker, C. (2005): Motorische Behinderungen. Grundlagen, Zusammenhänge und Förderungsmöglichkeiten. Kohlhammer: Stuttgart.
Puhr, K. (2009): Perspektiven nachschulischer Inklusion. In: G. Opp, & G. Theunissen Hrsg.), Handbuch schulische Sonderpädagogik (576–584). Bad Heilbrunn: Julius Klinkhardt.
Schellenberg, C., Studer, M. & Hofmann, C. (2016): Transition Übergang Schule-Beruf. In: I. Hedderich, G. Biewer, J. Hollenweger, Handbuch Inklusion und Sonderpädagogik (485–490). Bad Heilbrunn: Julius Klinkhardt.
Shamshiri-Petersen, D. & Krogh, C. (2020): Disability Disqualifies: A Vignette Experiment on Danish Employers' Intentions to Hire Applicants with Physical Disabilities. Scandinavian Journal of Disability Research, 22(1), 198–209. Online verfügbar unter: https://doi.org/10.16993/sjdr.661, Zugriff am 22.06.2023.
Stadler, H. (2007): Brennpunkte in der Berufsausbildung und Berufsausübung Körperbehinderter. In: U. Haupt & M. Wieczorek (Hrsg.), Brennpunkte der Körperbehindertenpädagogik. (220–243) Stuttgart: Kohlhammer.

15 Personen mit Hörbeeinträchtigungen

Annette Leonhardt

Seit mit Beginn der 2000er Jahre der Begriff der Teilhabe im Behinderungskonzept der Weltgesundheitsorganisation eine bedeutende Rolle spielt (REHADAT o. J., Stichwort »Teilhabe«), haben Aussagen zur beruflichen Teilhabe in die gesetzlichen Grundlagen – z. B. Sozialgesetzbuch Neuntes Buch (SGB IX) (ursprüngliche Fassung von 2001, letzte Änderung 2022) und dem Bundesgleichstellungsgesetz (BGG) (2002, letzte Änderung 2022) – vermehrt Eingang gefunden. Verbunden damit war ein Paradigmenwechsel: weg von Fürsorge und Versorgung hin zu Selbstbestimmung und Eigenverantwortung. Das hatten Menschen mit Hörbeeinträchtigung (insbesondere diejenigen mit Taubheit/Gehörlosigkeit) bereits in den 1980er Jahren im Rahmen der Gebärdensprachbewegung und dem damit verbundenen Emanzipationsbestreben gefordert.

Einen weiteren »Schub« und Bedeutungsgewinn bekam die Diskussion um Teilhabe durch die UN-Behindertenrechtskonvention (UN-BRK), die in Deutschland 2009 in Kraft trat. Das Recht auf Teilhabe gilt seither als zentrales Menschenrecht. Wurde zuvor »Inklusion« vor allem in schulischen Kontexten diskutiert – wobei diese für Schüler:innen mit Hörbeeinträchtigung im Vergleich zu jenen mit Lernbehinderung oder emotional-sozialen Schwierigkeiten (hier ausgelöst durch die Salamanca-Erklärung von 1994) erst verspätet einsetzte –, versteht man Inklusion nunmehr als einen gesamtgesellschaftlichen Prozess. Dieser beinhaltet auch die soziale Teilhabe von Menschen mit Behinderung in der Gesellschaft über die gesamte Lebensspanne.

Führt man eine Analyse vorhandener Literatur zum Thema »Teilhabe von Menschen mit Hörbeeinträchtigung« durch, eröffnet sich ein vielschichtiges, aber zum Teil auch widersprüchliches Bild. Ursächlich wirkt hier, dass die individuellen Auswirkungen und das Erleben der Beeinträchtigung von den Betroffenen höchst unterschiedlich empfunden werden.

15.1 Hörbeeinträchtigungen, Grad der Behinderung und soziale Dimension von (Hör-)Behinderung

»Menschen mit Hörbeeinträchtigungen« erfasst (im Sinne eines Oberbegriffs) Menschen mit unterschiedlichen Arten (Schallleitungsschwerhörigkeit, Schallempfindungsschwerhörigkeit, kombinierte Schwerhörigkeit und AVWS; in REHADAT 2020b, 11 auch als »Schallwahrnehmungsschwerhörigkeit« bezeichnet) und Graden (von leicht schwerhörig bis taub bzw. gehörlos; einschließlich Menschen mit einseitiger Hörbeeinträchtigung)[26]. Selbst bei vergleichbarer Hörschädigung (gleiche Art und vergleichbares Ausmaß) sind die Auswirkungen höchst individuell und eben nicht »vergleichbar«. Auch der Zeitpunkt des Eintretens (angeboren, frühzeitig oder spät erworben) bringt unterschiedliche Bedarfe mit sich. Nicht selten liegt neben der Schwerhörigkeit eine Lärmempfindlichkeit oder ein Tinnitus vor und/oder das Richtungshören ist beeinträchtigt.

Für die Gewährung sozialrechtlicher Leistungen spielt der Grad der Behinderung (GdB), als Maß für die Schwere der Teilhabebeeinträchtigungen und den daraus resultierenden Auswirkungen auf das Alltags- und Berufsleben, eine Rolle. Maßgebend für die Höhe des GdB bei Menschen mit Hörbeeinträchtigung ist das (Laut-)Sprachverstehen und der Schweregrad des Hörverlustes. Die Hörminderung wird ohne Hörhilfen bestimmt.

Mit der Internationalen Klassifikation von »Funktionsfähigkeit, Behinderung und Gesundheit« von 2001 (WHO 2001) soll bei Menschen mit Behinderung oder Beeinträchtigungen das »Zusammenspiel von Fähigkeiten, Begrenzungen, Umweltvariablen und gesellschaftlichen Erwartungen ... beachtet werden« (Wacker 2017, 103). Damit wird im Vergleich zur vorhergehenden Fassung die soziale Dimension von Behinderung akzentuiert. Nicht allein Art und Ausmaß des Hörverlustes sowie der Zeitpunkt des Eintretens der Hörminderung ist zu berücksichtigen, sondern auch das, was »in einer Person geschieht und jeweilige Chancen der Teilhabe bestimmt« (Wacker 2017, 103f). Lebenslagen und Lebenspläne Betroffener sollen beachtet werden; sie sind die Expert:innen für ihr eigenes Leben. Wacker formuliert im Weiteren: »Das berechtigt sie, die Unterstützung zu erhalten, die nach ihren individuellen Teilhabebedürfnissen und -zielsetzungen erforderlich ist« (a. a. O.).

15.2 Schulische und berufliche Bildung als Voraussetzung für berufliche Teilhabe

Jugendliche mit von Geburt an vorliegender oder früh erworbener Hörbeeinträchtigung verfügen in der Regel über eine gute Ausgangslage. Sie können heute

---

26 Die WHO hat mit dem 2021 erschienenen »World Report on Hearing« eine veränderte Klassifikation (für Erwachsene) vorgestellt. Danach beginnt ein leichtgradiger Hörverlust bei 20 dB (in der früheren Fassung erst bei 25 dB), stuft in kleineren Intervallen ab und hat zusätzlich die Kategorie »moderat hochgradig« eingeführt. Erstmalig wird eine Schwelle festgelegt, ab wann jemand »gehörlos« ist (95 dB und darüber). Neu ist auch, dass nun auch der einseitige Hörverlust berücksichtigt wird. Dieser wurde lange Zeit in seinen Auswirkungen unterschätzt.

sowohl an Förderzentren, Förderschwerpunkt Hören als auch inklusiv alle Schulabschlüsse (Mittelschul- oder Realschulabschluss sowie Abitur) erwerben. Die allgemeine Schule ist inzwischen vorrangiger Lernort: 2018 wurden über die Hälfte (52,2 %) der Schüler:innen mit Hörbeeinträchtigung an dieser beschult (Leonhardt 2022, 208). Mit Hilfe dieser Abschlüsse ist es ihnen möglich, eine Berufsausbildung oder ein Studium aufzunehmen.

Hase (2006, 54) verweist darauf, dass der Personenkreis der von Kindheit an Hörbeeinträchtigten »über eine besonders gute berufliche Ausgangsqualifikation« verfügt, die »in einem gut ausgebauten System der Erstausbildungsmöglichkeiten für hörgeschädigte Menschen begründet« ist. Einen erheblichen Anteil daran hatten und haben die Berufsbildungswerke (BBW) für Hören und Sprache (beispielsweise in Husum, Leipzig, München, Nürnberg oder Winnenden). Inzwischen (konkret seit der Ratifizierung der UN-BRK) haben sich parallel zur Ausbildung dort vermehrt auch inklusive Ausbildungsformen (mit berufspraktischer Ausbildung auf dem ersten Arbeitsmarkt) entwickelt. Das veranlasst Kleinöder & Kleinöder (2023, 113) von einem »großen Umbruch« in der beruflichen Bildung zu sprechen: Jugendliche mit Hörbeeinträchtigung sind heute »in das allgemeine Netzwerk der beruflichen Bildung mit seinen vielfältigen Akteuren und Lernorten eingebunden« und haben Zugang zu diesen. Das beinhaltet auch, dass auch Menschen mit Hörbeeinträchtigung aus der Palette der anerkannten Ausbildungsberufe (2019 waren das in Deutschland 326; vgl. Kleinöder & Kleinöder 2023, 114), außer wenn »berufsrechtliche Hindernisse« (Welter 2008, 142) bestehen, auswählen können.

Kontinuierlich angestiegen ist auch die Zahl der Fach- und Hochschulabsolventen mit angeborener oder frühzeitig erworbener Hörbeeinträchtigung. Förderlich wirkten hier die Möglichkeiten zum Erwerb des Abiturs (z. B. an der Margarethe von Witzleben Schule Berlin, am Überregionalen staatlichen sonderpädagogischen Bildungs- und Beratungszentrum in Stegen, am Rheinisch-Westfälischen Berufskolleg in Essen oder in inklusiven Schwerpunktschulen (z. B. Gisela-Gymnasium München, Stadtteilschule Hamburg-Mitte oder Wilhelm-Remy-Gymnasium Bendorf) oder eben unter inklusiven Bedingungen an (allgemeinen) Gymnasien und Gesamtschulen. Erleichtert wird das Studieren – das gilt aber auch für die beruflichen Fortbildungen und Aufstiegsqualifizierungen – durch die inzwischen relativ gesicherte Finanzierung von Gebärdensprach- und Schriftdolmetschern oder technikbasierter Dienste und Applikationen für Vorlesungen und Seminare.

Gleichwohl ist auch die Situation von Menschen mit im Erwachsenenalter eingetretenen Hörbeeinträchtigungen zu beachten, da auch bei ihnen die berufliche Teilhabe gefährdet ist. Die psychosozialen Auswirkungen sind bei diesem Personenkreis oft erheblich bzw. stehen diese oftmals im Vordergrund. Im Zusammenhang mit im Erwachsenenalter eingetretenen Hörbeeinträchtigungen wird nicht selten »von einem kritischen Lebensereignis« oder »Knick in der Lebenslinie« gesprochen.

Unabhängig vom Zeitpunkt des Eintretens der Hörbeeinträchtigung (angeboren oder erworben) geht es nicht nur um berufliche »Eingliederung«. Berufliche Teilhabe bedeutet auch, dass dem genannten Personenkreis berufliche Aufstiegs- und Karrieremöglichkeiten offenstehen. Oder – wie es Welter (2008) aus Sicht Betroffener formulierte – »Hörgeschädigte Menschen wollen … nicht nur teilhaben, sondern auch Aufstiegschancen« (2008, 144).

15.3 Diskussion der aktuellen Sicht auf berufliche Teilhabe – Ergebnisse einer Literaturanalyse

Zusammengefasst werden nachfolgend Aussagen aus mehreren Publikationen, die sich seit den 2000er Jahren mit der beruflichen Teilhabe von Menschen mit Hörbeeinträchtigung beschäftigen.

Umfassend erörtert wird von Hase (vgl. 2006) die berufliche Teilhabe von Menschen mit Hörbeeinträchtigung. Kritisiert wird, dass zum Thema »berufliche Teilhabe hörgeschädigter Menschen« kein genaues Zahlenmaterial vorliegt, da Daten nur (allgemein) nach dem Grad der Behinderung erfasst werden. Auch Hase schätzt ein, dass von »Kindheit an Hörgeschädigte … auch im Vergleich zu nicht behinderten Menschen über eine besonders gute berufliche Ausgangsqualifikation« verfügen. »Dass das so ist, liegt in einem gut ausgebildeten System der Erstausbildungsmöglichkeiten …, an dem … Berufsbildungswerke erheblichen Anteil haben« (a.a.O., 54). Trotz der günstigen beruflichen Ausgangslage geraten Menschen mit Hörbeeinträchtigung dennoch überproportional häufig ins Abseits. Als Gründe werden u.a. genannt:

- zu geringe Einbindung in berufliche Kommunikationsprozesse (z.T. trotz Gebärdensprach- und Schriftdolmetscher sowie Übertragungsanlagen), da Informationen nach wichtig und unwichtig gefiltert werden und »soziale Informationen« fehlen, weil diese am Rande oder in der Pause vermittelt werden;
- innerbetriebliche Fortbildungen erfüllen nicht die Kommunikationsbedingungen für Hörbeeinträchtigte; externe Fortbildungen erfüllen wiederum die betrieblichen Erfordernisse nicht;
- Menschen mit Hörbeeinträchtigung moderieren die eigene Hörschädigung nicht und erkennen nicht, wenn sich Missverständnisse entwickeln oder anbahnen;
- mangelnde Akzeptanz der eigenen Behinderung;
- (gut) hörenden Arbeitskolleg:innen fehlt das notwendige Wissen über Hörbeeinträchtigungen (»anfänglicher Bereitschaft zur Unterstützung folgt Ernüchterung«);
- Überforderung in der Kommunikation folgt durch den Vorgesetzten nicht selten Unterforderung in der fachlichen Kompetenz.

Besondere Möglichkeiten der Erhöhung von Teilhabe sieht Hase in der Förderung der beruflichen sowie sozialen Qualifikation, dem Ausbau integrativer Modelle und in der Prävention statt »nachgehender« Hilfen.

Eine Online-Befragung von Menschen mit Hörbeeinträchtigung zum Thema »Mit Hörschädigung im Job« (REHADAT 2020a) von Mitte April bis Mitte 2019 verfolgte das Ziel, »Details über die Arbeitssituation von Menschen mit eingeschränkter Hörfähigkeit sowie deren Erfahrungen im Beruf herauszufinden« (ebd., 1). Es beteiligten sich 753 Personen (57 % weiblich, 43 % männlich und 0,4 % (3 Teilnehmer) divers, wovon 15 % leicht-, 24 % mittel- und 21 % hochgradig sowie 24 % an Taubheit grenzend hörgeschädigt waren. 16 % waren gehörlos. Jeweils ca. die Hälfte der Antwortenden hatte die Hörbeeinträchtigung früh (vor dem Spracherwerb) bzw. spät (nach dem Spracherwerb) erworben. Ein Drittel war von Geburt an hörbeeinträchtigt. 55 % gab an, zusätzlich von einem Tinnitus betroffen zu sein. 71 % benutzten Hörhilfen (Hörsysteme oder Cochlea-Implantate oder beides). 84 % befanden sich im Erwerbsalter zwischen 30 und 59 Jahren. Die Teilnehmenden waren in unterschiedlichen Erwerbsformen beschäftigt (angestellt, verbeamtet, geringfügig beschäftigt, in Ausbildung/im Studium befindlich, ohne beruflichen Abschluss und »Sonstiges«) sowie in verschiedenen Unternehmensgrößen und mit unterschiedlichem Arbeitsvolumen (wobei 69 % in Vollzeit tätig waren).

Arbeitsplatzgestaltung: Bei 34 % fanden technische oder barrierefreie Anpassungen am Arbeitsplatz statt (Einsatz von Übertragungsanlagen, Telefonierhilfen, Nutzen von Gebärdensprach- und Schriftdolmetscherdiensten; vereinzelt erfolgte eine Akustikdämmung oder Verbesserung der Lichtsituation). Keine Anpassungen gab es bei 66 % (wegen ungeklärter Finanzierung, ablehnender Haltung der/s Vorgesetzten oder weil vom Befragten selbst dafür keine Notwendigkeit gesehen wurde).

Organisatorische Arbeitsanpassung: 32 % gaben an, dass eine solche vorgenommen wurde (flexible Arbeits- und Pausenzeiten, Informierung der Arbeitskolleg:innen); gab es dies nicht, war das aus der Sicht der Befragten nicht erforderlich. Einige wenige nannten mangelnde Hilfsbereitschaft bei der Umsetzung; andere mochten ihre Hörbeeinträchtigung am Arbeitsplatz nicht thematisieren.

Unterstützung: Rund 60 % der Befragten haben schon einmal inner- oder außerbetriebliche Unterstützung genutzt (z. B. durch Betriebs- oder Personalrat, Vorgesetzten, Kolleg:innen, Integrationsfachdienst). Diejenigen, welche diese noch nie in Anspruch genommen hatten, benötigten eine solche nicht; einigen war nicht bekannt, dass dergleichen möglich wäre.

Erfolgsfaktoren: Nach Häufigkeit der Nennung sind das: Unterstützung durch Kolleg:innen und Führungskräfte sowie Integrationsfachdienste und Schwerbehindertenvertretungen, Einsatz technischer Hilfsmittel und Dolmetscherdienste, Aufklärung im Team (z. B. Kommunikationsregeln und -strategien), Einzelbüro, Homeoffice und Änderung der Aufgabenverteilung.

Subjektive Bewertung der beruflichen Situation: Schwierige Hör- (und Teilhabe-) Situationen ergeben sich bei Besprechungen und Telefonaten, lauten Umgebungsgeräuschen, besonderen Kommunikationssituationen (Kundenkontakt, mündliche Verhandlungen), Teilnahme an Fortbildungen und Veranstaltungen mit vielen Personen sowie Tätigkeiten im Außendienst. Bestimmte Arbeitstätigkeiten konnten nicht oder nicht mehr ausgeführt werden.

Hörhilfennutzung: Von den Personen, die Hörhilfen *nutzen*, sind 23 % an Taubheit grenzend; von denen, die generell mit solchen *versorgt* sind, sind 95 % hochgradig schwerhörig. Von den gehörlosen Befragten besitzen knapp die Hälfte (47 %) und von den leichtgradigen Hörbeeinträchtigten ca. ein Fünftel Hörhilfen.

Informationsstand: Etwa die Hälfte der Befragten fühlt sich »umfassend« zum Thema »Beruf« informiert, während knapp ein Viertel dies als »weniger gut bis unzureichend« einschätzt. Letztere sehen die Gründe beispielsweise darin, dass viel Eigeninitiative erforderlich ist, Arbeitgeber:innen wenig bemüht sind, zu wenig, zu viel oder zu unübersichtliche Informationen existieren oder schlechte Erfahrungen mit Ansprechpartner:innen (Ärzt:innen, Hörakustiker:innen, Behörden) gemacht wurden. Als Informationsquelle dient mehrheitlich das Internet, gefolgt vom persönlichen Umfeld und Personen des Integrationsteams.

Wie in den zuvor erörterten Ausführungen von Hase (2006) wird eingeschätzt, dass die »durchweg gute Qualifikation der Befragten in den sehr unterschiedlichen Berufsfeldern und Branchen ... ein Indiz dafür (ist), dass hörgeschädigte Menschen insgesamt einen guten Zugang zur Arbeitswelt haben. ... Ein Großteil fühlt sich insgesamt gut im Job integriert und bestätigt, dass die Arbeit derart angepasst ist, dass sie weitestgehend uneingeschränkt ausgeübt werden kann« (REHADAT 2020a, 5). Allerdings bestehen besondere Herausforderungen bei Tätigkeiten mit hohen Anforderungen an die Hör- und Kommunikationsfähigkeit oder bei akustisch ungünstigen Bedingungen. Entscheidend für eine berufliche Teilhabe ist die Unterstützung durch Kolleg:innen, Schwerbehindertenvertreter:innen und Vertreter:innen der Integrationsfachdienste. Weitere Optimierungen seien durch eine angemessene Ausstattung mit Hörhilfen, Verbesserung der akustischen und sonstigen Arbeitsbedingungen, umfassendere Unterstützung durch Dolmetsch- und Assistenzdienste und durch die Beseitigung des Informationsdefizits zum Thema berufliche Teilhabe von Menschen mit Hörbeeinträchtigung erreichbar (a.a.O).

Trotz der vergleichsweisen positiven Einschätzung der Ergebnisse in der REHADAT-Befragung kommt es zu der abschließenden Einschätzung, dass es bei der Unterstützung »noch Luft nach oben« gibt. Bereits Welter forderte: »Es muss Geld in den leeren Topf« (2008, 144). »Nach sieben Jahren Paradigmenwechsel muss im Jahr 2008 ... deutlich gesagt werden, dass wir längst nicht da sind, wo wir im Jahr 2001 hin wollten, als der SGB IX Beschluss gefeiert wurde« (a.a.O.). Kritisiert wird von Welter, dass die begleitenden Hilfen im Arbeitsleben noch immer Kann-Leistungen sind, also wenn »Geld im Topf« ist. So werden mühsam erkämpfte berufliche Anstrengungen der Menschen mit Hörbeeinträchtigung zunichte gemacht und Motivationen zerstört. Kritisiert werden bürokratische Hindernisse durch zeitraubende Anforderungs-, Genehmigungs- und Abrechnungsprozeduren.

Roder (2020a, b) führte eine Interviewstudie zur gesellschaftlichen Teilhabe von CI-Trägern durch. Erfasst wurde bei prälingual Ertaubten und Personen, die eine hochgradige Schwerhörigkeit entwickelt hatten, ob und wie sich die gesellschaftliche Teilhabe nach (ein- oder beidseitiger) CI-Versorgung verändert hatte. Es zeigte sich, dass diese Personen eine Verbesserung in Hinsicht der *sozialen, persönlichen und kulturellen Teilhabe* erlebten, die zu mehr Selbstsicherheit, Kraft und Zuversicht führte. Abweichend stellte sich die *berufliche Teilhabe* dar; hier offenbarten sich deutliche Probleme und Einschränkungen in der Kommunikation am Arbeitsplatz. Genannt werden das »Abschieben« des CI-Trägers auf weniger erquickende Büroplätze durch den Arbeitgeber, unzureichende Rücksichtnahme bei Teamsitzungen, fehlender Einsatz von Übertragungsanlagen, »Ansprache« des CI-Trägers gegenüber Kolleg:innen und fortwährende Erklärung der Situation des »Nichtverstehens« sowie Gespräche unter akustisch ungünstigen Bedingungen (z. B. im Pausenraum) (Roder 2020b, 60).

Aus Sicht von Menschen mit Gehörlosigkeit/Taubheit werden Bedarfe, um ihre Teilhabe am politischen und öffentlichen Leben zu sichern bzw. zu erleichtern, differenziert und begründet (mit Bezügen zum SGB IX und zur UN-BRK) in einer Stellungnahme der Deutschen Gesellschaft der Hörgeschädigten zusammengestellt (Stellungnahme ... 2015). Sehr differenziert wird der personenzentrierte behinderungsbedingte Mehrbedarf aufgeführt und begründet, vor allem die Teilhabe am politischen, gesellschaftlichen und kulturellen Leben.

Ebenso sei auf Hase (2017) aufmerksam gemacht, der das Bundesteilhabegesetz aus der Perspektive von »Menschen mit Hörbehinderung« reflektiert.

Zur beruflichen Teilhabe von jungen gehörlosen und schwerhörigen Frauen sei auf die Studien von Grünbichler und Andree (2010) in Österreich verwiesen. In dieser wurden 27 halbstrukterierte Interviews durchgeführt mit 14 gehörlosen und schwerhörigen Frauen im Alter von 15 bis 25 Jahren und 13 mit Personen, die als Beratende, Ausbilder:innen, Coacher:innen (= Expert:innen) in Maßnahmen zur Arbeitsmarktintegration beschäftigt sind. Die Auswertung der Interviews (a. a. O.) zeigt, dass die Expert:innen die Probleme der gehörlosen Frauen am Arbeitsplatz und bei der Jobsuche in erster Linie auf die Hörbeeinträchtigung beziehen. Das Geschlecht spielt keine oder eine nachrangige Rolle. Ähnliches wird für schwerhörige junge Frauen ausgesagt. Bei ihnen geht man davon aus, dass sie die Lautsprache problemloser verwenden und verstehen können. Allerdings – so die Autoren – werden kommunikationsbedingte Benachteiligungen oft nicht wahrgenommen.

15.4 Maßnahmen für die Teilhabe am Berufs- und Arbeitsleben

Für Menschen mit Hörbeeinträchtigung ergeben sich vor allem Barrieren in der Kommunikation, aber auch im Wahrnehmen akustischer Ereignisse. Erschwerend wirkt die Unsichtbarkeit einer Hörbeeinträchtigung, was im Vergleich zu optisch wahrnehmbaren Behinderungen nicht selten zu keiner oder wenig Rücksichtnahme führt, da die Behinderung dem Gegenüber nicht präsent ist. Um kommunikative und sprachliche Barrieren abbauen bzw. überwinden zu können, können im Berufs- und Arbeitsleben z. B.

- Gebärdensprach- und Schriftsprachdolmetscher,
- schalldämmende Maßnahmen,

- technische Hilfsmittel wie Übertragungsanlagen, Personenrufanlagen, Einrichtungen für die Telekommunikation bzw. Videokommunikationssysteme oder auch
- die Ergänzung von akustischen durch optische Signale

zum Einsatz kommen (Weg zur Teilhabe mit Hörbeeinträchtigung 2016, 28; Kaul 2023, 298).

Grünbichler & Andree (2010, 211) verweisen aufgrund ihrer Studie u. a. noch auf

- genderspezifische Maßnahmen und
- flexible, individuelle Unterstützung.

Unterstützung können Betroffene und ihre hörenden Arbeitskolleg:innen durch die seit 2001 durch die Integrationsämter geschaffenen Integrationsfachdienste (IFD) für Menschen mit Hörbeeinträchtigung im Beruf finden. Sie bieten auch Beratungsangebote für Schüler:innen, Eltern und Schulen, um den Übergang von der Schule in den Beruf professionell zu begleiten, zu erleichtern bzw. sicherzustellen (Weg zur Teilhabe mit Hörbeeinträchtigung 2016, 29).

Als Lösungen für den Arbeitsalltag werden von REHADAT (2020b, 60) organisatorische Maßnahmen empfohlen, welche die akustischen Bedingungen am Arbeitsplatz (seitens des Arbeitgebers) optimieren sowie die Konzentrationsschwierigkeiten und Stressfaktoren vorbeugen oder verringern können:

- Arbeitsplätze begehen und analysieren (erfassen von Hörbarrieren und Lärmbelästigungen),
- Arbeitssicherheit überprüfen (sind verbessernde Maßnahmen notwendig?),
- Wechsel der unmittelbaren Arbeitsumgebung (Einzelarbeits- oder Telearbeitsplatz statt Großraumbüro),
- Arbeitsanforderungen prüfen (Umverteilen von belastenden Arbeitsaufgaben, z. B. Telefonieren),
- berufliche Qualifizierung und Weiterbildung anbieten (dabei langfristige Vorinformation geben, damit »vorbereitende Maßnahmen – wie die Organisation von Gebärden- und Schriftsprachdolmetschern – sichergestellt ist),
- arbeitsbegleitende Betreuung organisieren (z. B. durch Fachdienste für hörbehinderte Menschen der Integrationsämter oder beauftragte Fachdienste),
- Arbeitszeitreduzierung besprechen (bei Wunsch Teilzeit statt Vollzeit),
- vermehrte Pausen und Rückzugsmöglichkeiten anbieten (Entlastung nach anstrengenden Kommunikationsphasen),
- Versammlungen und Veranstaltungen planen (sind die Bedingungen barrierefrei?),
- statt Präsenz-Meetings auch Videokonferenzen anbieten, da hier die Lautstärke individuell regulierbar ist,
- Dolmetscherdienste und sonstige Assistenzdienste abklären und frühzeitig planen (rechtzeitige Organisation der Dienste).

15.5 Abschließende Bemerkungen

Als unzureichend gelöst ist für die berufliche Teilhabe (trotz gesetzlicher Veränderungen) weiterhin das Problem der kommunikativen Teilhabe der Menschen mit Hörbeeinträchtigung anzusehen, die für die betroffenen Personen auch zu Mehrbelastung, Stress und zusätzlichem Zeit- und Arbeitsaufwand führen. Hier ist neben der Gewährung von Gebärdensprach-, Schriftsprach- und Oraldolmetschern verstärkt Aufklärungsarbeit zu leisten, da die Auswirkungen einer Hörbeeinträchtigung nahezu immer unterschätzt werden. Berufliche Teilhabe bedeutet auch, für die Menschen mit Hörbeeinträchtigung Fort-, Weiterbildungs- und Aufstiegschancen zu sichern, damit die vorhandenen Qualifikationen von ihnen, aber auch von der Gesellschaft, genutzt werden können.

Literatur

Grünbichler, S. & Andree, B. (2010): Teilhabe gehörloser und schwerhöriger junger Frauen an Arbeitsmarkt und Gesellschaft. Eine empirische Studie aus Österreich. Das Zeichen, 24(85), 206–214.
Hase, U. (2006): Berufliche Teilhabe hörgeschädigter Menschen heute. Vision oder Illusion. hörgeschädigte kinder – hörgeschädigte erwachsene, 43(2), 53–61.
Hase, U. (2017): Das Bundesteilhabegesetz im Spektrum der Erwartungen von Menschen mit Hörbehinderungen. Das Zeichen, 31(106), 204–212.
Kaul, Th. (2023): Berufliche Rehabilitation – Leistungen zur Teilhabe am Arbeitsleben (LTA). In: A. Leonhardt & Th. Kaul (Hrsg.), Grundbegriffe der Hörgeschädigtenpädagogik. Ein Handbuch (S. 296–299). Stuttgart: Kohlhammer.
Kleinöder, H. & Kleinöder, W. (2023): Netzwerk berufliche Bildung. In: A. Leonhardt & Th. Kaul (Hrsg.), Grundbegriffe der Hörgeschädigtenpädagogik. Ein Handbuch (S. 113–115). Stuttgart: Kohlhammer.
Leonhardt, A. (2022): Grundwissen Hörgeschädigtenpädagogik. München: Reinhardt.
REHADAT (o.J.): Lexikon, Stichwort »Teilhabe« unter: https://www.rehadat.de/lexikon/Lex-Teilhabe/, Zugriff am: 25.11.2023.
REHADAT (2020a): Unterstützung mit Luft nach oben. Ergebnisse der REHADAT-Befragung »Mit Hörschädigung im Job« unter: www.rehadat.de/export/sites/rehadat-2021/lokale-downloads/rehadat-publikationen/auswertung-umfrage-hoerschaedigung.pdf, Zugriff am: 20.02.2023.
REHADAT (2020b): Ich hör wohl nicht richtig?! Wie sich die berufliche Teilhabe von Menschen mit Hörbehinderung gestalten lässt. REHADAT Wissensreihe, Ausgabe 09. Verfasst von Lange, M. & Menne, R. Herausgegeben vom Institut der deutschen Wirtschaft Köln e.V. REHADAT.
Roder, S. (2020a): Leben mit einer Neuroprothese. Die Teilhabe von Menschen mit einem Cochlea-Implantat an der Gesellschaft. Wiesbaden: Springer.
Roder, S. (2020b): Bessere Teilhabe ja, aber nicht in allen Bereichen. Schnecke, 31 (107), 58–60.
Stellungnahme der Deutschen Gesellschaft der Hörgeschädigten – Selbsthilfe und Fachverbände e.V. (DG) (2015): Bundesteilhabegesetz für gehörlose und hochgradig hörbehinderte Menschen. Das Zeichen, 29 (101), 368–378.
Wacker, E. (2017): Teilhabe fördern, Vielfalt respektieren, passgenau unterstützen. In: A. Leonhardt & K. Ludwig (Hrsg.), 200 Jahre Gehörlosen- und Schwerhörigenpädagogen(aus)bildung in Bayern – Vom Jahreskurs zum interdisziplinären Studium an der Universität (S. 99–112). Heidelberg: Median.
Wege zur Teilhabe mit Hörbeeinträchtigung (2016). Herausgeg. von der Hessischen Gesellschaft zur Förderung der Gehörlosen und Schwerhörigen e.V.

Welter, R. (2008): Integration, Teilhabe, Inklusion. Haben Hörgeschädigte in unserer heutigen Arbeitswelt eine Chance? hörgeschädigte kinder – hörgeschädigte erwachsene, 45(3), 142–144.
WHO (World Health Organization) (2001): International Classification of Functioning, Disability and Health, ICF Geneva.
WHO (World Health Organization) (2021): World Report on Hearing. https://www.who.int/publications/i/item/world-report-on-hearing, Zugriff am 21.02.2023.

16 Personen mit Sehbeeinträchtigungen

Dino Capovilla & Andrea Sijp

16.1 Leistungseinschränkungen und Inkompetenzerwartungen

Unsere leistungsorientierte Gesellschaft hat sich unter dem Begriff Diversität darauf verständigt, dass über Eigenschaften wie Hautfarbe, ethnische Herkunft, Geschlecht, religiöse Überzeugungen sowie Weltanschauung, Alter oder die sexuelle Identität (vgl. §1 AGG) hinwegzusehen sei, wenn die differente Person eine mindestens durchschnittliche Leistung erbringt, sie sich engagiert und willig zeigt, sich dem gesellschaftlichen Selbstverständnis zu fügen. So positiv dieser Schwenk auch erlebt werden kann, stellt er dennoch behinderte Menschen vor unerwartete Herausforderungen. Ihre Differenz resultiert aus dem Weniger-Leistenkönnen, während das Genauso-Viel-Leistenkönnen im Diversitätskontext als der Berechtigungsschein für Teilhabe gedacht wird. Dies erweist sich vor allem im Transitionsprozess zwischen Schule, Arbeit und Beruf bei Jugendlichen mit einer Sehbeeinträchtigung als komplex, was mit den Eigenarten einer Beeinträchtigung des Sehens zusammenhängt.

Dass gerade der Sehsinn hierbei als elementar angesehen wird, ist schon in der Geschichte begründet. Vor etwa 541 Millionen Jahren kam es zur kambrischen Artenexplosion, bei der, innerhalb eines erdgeschichtlich überschaubaren Zeitraums, der Großteil der heute lebenden Tierstämme entstand. Wird der »light switch theory« (Parker 2003) gefolgt, lag die Ursache hierfür in der Entstehung des Auges, welches sich als existenzieller Vorteil erwies. Durch das Sehen ergaben sich nicht nur effektive, sondern im Vergleich zu konkurrierenden Lebewesen ohne Sehvermögen hocheffiziente Möglichkeiten, bei der aktiven Nahrungsbeschaffung die Auslese voranzutreiben. Auf der anderen Seite wurde auch die Beute zur Adaption gezwungen, die einen Umgang mit dem Gesehenwerden suchen musste, um nicht einfach durch viel zu frühes Aufgefressenwerden auszusterben.

Sehenkönnen und Gesehenwerden haben demgemäß eine konstitutive und omnipräsente Wirkung auf das Individuum und seine gesellschaftlichen Teilhabemöglichkeiten. Dies liegt auch daran, dass das So-Sein der sozialen Welt an den durchschnittlichen Möglichkeiten der Individuen orientiert ist, die eben durch das Sehenkönnen und Gesehenwerden wesentlich bestimmt sind. Nicht-Sehen erweist sich demgemäß bei vielen Handlungen und Interaktionen als Ursache für Behinderungen. Notgedrungen wird so auch die effektive Leistungsfähigkeit eingeschränkt.

Hinzu kommt, dass sehbeeinträchtigte Menschen bei der Ausübung einer Erwerbstätigkeit regelmäßig mit ganz erheblichen Inkompetenzerwartungen konfrontiert sind (Felder 2012, 205), die den Bewertungsprozess ihrer tatsächlichen Leistungen – wie beeindruckend, zufriedenstellend oder enttäuschend diese auch sein mögen – stören und die Bemühungen um Respekt und Anerkennung fremdbestimmt vereiteln.

Jenseits der tatsächlichen Leistungseinschränkungen und der Inkompetenzerwartungen entspinnt sich das komplexe Bedingungsgefüge dadurch, dass es eine bemerkenswerte Bandbreite von hochwirksamen pädagogischen Interventionen, technischen Hilfsmitteln sowie ein gewachsenes Erfahrungswissen zum Umgang mit den Folgen einer Sehbeeinträchtigung gibt. Außerdem erweisen sich die verfügbaren individuellen, kognitiven, sozialen, volitionalen und emotionalen Möglichkeiten als modulierender Faktor für den Umgang mit den tatsächlichen Behinderungen und den Grad der Wirksamkeit der Unterstützungsansätze.

In der Praxis bedeutet dies, dass es blinde Menschen mit identischem Befund geben kann, die sich u. a. darin unterscheiden, dass einige nach unzähligen Versuchen den Weg in die Erwerbsarbeit überhaupt nicht geschafft haben, während andere wie David Blunkett britischer Innen- und Arbeitsminister oder Hans-Eugen Schulze Richter am Bundesgerichtshof sein konnten. Da das deutsche sozialrechtliche Feststellungsverfahren von Behinderung weiterhin durch ärztliche Befunde bestimmt wird, wird einer blinden Person, die täglich elementare existenzielle Kämpfe durchlebt, genauso der maximal mögliche Grad der Behinderung von 100 (vgl. B 4 Versorgungsmedizin-Verordnung) zugeschrieben wie Blunkett oder Schulze.

Dies ist im Kontext der Transition dahingehend relevant, dass Menschen mit Sehbeeinträchtigungen aufgrund des beschriebenen Bedingungsgefüges ein außerordentlich breiter beruflicher Möglichkeitsraum offensteht, während bei der Anbahnung der Erwerbsarbeit aufgrund des hohen zugeschriebenen Grads der Behinderung auf das gesamte Spektrum der Maßnahmen zur Förderung der Teilhabe am Arbeitsleben zurückgegriffen werden kann.

16.2 Blindenwerkstätten und die Berufskreation

Während der Gründung der ersten Blindenanstalten vor mehr als 200 Jahren versuchten die Blindenlehrkräfte, erfüllt vom Geiste der Aufklärung, nachzuweisen, dass der Mensch nichts sei, »als was die Erziehung aus ihm macht« (Kant 1803, 11). Vor allem blinde Zöglinge boten sich für diese Vorhaben an (Rath & Dreves 2006, S. 25). Eine vorlesende oder gar zauberhaft musizierende blinde junge Person als Kuriosität in den eleganten Salons war bestens geeignet, um das von Armut und Straßenstaub dominante Bild blinder Menschen mit den Möglichkeiten der Erziehung zu irritieren.

Nach dieser anfänglichen, am Einzelfall orientierten humanistischen Euphorie folgte mit der wachsenden Zahl der Zöglinge und dem Ausbau der Blindenanstalten ein Schwenk hin zu den Bildungszielen der Förderung der produktiven Arbeitsfähigkeit und der Selbstbestimmung (Mehls & Brass 2006, 137). Blinde Personen sollten in Berufsfeldern wie Korbflechterei, Strickerei, Näherei, Bürstenbinderei, Seilerei, Schuhmacherei oder Weberei Meisterschaft erlangen, um sich ein eigenes Auskommen finanzieren zu können. Insbesondere blinde Männer sollten in heimatlichen Hausbetrieben selbständig den Lebensunterhalt einer Familie bestreiten können, für die es die passende Gattin zu ehelichen galt.

Aus heutiger Sicht sicher nicht unerwartet bargen die Betriebsführung, die fehlende soziale Anerkennung im Heimatort, die Einsamkeit und der dann meistens doch überschaubare Erfolg auf dem Heiratsmarkt erhebliche Herausforderungen, die vielerorts den Wunsch zur Rückkehr in die Blindenanstalten wachsen ließen (Mehls & Brass 2006, 139). Dies führte zur Etablierung eines lebensumspannenden Fürsorgesystems für blinde Personen mit Wohn-, Ausbildungs- und Arbeitsplatz unter einem Dach (Mehls & Brass 2006, 137). Die ursprünglich als Ausbildungsstätten konzipierten Werkstätten wurden zu Handwerksbetrieben, deren Konkurrenzfähigkeit durch bis heute bestehende Vertriebsprivilegien gesichert wurde.

Die Erwerbssituation sehbeeinträchtigter Personen veränderte sich im Verlauf der 1910er Jahre deutlich. Auf der einen Seite stieg kriegsbedingt die Nachfrage nach Erzeugnissen der »Blindenwerkstätten«. Auf der anderen Seite stieg die Zahl der blinden Krieger rasant an und damit die Ansprüche (Mehls & Brass 2006, 146). Diese beruflich vorgebildeten, im Krieg erblindeten und nicht blind wirkenden jungen Männer stachen die durchschnittlichen, in den Blindenanstalten aufgewachsenen »Zivilblinden« aus. Sie sahen sich deshalb häufig nicht als Teil der gewachsenen Gemeinschaften der Blindenanstalten und regten die Fantasie für neue berufliche Möglichkeiten an (vgl. Demmel 2006, 72).

In den Anstalten etablierte sich das Konzept der Berufskreation (Mehls & Brass 2006, 146). Hierbei konzipieren Fachkräfte Berufsbilder, die für sehbeeinträchtigte Menschen als geeignet erscheinen (Capovilla, 2021, 192). Die sehbeeinträchtigten Personen werden innerhalb der Einrichtungen mit einer spezifischen Didaktik in diesen Berufsbildern ausgebildet, um dann eine Erwerbstätigkeit auf dem ersten Arbeitsmarkt aufnehmen zu können. Auf diesem Weg entstanden die typischen Berufsbilder in den Feldern der Telefonie, der Phono- und Stenotypie, der Transkription, Klavierstimmung oder auch der Physiotherapie (Capovilla & Zimmermann 2020, 32), während die Blindenwerkstätten rasant an Bedeutung verloren.

Bis heute verdienen einige sehbeeinträchtigte Personen ihren Lebensunterhalt in Blindenwerkstätten, die im Unterschied zu Werkstätten für behinderte Menschen bei üblichem Lohn weiterhin Teil des ersten Arbeitsmarkts sind (Bach 2019). Da die so gefertigten Produkte mit industriell gefertigter Ware aber längst nicht mehr konkurrieren können, werden in den kommenden Jahren mit den Blindenwerkstätten auch die klassischen Blindenhandwerksberufe verschwinden.

Die Praxis der Berufskreation erweist sich hingegen bis heute als zentrales Instrument zur Anbahnung von Erwerbsarbeit für einen großen Teil sehbeeinträchtigter Menschen und prägt damit unzählige Berufsbiografien. Allerdings lässt sich seit einiger Zeit eine Verengung auf immer weniger Berufsbilder feststellen, die vor allem den einfachen Büro- und Hilfstätigkeiten zuzuordnen sind (Walthes 2014, 155–156). Bei näherer Betrachtung wird deutlich, dass der Fokus der Berufskreation auf Berufsbildern lag und liegt, die sich in den Nischen der technischen Reorganisation ergeben (Capovilla 2021, 192). Beispielsweise wurden Vermittlungstätigkeiten in Telefonzentralen als kreiertes Berufsbild für blinde Menschen durch die Einführung der Durchwahl obsolet. Ähnliches geschieht aktuell mit kreierten Ausbildungsberufen in der Informatik, die durch die Dominanz visuell-orientierter Tools eine konkurrenzfähige Arbeit kaum mehr zulassen. Wenig erbaulich ist die naheliegende Vermutung, dass kreierte Berufsbilder vor allem durch die institutionelle Aversion gegen Veränderungen eine Geringschätzung der erbrachten Arbeitsleistung und eine abgesprochene Fähigkeit zur beruflichen Weiterentwicklung stabilisiert wurden. Eine Ausnahme stellt hier das Feld der Physiotherapie dar, in dem konkurrenzfähige und anerkannte Arbeit möglich ist, wodurch Physiotherapie – mit einer Vermittlungsquote von nahezu 100 % – weiterhin der vielversprechendste Ausbildungsberuf für sehbeeinträchtigte Jugendliche ist (DBSV 2023).

16.3 Die Individualisierung hinter den Barrieren

Die diversen institutionalisierten Bemühungen und die offenkundig ausbaufähigen Erfolge vergangener Generationen lassen bereits erkennen, dass die Wege in Erwerbsarbeit für sehbeeinträchtigte Personen steinig sind und lediglich ein überschaubares Spektrum beruflicher Möglichkeiten zur Verfügung steht.

Diese schwierige Situation spiegelt sich auch in der Erwerbsquote, also dem Anteil der Personen im erwerbsfähigen Alter, die erwerbstätig sind. Etwa 25 % (11.000 von 45.000) der sozialrechtlich als blind oder hochgradig sehbehindert und 45 % (58.000 von 129.0000) der als sehbehindert klassifizierten Menschen zwischen 15 und 65 sind in Deutschland erwerbstätig (Bach 2018). Diese Zahlen liegen deutlich unter der allgemeinen Erwerbsquote von etwa 75 % und ungefähr auf der Höhe der Erwerbsquote aller schwerbehinderten Menschen (Bach 2018).

Während sich in Deutschland die spezialisierten Berufsförderungswerke in Düren, Halle, Mainz und Würzburg vor allem der beruflichen Reorganisation oder Neuausrichtung von Personen mit erworbener Sehbeeinträchtigung widmet, adressieren das Förderschulsystem und die Berufsbildungswerke Jugendliche im Transitionsprozess Schule, Arbeit und Beruf. Ohne die Bedeutung der beruflichen Rehabilitation schmälern zu wollen, die selbstverständlich gelegentlich auch für Jugendliche in Erstausbildung berufliche Möglichkeiten auftut, sei im Folgenden aufgrund des Themenbezugs die Betrachtung auf die Transition Schule, Arbeit und Beruf eingeengt. Davon unberührt bleibt, dass grundsätzlich alle im folgenden beschriebenen Interventionen bei begründetem Bedarf auch Personen mit erworbener Sehbeeinträchtigung zur Verfügung stehen und somit auch Teil des Rehabilitationssystems sind.

Im ersten Schritt soll der Blick auf die institutionellen Bemühungen zur Unterstützung der Transition beim Schulbesuch und der sich anschließenden Berufsausbildung gerichtet werden. Offenkundig nimmt dieses Thema in der Pädagogik bei Sehbeeinträchtigungen eine bedeutende Rolle ein. Im spezifischen Curriculum des Schwerpunkts wurden im Abschnitt »Lebensplanung (Berufsorientierung) und Freizeit« explizit Themen aufgenommen, die sich mit der Transition beschäftigen (VBS 2016a, 180 f.). Außerdem wurde für den deutschen Sprachraum ein eigenes spezifisches Curriculum zum Übergang von der Schule in den Beruf vorgelegt (VBS 2016b, 275 ff.). In den Curricula werden folgende zentralen Themen definiert: Berufserkundung, Analyse der eigenen Fähigkeiten, Hilfsmittel- und Assistenzbedarf, Entwicklung von behinderungsbezogenem Wissen sowie (Weiter-)Entwicklung von sozialen und beruflichen Kompetenzen (VBS 2016a; VBS 2016b). Beklemmend bleibt hier das plakative Normalisierungsmotiv, mit dem offenbar ahnungslosen jungen Menschen mit professionellem Geschick gezeigt werden soll, was sie können und was sie wollen.

Auf Basis der beiden Lernorte im Dualen System Beruflicher Bildung werden wie auch bei allen anderen Schulformen bei Bedarf Auszubildende mit Sehbeeinträchtigung bei der Suche nach Ausbildungsplätzen oder mit ambulanten Angeboten unterstützt. Ein solches Angebot ist das Programm STAR (Schule trifft Arbeitswelt), das vom LWL Berufsbildungswerk Soest (o. J.) angeboten wird. Mit dem Programm sollen im diagnostischen Prozess Fähigkeiten und Potenziale für eine berufliche Orientierung identifiziert werden, um dann durch eine gezielte Förderung den Antritt eines Ausbildungsplatzes anzubahnen. Der Fokus des Programms liegt außerdem auf Kompetenzen im Bereich Orientierung und Mobilität und Hilfsmitteleinsatz sowie auf der Entwicklung arbeitsrelevanter, sozialer Kompetenzen.

Andere Jugendliche nutzen außerbetriebliche Ausbildungsangebote im Schulberufs- oder Fachschulsystem, die typisch für die Berufskreation sind. Spezialisierte Einrichtungen schaffen überregional ein überschaubares, dafür aber adaptiertes Ausbildungsangebot, das junge Menschen in der Regel auf eine Tätigkeit auf dem ersten Arbeitsmarkt vorbereitet. Solche Einrichtungen sind spezifische Fachschulen, die weitgehend zu Fördereinrichtungen gehören, wie beispielsweise in Nürnberg oder Berlin, sowie die drei auf sehbeeinträchtigte Personen spezialisierten Berufsbildungswerke in Chemnitz, Soest und Stuttgart (vgl. Lang & Heyl 2021, 200). Diese Einrichtungen bieten rund 25 der insgesamt 324 staatlich anerkannten Ausbildungsberufe an.

Weitere typische Angebote der spezialisierten Einrichtungen sind Maßnahmen zur Berufsfindung und Berufsvorbereitung (BBBW o. J.; Lang & Heyl 2021, S. 199). Eine solche Maßnahme ist die PROStart Arbeitserprobung der Blista (o. J.) in Marburg, die vor allem kaufmännische und informatische Ausbildungsberufe fokussiert. Die Maßnahme der Arbeitserprobung umfasst das Kennenlernen des Ausbildungsberufs, der Ausbildenden und des Betriebs. Sie führe durch praktische Ausbildungseinheiten in die möglichen Tätigkeiten ein und finalisiere das Ergebnis nach dem Einsatz »geprüfter« Testverfahren in einer Stellungnahme samt Empfehlung.

Insgesamt muss angemerkt werden, dass sich die Zielgruppe dieser spezialisierten Einrichtungen in den vergangenen zwei Jahrzehnten verändert hat. Mittlerweile gelingt es vor allem sehbeeinträchtigten Personen, die ihr Sehvermögen effektiv und effizient nutzen können, die Wege der allgemeinen Berufsqualifikation ohne institutionelle Unterstützung zu gehen. Dafür verantwortlich dürfte eine Mischung aus einer kreativeren schulischen Pädagogik, neuen technischen Möglichkeiten, starken sozialen Umfeldern und einer zunehmenden Offenheit in Richtung eines sozial erwünschten Verhaltens sein. Genauso machen es diese Faktoren – in Ergänzung mit den intensiven Bemühungen diverser Hochschulen, Offenheit und Barrierefreiheit zu demonstrieren – möglich, dass mehr sehbeeinträchtigte Personen ein Hochschulstudium aufnehmen, die damit ebenso den spezifischen Einrichtungen entzogen sind.

Auf der anderen Seite soll nicht unerwähnt bleiben, dass die Gruppe der Personen mit Sehmehrfachbeeinträchtigungen wächst, die in vielen Fällen ohne anerkannten Schulabschluss die Voraussetzungen für eine Ausbildung oder ein Hochschulstudium nicht erfüllen (vgl. Lang & Heyl, 2021, 201). Hier bleibe häufig der erste oder zweite Arbeitsmarkt verschlossen und der Besuch einer Werkstatt für behinderte Menschen (WfbM) die einzige Option. Hieraus ergibt sich jedoch ein eigenes inklusionspädagogisches Handlungsfeld mit anderen Rahmenbedingungen, Angeboten und Interventionen, für das auf andere Beiträge in diesem Band verwiesen sei.

Positiver erscheint, dass die Entwicklungen in den Bereichen Integration und Normalisierung maßgeblich zur Entstehung des Konzepts der »Unterstützten Beschäftigung« beigetragen haben, welches in den vergangenen Jahren an Einfluss und Bedeutung gewonnen hat (Walthes 2014, 157). Im Gegensatz zur traditionellen Sichtweise, Personen in speziellen Einrichtungen auszubilden, um sie anschließend in den allgemeinen Arbeitsmarkt einzugliedern (train and place), wird bei der Unterstützten Beschäftigung die Person am zukünftigen Arbeitsplatz ausgebildet (place and train).

In einer Einstiegsphase wird der Unterstützungsbedarf ermittelt und nach geeigneten Qualifizierungsmöglichkeiten gesucht, die dann in einer Qualifizierungsphase möglichst »on the job« umgesetzt werden (BAR 2010, 10). In der letzten Phase wird dann über einen längeren Zeitraum durch punktuelle Unterstützung und Beratung versucht, das Arbeitsverhältnis zu stabilisieren und dauerhaft einzurichten. Der Prozess wird durch einen Jobcoach vom Kostenträger begleitet, der alle Seiten berät, informiert und versucht, den Arbeitsplatz so zuzuschneiden, dass er die Fähigkeiten der Person bestmöglich den Anforderungen im Betrieb zusammenbringt (BAR 2010, 12). In der Praxis sind unterschiedliche Vorgehensweisen der Unterstützten Beschäftigung zu finden. Neben einem Coaching durch den Kostenträger ist auch eine Kooperation mit einer Einrichtung der beruflichen Bildung sowie die Unterstützung durch einen ambulanten Integrationsfachdienst möglich (Walthes 2014, 158).

Die Unterstützte Beschäftigung kann aber auch als betriebseigene Maßnahme stattfinden. Bei dieser Form der Unterstützten Beschäftigung lernt eine fachlich qualifizierte, ausbildende Person des Unternehmens selbst die interessierte, lernende Person bei der gemeinsamen Arbeit in ihren Stärken und Schwächen kennen. Sie eröffnet auf der Grundlage dieser Erkenntnisse passende Handlungsspielräume und leitet die gemeinsame Entwicklung von Handlungsmustern an. Wesentlich dabei ist, dass die lernende Person von Anfang an Teil der laufenden Arbeitsprozesse ist und bleibt. Ein besonderes Merkmal dieses Konzepts sind die dauerhaften Beratungsmöglichkeiten und Unterstützungsangebote, die zu jeder Zeit ein Nachjustieren und damit sinnvolle Veränderungen ermöglichen.

Eine andere Form des Mentorings wird mit dem am Peer-Counseling orientierten TriTeam-Programm des Deutschen Vereins für Blinden und Sehbehinderten in Studium und Beruf e.V. (DVBS e.V. o.J.) realisiert. Personen im Transitionsprozess werden im Verlauf ihres Schulbesuchs, ihrer Berufsausbildung oder ihres Studiums durch eine fest zugeordnete berufserfahrene Person mentoriert. Die mentorierende Person ist dabei selbst sehbeeinträchtigt und im angestrebten Berufsfeld tätig. Im Unterstützungsprozess wird gemeinsam an Berufszielen gearbeitet und es findet ein Austausch zu Themen wie Umgang mit Herausforderungen, Nachteilsausgleichen, Bewerbungen und Hilfsmittel statt.

Eine weitere Form zur Realisierung und Aufrechterhaltung von Erwerbsarbeit ist die Arbeitsassistenz, die als Leistung zur Teilhabe am Arbeitsleben grundsätzlich auch dauerhaft denkbar ist. Die Arbeitsassistenz übernimmt eine tätigkeitsbezogen regelmäßig wiederkehrende Unterstützung, durch welche die Person die von ihr geschuldete Arbeitsleistung erbringen kann (BIH 2019, 1). Dabei darf die Unterstützungsleistung nicht die Ausführung der Kernaufgaben im Berufsbild erfassen, sondern eben die Ausführung lediglich sekundieren. Im Kontext Sehbeeinträchtigung umfasst die Arbeitsassistenz beispielsweise die Mobilitätsassistenz, welche in der Unterstützung bei der Bewegung zwischen Arbeitsorten, Unterstützung beim Auffinden von Räumen oder einer Reisebegleitung bestehen kann. Üblich ist auch Kommunikationsassistenz, welche die Formatierung und Strukturierung von Medien oder das Ausfüllen von Formularen umfasst. Bei der Informationsassistenz geht es z.B. um Recherchen im Netz, die Aufbereitung von Medien oder die Digitalisierung und Bildbearbeitung, während die Moderationsassistenz die Unterstützung bei Vorträgen und Sitzungen, die Moderation von Wortbeiträgen sowie Interpretation visuell orientierter Kommunikation umfassen kann.

Anhand der etwas älteren Studie von Wulf und Ittner (2007, 39) kann davon ausgegangen werden, dass sehbeeinträchtigte Personen mit damals 40,5% die größte Gruppe sind, die Arbeitsassistenz in Anspruch nimmt. Dies ist insofern bemerkenswert, als die Gruppe der sehbeeinträchtigten Menschen mit 2,8% zu den kleinsten Gruppen der schwerbehinderten Menschen im erwerbsfähigen Alter gehört (BA 2022). Dieser überproportionale Finanzanteil lässt darauf schließen, dass der Intervention Arbeitsassistenz insbesondere bei sehbeeinträchtigter Erwerbsarbeit hohe Wirksamkeit zugeschrieben wird.

16.4 Ausblick

Es erscheint bemerkenswert, wie tief das Ziel einer enthospitalisierten und selbstbestimmten Lebensweise – heute würden wir wohl »inklusiven« sagen – in der Pädagogik bei Sehbeeinträchtigungen verwurzelt ist. Genauso bemerkenswert erscheint das breite Spektrum an verfügbaren Interventionen, welches die zahlenmäßig kleine Gruppe sehbeeinträchtigter Jugendlicher im Transitionsprozess unterstützen soll, was sich dann aber mit Blick auf die tatsächliche Erwerbsquote als ausbaufähig erfolgreich erweist.

Anders sieht dies hingegen auf der Seite der in der Regel unbehinderten Menschen aus, welche genau durch die Erbringung der Interventionen zur Unterstützung sehbeeinträchtigter Personen im Bemühen um Erwerbsarbeit, Arbeit auf dem ersten Arbeitsmarkt finden. Dies gilt z. B. für das Konzept der Arbeitsassistenz, das vor allem Berufswiedereinsteigenden, Nebenjobbern und Niedrigqualifizierten Arbeit auf dem ersten Arbeitsmarkt verschafft. Noch deutlich wird dies beim Blick in die Einrichtungen selbst, welche die Interventionen erbringen. Auch hier finden zahlreiche unbehinderte Menschen zwischen Führungsetagen, Ausbildungsleistungen, Gastronomie, Bürokommunikation etc. Arbeit auf dem ersten Arbeitsmarkt, was besonders beim Werkstattkonzept grotesk erscheint, da hierbei unbehinderte Erwerbsarbeit deutlich besser bezahlt wird als behinderte.

Längst sollte die Frage gestellt werden, ob die in spezialisierten Einrichtungen zur Berufsausbildung gebundenen finanziellen Mittel nicht effektiver und effizienter an anderer Stelle verwertbar wären. In einer Zeit, in der spezialisierte Einrichtungen gegen die soziale Erwünschtheit des gemeinsamen Lernens, die Evidenz der Erwerbsquote, die technischen Möglichkeiten und das Postulat der UN-Behindertenrechtskonvention aufrechterhalten werden müssen, entspinnt sich ein spürbarer Legitimationsdruck. Spezialisierten Einrichtungen bleibt vor diesem Hintergrund im eigenen Existenzkampf nichts anderes übrig, als die eigene strukturelle und kulturelle Differenz und die damit verbundene Besonderung behinderter Personen fortzuschreiben.

Vor diesem Hintergrund steht am Ende dieses Beitrags ein klares Plädoyer für inklusiv orientierte Ansätze jenseits spezialisierter Einrichtungen, die ihren Ausgangspunkt am Konzept der innerbetrieblichen Unterstützten Beschäftigung nehmen und dieses evidenzbasiert weiterentwickeln. Wie würde sich unser Arbeitsmarkt verändern, wenn es sich für Unternehmen ernsthaft lohnen würde, in die Qualifizierung eigener Fachkräfte mit und ohne Behinderung zu investieren, die dann die ungenutzte Arbeitskraft behinderter Personen an exakt zugeschnittenen Arbeitsplätzen in den Betriebsablauf zielführend verankern und weiterentwickeln?

Literatur

[BA] Bundesagentur für Arbeit (2022): Arbeitsmarkt für Menschen mit Behinderung (Jahreszahlen): Deutschland 2021. Online verfügbar unter: https://statistik.arbeitsagentur.de/Statistikdaten/Detail/202112/analyse/analyse-arbeitsmarkt-schwerbehinderte/analyse-arbeitsmarkt-schwerbehinderte-d-0-202112-xlsx.xlsx, Zugriff am 28.06.2023.
Bach, H.-W. (2018): Die Situation blinder und sehbehinderter Menschen am Arbeitsmarkt, in Beschäftigung und in Fort- und Weiterbildung – auch in internationaler Perspektive. In: G. Wansing, F. Welti & M. Schäfers (Hrsg.), Das Recht auf Arbeit für Menschen mit Behinderungen. (S. 247–273). Baden-Baden: Nomos.
Bach, H.-W. (2019): Förderung sehbehinderter Kinder und Jugendlicher in der Bundesrepublik Deutschland (Vortragsskript), Almaty/Kasachstan, 11./12.12.2019.

[BAR] Bundesarbeitsgemeinschaft für Rehabilitation (2010): Gemeinsame Empfehlung nach § 38a Abs. 6 SGB IX »Unterstützte Beschäftigung«. Online verfügbar unter: www.bar-frankfurt.de/fileadmin/dateiliste/_publikationen/reha_vereinbarungen/pdfs/BARGeEmUnterstBesch.web.pdf, Zugriff am 17.11.2023.

[BBBW] Bundesarbeitsgemeinschaft der Berufsbildungswerke e.V. (o.J.): Junge Talente fördern – Fachkräfte Qualifizieren. Online verfügbar unter: www.bagbbw.de/fileadmin/user_upload/BAGBBW/Publikationen/Imagebroschuere_2021.pdf, zugriff am 17.11.2013.

[BIH] Bundesarbeitsgemeinschaft der Integrationsämter und Hauptfürsorgestellen (2019): Arbeitsassistenz – ein wichtiger Baustein zur Teilhabe am Arbeitsleben. Online verfügbar unter: www.bih.de/fileadmin/user_upload/BIH_Empfehlung_Arbeitsassistenz_Stand_November_2019_KORR_24082020_bf.pdf, Zugriff am 17.11.2023.

Blista (o.J.): Ausbildung, Beruf, Rehabilitation und Beratung. Im Internet unter: www.blista.de/ausbildungen-und-umschulungen [Abruf vom 17.11.23]

Capovilla, D. & Zimmermann, R. (2020): Behinderte Teilhabe am Arbeitsleben in der digitalen Welt. Gemeinsam Leben, 28(1), 21–29.

Capovilla, D. (2021): Behindertes Leben in der inklusiven Gesellschaft. Ein Plädoyer für Selbstbestimmung. Weinheim: Beltz Juventa.

DBSV (2023): Ausbildung im Berufsfeld der Physiotherapie. Im Internet unter: www.dbsv.org/aktuell/ausbildung-physiotherapie.html [Abruf vom 17.11.23]

DVBS e.V. (o.J.). TriTeam …auf dem Weg in den Job. Im Internet unter: www.dvbs-online.de/index.php/projekte/triteam [Abruf vom 17.11.23]

Demmel, H. (2006): Die Entstehung der Blindenselbsthilfe. In: W. Drave & H. Mehls (Hrsg.), 200 Jahre Blindenbildung in Deutschland (1806–2006) (S. 71–82). Würzburg: edition bentheim.

Felder, F. (2012): Inklusion und Gerechtigkeit – Das Recht behinderter Menschen auf Teilhabe. Frankfurt a.M.: Campus.

Kant, I. (1803): Über Pädagogik. Deutsches Textarchiv.

Lang, M. & Heyl, V. (2021): Pädagogik bei Blindheit und Sehbehinderung. Stuttgart: Kohlhammer.

LWL (o.J.): Übergang Schule – Beruf. Im Internet unter: www.lwl-bbw-soest.de/de/berufswahlentscheidung/star-schule-trifft-arbeitswelt/ [Abruf vom 17.11.23]

Mehls, H. & Brass, P. (2006): Probleme und Widersprüche bei der Suche nach produktiver Arbeit für Blinde. In: W. Drave & H. Mehls (Hrsg.), 200 Jahre Blindenbildung in Deutschland (1806–2006) (S. 137–151). Würzburg: edition bentheim.

Mehls, H. (2011): Blindenhilfswerk Berlin e.V. 1886–2011: Kontinuität und Wandel in der privaten Fürsorge. Berlin: edition Hentrich.

Parker, A. (2003): In the Blink of an Eye: How Vision Sparked the Big Bang of Evolution. NY: Perseus Pub.

Rath, W. & Dreves, F. (2006): »Ein Blick zurück in die Zukunft«: Zu den frühen Jahren preußisch-deutscher Blindenbildung. In: W. Drave & H. Mehls (Hrsg.), 200 Jahre Blindenbildung in Deutschland (1806–2006) (S. 25–42). Würzburg: edition bentheim.

VBS e.V. (2016a): Bildung, Erziehung und Rehabilitation blinder und sehbehinderter Kinder und Jugendlicher in einer inklusiven Schule in den Ländern der Bundesrepublik Deutschland: Standards – Spezifisches Curriculum. In: S. Degenhardt, W. Gewinn & M.-L. Schütt (Hrsg.), Spezifisches Curriculum für Menschen mit Blindheit und Sehbehinderung (S. 169–204). Norderstedt: BoD.

VBS e.V. (2016b): Spezifisches Curriculum: Blinde und sehbehinderte Jugendliche und junge Erwachsene im Übergang von der Schule in den Beruf. In: S. Degenhardt, W. Gewinn & M.-L. Schütt (Hrsg.), Spezifisches Curriculum für Menschen mit Blindheit und Sehbehinderung (S. 243–280). Norderstedt: BoD.

Walthes, R. (2014): Einführung in die Pädagogik bei Blindheit und Sehbeeinträchtigung. München: utb.

Wulf, M. & Ittner, J. (2007): Arbeitsassistenz zur Teilhabe (ArzT). Abschlussbericht. Köln. Online verfügbar unter: www.yumpu.com/de/document/read/6947748/arbeitsassistenz-zur-teilhabe-arzt-landschaftsverband-rheinland, Zugriff am 01.07.2023.

17 Personen im Autismus-Spektrum

Christian Lindmeier & Carina Schipp

Personen im Autismus-Spektrum (AS) weisen bezüglich der Teilhabe an beruflicher Bildung und am Erwerbsleben einen besonderen Unterstützungsbedarf auf, der individuell unterschiedlich ausgeprägt sein kann. Voraussetzung für die Bereitstellung von besonderen pädagogischen und/oder psychosozialen Unterstützungsleistungen ist die psychiatrische Diagnose einer Autismus-Spektrum-Störung (ASS). Diesbezüglich kommt derzeit in Deutschland die ICD-10 GM der WHO (https://www.bfarm.de/DE/Kodiersysteme/Services/Downloads/_node.html) zur Anwendung; seit 2022 befinden wir uns in der Übergangsphase von der ICD-10 zur ICD-11 (Tebartz van Elst 2023, 120–122). Während Autismus in der ICD-10 als »tiefgreifende Entwicklungsstörung« in die drei Unterkategorien des frühkindlichen Autismus, des Asperger-Syndroms und des atypischen Autismus unterteilt wird (kategorialer Ansatz), ist in der ICD-11 in Anlehnung an das US-amerikanische psychiatrische Klassifikationssystem DSM-5 (2013) von »neurologischen Entwicklungsstörungen« und von einer »Spektrum-Störung« die Rede. In der klinischen Diagnostik wird dieser Wechsel vom kategorialen zum dimensionalen Ansatz zu erheblichen Veränderungen führen.

Laut Entwurfsfassung der ICD-11 (https://www.bfarm.de/DE/Kodiersysteme/Klassifikationen/ICD/ICD-11/uebersetzung/_node.html) ist die ASS durch »anhaltende Defizite in der Fähigkeit (gekennzeichnet), wechselseitige soziale Interaktionen und soziale Kommunikation zu initiieren und aufrechtzuerhalten, sowie durch eine Reihe von eingeschränkten, sich wiederholenden und unflexiblen Verhaltensmustern, Interessen oder Aktivitäten, die für das Alter und den soziokulturellen Kontext der Person eindeutig untypisch oder exzessiv sind«. Der Beginn der Störung liegt »typischerweise in der frühen Kindheit«, aber die Symptome können sich auch erst später vollständig manifestieren, wenn die sozialen Anforderungen die Fähigkeiten übersteigen. Die Defizite werden als so schwerwiegend erachtet, »dass sie zu Beeinträchtigungen in persönlichen, familiären, sozialen, erzieherischen, beruflichen oder anderen wichtigen Funktionsbereichen führen, und sind in der Regel ein durchgängiges Merkmal der Funktionsweise der Person, das in allen Bereichen zu beobachten ist, auch wenn sie je nach sozialem, erzieherischem oder anderem Kontext variieren können«. Ferner wird in der ICD-11 anerkannt, dass die unterschiedlichen autistischen Verhaltensweisen in ihrem Schweregrad variieren und dass ein »breites Spektrum an intellektuellen Funktionen und Sprachfähigkeiten« (ebd.) vorzufinden ist. Die ICD-11 tendiert dadurch zu neuen Kategorisierungen, während das DSM-5 von drei ›Schweregraden‹ der ASS spricht, die einen unterschiedlichen Grad der pädagogischen und psychosozialen Unterstützung implizieren (Tebartz van Elst 2023, 113–119).

Die Defizitorientierung der psychiatrischen Klassifikationssysteme hat die US-amerikanische Selbstvertretungsbewegung ASAN dazu veranlasst, einen eigenen Merkmalskatalog zu erstellen, der zu einem Autismus-Spektrum-Konzept weiterentwickelt wurde. Dieses Konzept nimmt die »autistischen Besonderheiten« als Ausdruck von Neurodiversität (Lindmeier, Grummt & Richter 2023) in den Blick und umfasst folgende sieben Aspekte: 1. Wahrnehmungsbesonderheiten, 2. untypisches Lernverhalten und spezielle Denkweisen, 3. Stärken und spezielle Interessen, 4. Motorische Besonderheiten, 5. Bedürfnisse nach Beständigkeit, Routine und Ordnung, 6. sprachliche Besonderheiten und 7. Besonderheiten in der sozialen Interaktion. Die Selbstvertretungen autistischer Menschen fordern damit einen Paradigmenwechsel, der Krankheit und Behinderung trennt sowie vor allem eine Anerkennung ihrer neurodivergenten Wahrnehmung impliziert. In Anlehnung an Markrams Intense World Theory (Wagner 2018) ergänzen Theunissen und Sagrauske als achten Aspekt »emotionale Besonderheiten« (2019, 38 ff.).

Eine medizinisch festgestellte Autismus-Diagnose nach ICD gilt in Deutschland gemäß § 2 SGB IX als Behinderung im Sinne einer Teilhabebeeinträchtigung infolge einer Abweichung (länger als sechs Monate) der seelischen Gesundheit vom »typischen« Zustand, wobei der Grad der psychischen Behinderung sich an den sozialen Anpassungsschwierigkeiten bemisst (Frese 2017, 4 ff.). Aus der Feststellung der Behinderung leiten sich auch die zusätzlichen Ressourcen für eine volle, wirksame und gleichberechtigte Teilhabe autistischer Personen an der beruflichen Bildung und am Erwerbsleben ab, auf die wir im Folgenden eingehen werden.

17.1 Der Übergang in das Arbeits- und Berufsleben bei Personen im Autismus-Spektrum

Der Weg in das Arbeits- und Berufsleben ist bei autistischen Personen oft langwierig und durch Umwege gekennzeichnet (Kohl et al. 2017, 20 f.); an der Schnittstelle Schule – Beruf sind autismusspezifische Unterstützungsmöglichkeiten nicht ausreichend ausgebaut (Eckert & Störch Mehring 2013, 29): Barrieren betreffen »Fehlen eines träger- und ressortübergreifenden sozialen Case-Managements«, »unzureichende Kenntnisse der autistischen Problematik in Betrieben und bei den Unterstützern«, »unzureichende Einschätzung der Fähigkeiten und Neigungen/Fehlendes Assessment und Profiling«, »unzureichende Kenntnisse der Lernvoraussetzungen und -bedingungen« und »unzureichende Modifikation von Arbeitsrahmenbedingungen und spezifische Arbeitsplatzgestaltung« (Baumgartner et al. 2009, 29 f.).

Beese et al. (2023) machen hinsichtlich der Unterstützungsbedarfe autistischer Menschen während des Überganges von der Schule ins Arbeitsleben folgende Erfordernisse aus, die von grundlegender Bedeutung sind:

- »Einbindung der Interessen, Fähigkeiten und Fertigkeiten bei der Berufswahl,
- intensive Vorbereitung auf bevorstehende Übergänge,
- beim Wechsel der schulischen zu beruflichen Maßnahmen (Schnittstellenmanagement),
- möglichst gleichbleibende Rahmenbedingungen,
- individuelle Anpassung der äußeren Rahmenbedingungen (Raum, Arbeitsplatz) auch im Hinblick auf ein reizarmes Arbeitsumfeld,
- Bereitstellung von Hilfsmitteln (Assistive Technologies) und Rückzugsmöglichkeiten,
- klare Aufgabenbeschreibung,
- individuelle Strukturierungs- und Orientierungshilfen (nach TEACCH®),
- autismusgerechte Kommunikation (ggf. Nutzung Unterstützter Kommunikationsmöglichkeiten),
- soziales Kompetenztraining im Hinblick auf Teamarbeit, Psychohygiene, ungeschriebene soziale Regeln am Arbeitsplatz etc.,
- personelle Hilfestellungen (Schul-, Studien- und Ausbildungsbegleitung, Arbeitsassistenz),
- Gewährung von Nachteilsausgleichen in Prüfungssituationen, Schulung und Aufklärung der unmittelbaren Kolleg:innen, wertschätzendes Arbeitsklima; Toleranz und Offenheit von Seiten der Kolleg:innen« (S. 11).

Hinsichtlich autismusspezifischer Unterstützungsangebote kann an dieser Stelle die Diversicon HR GmbH/Diversicon Innovation gGmbH mit Sitz in Berlin erwähnt werden. Diversicon begleitet und unterstützt Autist*innen und ADHSler*innen in der Übergangsphase zwischen Schule und Ausbildung, Studium und Arbeitsleben. Die Maßnahmen finden im Rahmen von Kurs- und Coachingangeboten statt, die entweder über die Agentur für Arbeit, das Jobcenter, Rentenversicherungen, als Leistung zur Teilhabe am Arbeitsleben oder privat finanziert werden können (siehe dazu https://diversicon.de/schule-beruf/). Ein ähnliches Angebot bietet SALO + Partner in Form einer Rehabilitationsmaßnahme (AuReA@SALO) an, die zum Ziel hat, autistische Personen erfolgreich in Ausbildung und Beruf zu integrieren (siehe dazu https://www.salo-ag.de/fuer-menschen-mit-autismus/).

Grundsätzlich ist das Übergangssystem in Deutschland hinsichtlich autismusspezifischer Unterstützungsangebote zur beruflichen Teilhabe unübersichtlich und oftmals sind bestehende Angebote ungeeignet (Reich 2018, 50). Es hat sich gezeigt, dass eine hinreichende Vorbereitung oft nicht stattfindet und eine Aufklärung von Arbeitgeber*innen über ›autistische Besonderheiten‹ unerlässlich ist (Baumgartner et al. 2009, 56 ff.). »So besteht der höchste Unterstützungsbedarf nicht in der Vermittlung von fachlichem Know-how, sondern im Fördern des Verständnisses für zahllose soziale Prozesse, die für MmA immer wieder eine Herausforderung darstellen« (Dalferth 2014, 238).

Im Folgenden wird daher nicht systematisch auf die Möglichkeiten der beruflichen Bildung und der Beschäftigung eingegangen, die autismusunabhängig entsprechend dem Deutschen Sozialrecht für Menschen mit Behinderungen zur Verfügung stehen. Stattdessen werden exemplarisch Anpassungen und Spezialisierungen mit Blick auf autistische Menschen dargestellt.

17.2 Möglichkeiten der beruflichen Bildung für Personen im Autismus-Spektrum

Hochschulstudium mit Autismus

Voraussetzung eines Studiums ist der Erwerb der (fachgebundenen) Hochschulreife. Durch den Antrag auf einen Nachteilsausgleich beim zuständigen Prüfungsamt können Teilnahmemodalitäten an Lehrveranstaltungen und Prüfungsformen modifiziert werden, bei gleichem Notenniveau und gleichen Inhalten; beispielsweise kann eine Klausur in einem separaten Raum ohne Lärm-, Licht- und Geruchsbelästigung geschrieben oder in eine Hausarbeit umgewandelt werden (Bundesverband autismus Deutschland e. V. 2015). Über die Eingliederungshilfe können u. a. technische Hilfsmittel oder auch eine Studienassistenz als Leistung zur Teilhabe am Arbeitsleben (§ 49 Abs. 3 Nr. 7 SGB IX) gewährt werden (Bundesagentur für Arbeit 2023; Bundesverband autismus Deutschland e. V. 2015). Preißmann entwickelte einen Online-Kurs zum Thema »Autismus und Studium: Wie kann man autistische Studenten unterstützen?« (www.preissmann.com). Beim Integrationsfachdienst Mittelfranken ist das Projekt IBERA angesiedelt, das eine individuelle Integrationsberatung für Menschen im AS mit Hochschulreife anbietet (www.ifd-mittelfranken.de/media/pages/datenbank/ifd-flyer-ibera/3a4846f776-1685099840/flyer-ibera.pdf). Eine weitere Anlaufstelle für autistische Menschen, die studieren wollen, ist das Kompetenzzentrum Behinderung, akademische Bildung, Beruf (kombabb) in Bonn. Das bestehende Angebot wurde um den Arbeitsschwerpunkt »Autismus-Spektrum« erweitert (www.kombabb-internetportal-nrw.de/). Auch die Paulinenpflege Autismus bietet spezielle Angebote für Personen im AS an, die sich für ein Studium interessieren oder bereits studieren (www.paulinenpflege.de/autismus/angebote/studium/).

Folgende Hochschulen bieten Beratungsangebote während des Studiums und Selbsthilfegruppen für autistische Menschen an: HAW Hamburg (www.haw-hamburg.de/peer-to-peer/unsere-angebote/); Martin-Luther-Universität Halle-Wittenberg (www.inklusion.uni-halle.de); Ludwig-Maximilians-Universität München (www.lmu.de/de/workspace-fuer-studierende/support-angebote/studieren-mit-beeintraechtigung/beratung-und-austausch/index.html) sowie Hochschule Ravensburg-Weingarten (www.rwu.de/sites/default/files/2021-01/Informationen%20Peer-Mentoring-Programm_2.pdf).

Duale Berufsausbildung auf dem allgemeinen Arbeitsmarkt

In seinem Handbuch für die Ausbildungs- und Prüfungspraxis in der dualen Berufsausbildung von Auszubildenden mit Behinderung empfiehlt das Bundesinstitut für berufliche Bildung für autistische Personen einen *Nachteilsausgleich*, der dem »Bild« dieser »psychischen Behinderung« bzw. »Entwicklungsstörung« entspricht (Vollmer & Frohnenberg 2017, 35–37). Je nach Einzelfall sollen u. a. folgende Nachteilsausgleiche geprüft werden: »mündliche Prüfungsteile durch schriftliche ersetzen«, »Entspannungssituationen zulassen – individuell kurzfristige Pausen ermöglichen«, »Bewältigungsstrategien, die in einer Therapie eingeübt wurden, zulassen«, »beim Auftreten von Konfliktsituationen Unterbrechungen ermöglichen, weil sonst das spezifische Potenzial nicht abgerufen werden kann«, sowie Einzelprüfung in separaten Räumen«.

Überbetriebliche Berufsausbildung in Berufsbildungswerken (BBW)

Jugendliche und junge Erwachsene im AS können eine berufliche Vorbereitungsmaßnahme (BvB) oder eine überbetriebliche Berufsausbildung in Berufsbildungswerken (BBW) oder in einer vergleichbaren Rehabilitationseinrichtung absolvieren. BBW sind Einrichtungen der beruflichen Rehabilitation im Sinne des § 51 SGB IX. Verglichen mit einer dualen Berufsausbildung auf dem allgemeinen Arbeitsmarkt haben sich diese überbetrieblichen Einrichtungen auf Menschen mit unterschiedlichen Behinderungen spezialisiert, verfügen über pädagogisch ausgebildetes Fachpersonal (Baumgartner et al. 2009, S. 33) und ermöglichen eine theoriereduzierte Ausbildung in anerkannten Berufen als Fachpraktiker*in nach § 66 des Berufsbildungsgesetzes (BBiG) sowie in § 42r der Handwerksordnung.

Seit 2015 besteht in der Bundesarbeitsgemeinschaft der Berufsbildungswerke (BAG BBW) ein Fachausschuss »Autismuskompetenz«, der gemeinsam mit dem Bundesverband autismus Deutschland e.V. Qualitätskriterien für ein Gütesiegel entwickelt hat, durch welches BBW als besonders geeignete Rehabilitationsorte für junge Menschen im AS ausgewiesen werden. Das Siegel nutzt den Qualitätsbegriff von Donabedian (1979) und unterscheidet Struktur-, Prozess- und Ergebnisqualität. Unter anderem muss eine Autismuskonzeption vorgelegt werden, die alle autismusspezifischen Angebote, Trainingsmodelle, Rahmenbedingungen, Arbeitsweisen usw. konkret beschreibt (Krug 2017, 262 ff.). Seit 2019 können sich die BBW durch das Siegel »Autismusgerechtes Berufsbildungswerk – empfohlen durch autismus Deutschland« zertifizieren lassen.

Von den 52 BBW in Deutschland haben sich bis heute bereits mehr als 20 auf die besonderen Bedarfe autistischer Personen spezialisiert, entsprechende Angebote entwickelt und das Gütesiegel erhalten (BAG BBW 2021). Nach drei Jahren erfolgt eine Re-Zertifizierung, um das Gütesiegel weiterhin tragen zu können. Insgesamt ist eine positive Entwicklung zu verzeichnen, denn noch nie wurden so viele Personen im AS überbetrieblich ausgebildet bzw. beruflich gefördert wie heute (BAG BBW 2021). Laut einer Befragung in 12 BBW gab es allein zwischen 2010 und 2013 einen Anstieg von 348 auf 649 autistische Teilnehmende. Vor allem Arbeitsagenturen verweisen inzwischen gezielt Personen im AS auf die BBW (Dalferth 2014, 225 ff.). Allerdings ist noch wenig über die Zahl erfolgreicher Abschlüsse bekannt, ebenso wenig über die anschließende Integration auf dem allgemeinen Arbeitsmarkt.

Berufliche Bildung in der WfbM

Der zweijährige Berufsbildungsbereich der WfbM (§ 4 WVO) setzt Maßnahmen um, die der Verbesserung der Teilhabe am Arbeitsleben dienen sollen. Durch planmäßige berufliche Bildung sollen sowohl Leistungsfähigkeit als auch Persönlichkeitsentwicklung so gefördert werden, dass eine geeignete Beschäftigung auf dem allgemeinen Arbeitsmarkt oder im Arbeitsbereich der WfbM möglich wird. Dazu wird – integriert in den Grundkurs ist das dreimonatige Eingangsverfahren – ein Grund- und ein Aufbaukurs von je zwölfmonatiger Dauer umgesetzt, der Fertigkeiten verschiedener Arbeitsabläufe in den Arbeitsbereichen der WfbM (z. B. Küche/Catering, Schlosserei, Schreinerei, Verpackung, Gartenbau u. a.) trainiert. Gleichzeitig soll eine Stärkung des Selbstwertgefühls und der Entwicklung des Sozial- und Arbeitsverhaltens erreicht werden. Die weitaus größte Zahl der Absolvent*innen verbleibt im Anschluss in der WfbM (s. unten). Erst wenige WfbMs (bezogen auf das Bundesgebiet 33 von 812 Werkstätten, also rund 4%) bieten im Berufsbildungsbereich besondere Anpassungen für Autist*innen an (siehe dazu Werkstätten für Menschen im AS: www.rehadat-wfbm.de).

17.3 Möglichkeiten der beruflichen Teilhabe für Personen im Autismus-Spektrum

Leistungen zur Teilhabe am Arbeitsleben von Menschen mit Behinderungen oder von Behinderung bedrohten Menschen (§ 48 SGB IX) können durch ihre individuellen und besonders unterstützenden Rahmenbedingungen für Personen im AS geeignet sein. Grundsätzlich können sich autistische Personen zur Teilhabe am Arbeitsleben, aber auch hinsichtlich aller Teilhabebereiche in Fachstellen der Ergänzenden unabhängigen Teilhabeberatung beraten lassen. Einige dieser Fachstellen im gesamten Bundesgebiet haben sich inzwischen auf die Beratung autistischer Personen spezialisiert. So werden z. B. im Vorfeld Wünsche und Bedürfnisse für die Gestaltung des Beratungsangebotes erfragt und umgesetzt (siehe u. a. https://www.teilhabeberatung.de/artikel/herausforderungen-in-der-welt-der-autisten).

Integration auf den allgemeinen Arbeitsmarkt

Integrationsfachdienste (IFD) sind ambulante Dienstleister und arbeiten im Auftrag der Arbeitsagentur und der Integrationsämter (§§ 192 ff. bzw. § 49 Abs. 6 SGB IX). Ihre Aufgaben sind sowohl Beratung und Unterstützung als auch die Mitwirkung bei der Vermittlung von geeigneten Arbeitsplätzen. Zugleich informieren und beraten sie auch Arbeitgeber*innen (autismus Deutschland e. V. 2013, S. 15 f.). Die Bundesarbeitsgemeinschaft Unterstützte Beschäftigung (BAG UB) hat in Kooperation mit autismus Deutschland e. V. einen Leitfaden zur Teilhabe am Arbeitsleben für Menschen mit Autismus herausgegeben, welcher sowohl für Personen im Autismus-Spektrum als auch für Leistungsträger und -erbringer relevante Informationen bereitstellt (Beese et al. 2023). Seit kurzem gibt es außerdem das spezialisierte StartUp-Unternehmen Differgy (www.differgy.de/), das interessierte Unternehmen zur Inklusion von Autist*innen berät und diese auf eine Beschäftigung vorbereitet. Der IFD Mittelfranken führt derzeit das Projekt AUT*CIA zur Erforschung der Lebensumstände von Frauen und Mädchen mit hochfunktionalem Autismus und Asperger-Autismus durch. Ziel ist auch hier die Förderung der Teilhabe am Arbeitsleben (https://www.ifd-mittelfranken.de/de/unsere-leistungen/projekt-aut-cia).

Tätigkeit in einer Werkstatt für Menschen mit Behinderungen (WfbM)

Bis zu 65% der Erwachsenen im AS sind in Deutschland in einer WfbM tätig (Baumgartner et al. 2009). Gemäß § 219 SGB IX kommt eine Tätigkeit in der WfbM in Frage, wenn ein hohes Maß an Unterstützung notwendig ist und eine Vermittlung in eine Ausbildung oder Tätigkeit auf dem allgemeinen Arbeitsmarkt (noch) nicht möglich, zugleich aber ein Mindestmaß an wirtschaftlich verwertbarer Arbeitsleistung vorhanden ist.

Mitunter entscheiden sich autistische Personen trotz vorhandener formaler Qualifikationen (Realschulabschluss und abgeschlossene Berufsausbildung) für die Tätigkeit in einer WfbM, da sie dem Leistungsdruck und -anspruch auf dem allgemeinen Arbeitsmarkt nicht (mehr) standhalten konnten. Dazu müssen sie eine Maßnahme zur Diagnose der Arbeitsmarktfähigkeit (DIA-AM) und Antragsverfahren durchlaufen. WfbM speziell für Menschen im AS gibt es in Deutschland nicht; inzwischen bieten aber einige Werkstätten besondere Angebote für diesen Personenkreis an (siehe dazu Werkstätten für Menschen im AS: www.rehadat-wfbm.de), da WfbM durch Größe, Geräuschpegel und weitere Faktoren in der Regel auch keine an autismusspezifische Bedarfe angepasste Umgebung darstellen.

Angebote für nicht werkstattfähige Menschen

Für Menschen, die das geforderte Mindestmaß wirtschaftlich verwertbarer Arbeitsleistung nicht erbringen können, deren Pflegebedarf als zu hoch eingeschätzt wird oder die als zu schwierig im Verhalten gelten, gibt es Tagesförderstätten, die in einzelnen Bundesländern unter dem Dach der Werkstatt angesiedelt sind, in anderen separat. Hier sind nicht selten auch autistische Menschen mit als herausfordernd geltendem Verhalten zu finden; genaue Zahlen existieren nicht.

17.4 Prekäre Beschäftigungssituation autistischer Personen

Die Beschäftigungssituation von autistischen Personen ohne kognitive Beeinträchtigung ist in Deutschland trotz meist hoher formaler Qualifikationen prekär. Hierauf verweisen seit Jahren verschiedene kleinere Studien (z. B. Müller 2015; Proft et al. 2016; Tolou et al. 2022); insgesamt sind die Datenlage zu diesem Problem und das Wissen über den Beschäftigungsstatus in Deutschland keineswegs zufriedenstellend. Es kann aber davon ausgegangen werden, dass Personen im AS im Vergleich zu Menschen mit Sprachbeeinträchtigungen, Lernbeeinträchtigungen oder kognitiven Beeinträchtigungen die niedrigste Erwerbsquote aufweisen und in dem Zusammenhang eine Arbeitslosenquote von ca. 50 % zu konstatieren ist (Kirchner & Dziobek 2014, 78f.).

In einer Querschnittserhebung in Deutschland zum Bildungs- und Erwerbsstatus von Erwachsenen im Autismus-Spektrum (meist spät diagnostiziert und ohne kognitive Beeinträchtigung) stellten Frank et al. (2018) fest, dass vor allem Berufe ausgeübt werden, für die die Befragten überqualifiziert sind (22,1 % im am längsten ausgeübten und 31,3 % im aktuell ausgeübten Beruf). Der Anteil ist damit deutlich höher als in der Gesamtbevölkerung. Ebenso verhält es sich mit der formalen Bildung und Ausbildung. In dieser Studie verfügten 11,9 % über einen Hauptschulabschluss, 28,6 % über einen Realschulabschluss, 56,8 % über eine allgemeine Hochschulreife; nur 2,7 % konnten keinen Schulabschluss vorweisen (ebd., 4). Im Vergleich zur Gesamtbevölkerung (Statistisches Bundesamt 2023) ist vor allem bei der allgemeinen Hochschulreife ein deutlich höherer Anteil autistischer Absolvent*innen zu verzeichnen.

Wird der Erwerbsstatus autistischer Personen in den Blick genommen, waren laut Frank et al. (2018, 4) zu diesem Zeitpunkt 68,4 % erwerbstätig, 8,0 % in einer Werkstatt für Menschen mit Behinderungen tätig, 17,0 % befanden sich aus gesundheitlichen Gründen im Vorruhestand und 13,5 % waren arbeitslos. Auch bei der Arbeitslosigkeit ist ein deutlich höherer Anteil autistischer Menschen im Vergleich zur Gesamtbevölkerung zu verzeichnen (Bundesagentur für Arbeit 2023).

Zusammenfassend kann festgestellt werden, dass ein nicht unwesentlicher Anteil von Personen im AS trotz eines überdurchschnittlichen Allgemeinbildungsniveaus und eines hohen formalen Bildungs- und Ausbildungsniveaus auf dem allgemeinen Arbeitsmarkt unterrepräsentiert sind. Viele autistische Menschen befinden sich außerdem aufgrund von gesundheitlichen Einschränkungen in Frührente. Zudem ist davon auszugehen, dass autistische Menschen trotz ihrer formalen Qualifikationen nicht auf adäquaten beruflichen Positionen tätig sind oder diese nicht halten können (Frank et al. 2018, 8). In einer Online-Befragung konnten ähnliche Ergebnisse erhoben werden (Knaak & Traub 2019, 7). Die Erwerbsbiographien der befragten autistischen Menschen wiesen Brüche auf, die u. a. durch Jobverlust, Krankheit, Umschulungen und Erwerbsunfähigkeit entstanden sind. Auch hier konnten 86 % der Befragten qualifizierte Berufs- und Hochschulabschlüsse vorweisen.

Im Zuge der Umsetzungsbemühungen der UN-Behindertenrechtskonvention (UN-BRK), und hier speziell Artikel 27 (Arbeit und Beschäftigung), muss ein inklusiver Arbeitsmarkt geschaffen werden. Dazu sollten auch Instrumente besser genutzt werden, die in diesem Beitrag aus Platzgründen nicht näher beschrieben werden können, wie das persönliche Budget (§ 29 SGB IX): Jeder Mensch mit Behinderung, der Anspruch auf eine Teilhabeleistung der beruflichen Bildung und/oder beruflichen Teilhabe hat, kann diese auch als Geldbetrag in Anspruch nehmen, persönliches Budget genannt. Dadurch ist eine Finanzierung individualisierter, passgenauer Angebote möglich; allerdings ist der bürokratische Aufwand hoch und es werden Fachkenntnisse in diesem Feld benötigt, wodurch die meisten Antragsberechtigten auf Unterstützung durch die Ergänzende unabhängige Teilhabeberatung (EUTB) und/oder aus ihrem Umfeld angewiesen sind.

Seit einigen Jahren werden zunehmend Firmen gegründet, die für autistische Menschen konzipiert und überwiegend im IT-Sektor angesiedelt sind (Dalferth 2014, 225). Insbesondere sind hier folgende Unternehmen zu nennen: auticon in Hamburg, Berlin, Bremen, Düsseldorf (www.auticon.com); Specialisterne in Wien (www.specialisterne.at); autWorker in Hamburg (www.autworker.de); passwerk in Belgien (www.passwerk.be); Asperger Informatik + Grafik AG in Zürich (www.asperger-ag.ch); Lavie Reha gGmbH (www.lavie-reha.de/index.php/rehabilitation/autismusspezifische-hilfen/); Left is Right in Schweden (www.leftisright.se); Projekt-Router gGmbH in Köln (www.projekt-router.org/). Erwähnenswert hinsichtlich Netzwerkarbeit zum Thema Integration in das Arbeitsleben ist überdies das Netzwerktreffen »Autismus und Arbeit« in Leipzig, welches seit 2017 zweimal jährlich vom Autismuszentrum Leipzig organsiert wird. Das Netzwerktreffen hat sich zum Ziel gesetzt, Vertreter*innen relevanter Einrichtungen und Ämter zu vernetzen und in einen intensiven Austausch zu bringen (www.jugend-und-erziehungshilfe.de/autismuszentrum/). Ebenso können Inklusionsbetriebe (§ 215 SGB IX) eine Möglichkeit für autistische Personen bieten, einer anerkannten Tätigkeit auf dem allgemeinen Arbeitsmarkt nachzugehen, die individuelle und angepasste Rahmenbedingungen beinhalten (Beese et al. 2023, 22).

Auch einzelne Firmen setzen verstärkt auf autistische Menschen: so waren im Jahr 2019 140 autistische Menschen bei SAP angestellt (https://jobs.sap.com/content/Autism-at-Work/?locale=de_DE). Es ist allerdings darauf hinzuweisen, dass auch das Klischee besonderer autistischer Fähigkeiten eine ableistische Zuschreibung darstellt, die den Blick auf die Breite der Fähigkeiten autistischer Menschen verstellt.

Literatur

Autismus Deutschland e. V. (Hrsg.) (2013): Leitlinien: Bildung, Ausbildung und berufliche Teilhabe für Menschen mit Autismus – allgemeiner Arbeitsmarkt. 2., geänderte Auflage). Stade: Hansa-Druckerei Stelzer.
Autismus Deutschland e. V. (Hrsg.) (2015): Autismus und Studium – Leitlinien und Handlungsempfehlungen verfasst von der »AG Asperger«. Online verfügbar unter: https://www.autismus.de/fileadmin/RECHT_UND_GESELLSCHAFT/Broschuere_Studium_Online_Rohfassung16_10_2015.pdf, Zugriff am 01.08.2023.
Baumgartner, F., Dalferth, M. & Vogel, H. (2009): Berufliche Teilhabe für Menschen aus dem autistischen Spektrum (ASD). Heidelberg: Universitätsverlag Winter GmbH.

Beese, K., Bungart, J., Frese, C., Giloi, C., Keesen, S. & Reichmann, U. (2023): Leitfaden Teilhabe am Arbeitsleben für Menschen mit Autismus. Hamburg: Bundesarbeitsgemeinschaft für Unterstützte Beschäftigung e.V., autismus Deutschland e.V.

Bundesarbeitsgemeinschaft Berufsbildungswerke (BAG BBW) (2021): Verleihung. BBW mit Autismus-Gütesiegel ausgezeichnet. Online verfügbar unter: https://www.bagbbw.de/innovationen/autismus/bbw-mit-autismus-guetesiegel-ausgezeichnet/, Zugriff am 21.07.2023.

Bundesagentur für Arbeit (2023): Arbeitslosenquote in Deutschland im Jahresdurchschnitt von 2005 bis 2023 [Graph]. In: Statista. Online verfügbar unter: https://de.statista.com/statistik/daten/studie/1224/umfrage/arbeitslosenquote-in-deutschland-seit-1995/, Zugriff am 20.07.2023.

Bundesagentur für Arbeit (2023): Studieren mit Behinderungen. Online verfügbar unter: https://www.arbeitsagentur.de/bildung/studium/studieren-mit-behinderungen, Zugriff am 01.08.2023.

Dalferth, M. (2014): Eine Frage der Einstellung. Berufsausbildung und Begleitung für eine Tätigkeit auf dem allgemeinen Arbeitsmarkt – Entwicklungen und Perspektiven. In: autismus Deutschland e.V. (Hrsg.), Autismus in Forschung und Gesellschaft (S. 223–240). Karlsruhe: Loeper.

Donabedian, A. (1979): Explorations in Quality, Assessment and Monitoring. Volume 1: The Definition of Quality and Approaches to ist Assessment. Michigan: Health Administration Press.

Eckert, A. & Störch Mehring, S. (2013): Autismus-Spektrum-Störungen (ASS) in der Adoleszenz: Übergänge und Herausforderungen. Schweizerische Zeitschrift für Heilpädagogik, 19(3), 24–32.

Frank, F., Jablotschkin, M., Arthen, T., Riedel, A., Fangmeier, T., Hölzel, L. P. & Tebartz van Elst, L. (2018): Education and employment status of adults with autism spectrum disorders in Germany – a cross-sectional-survey. BMC Psychiatry, 18. https://doi.org/10.1186/s12888-018-1645-7.

Frese, C. (2017): Rechte von Menschen mit Autismus. Ratgeber zu den Rechtsansprüchen von Menschen mit Autismus und ihrer Angehörigen. 2. Auflage. autismus Deutschland e.V. (Hrsg.). Stade: Hansa-Druckerei.

Kirchner, J.C. & Dziobek, I. (2014): Towards successful employment of adults with autism: a first analysis of special interests and factors deemed important for vocational performance. Scandinavian Journal of Child and Adolescent Psychiatry and Psychology, 2(2), 77–85. Online verfügbar unter: https://www.rehadat.de/export/sites/rehadat-2021/lokale-downloads/rehadat-publikationen/auswertung-umfrage-autismus.pdf, Zugriff am 01.08.2023.

Knaak, H. & Traub, P. (2019): Es hakt noch bei der Aufklärung. Ergebnisse der REHADAT-Befragung »Mit Autismus im Job«. Köln: REHADAT. Online verfügbar unter: https://www.rehadat.de/export/sites/rehadat-2021/lokale-downloads/rehadat-publikationen/auswertung-umfrage-autismus.pdf, Zugriff am 01.08.2023.

Kohl, E., Seng, H. & Gatti, T. (2017): Typisch untypisch. Berufsbiografien von Asperger-Autisten. Individuelle Wege und vergleichbare Erfahrungen. Stuttgart: Kohlhammer.

Krug, W. (2017): Kriterienkatalog der Berufsbildungswerke für die Ausbildung von jungen Menschen mit Autismus. Berufliche Rehabilitation, 31 (4), 261–271.

Müller, K. (2015): Autismus und Arbeit: Inklusion von Menschen im autistischen Spektrum in das Arbeitsleben: Wissenschaftliche Arbeiten zum Autismus-Spektrum, Band 4. Hannover: Verlag Rad und Soziales.

Proft, J., Gawronski, A., Krämer, K., Schoofs, T., Kockler, H. & Vogeley, K. (2016): Autismus im Beruf. Eine qualitative Analyse berufsbezogener Erfahrungen und Wünsche von Menschen mit Autismus-Spektrum-Störungen. Zeitschrift für Psychiatrie, Psychologie und Psychotherapie, 64 (4), 277–285.

Reich, K. (2018): Berufliche Perspektiven von Autisten. Ein Balanceakt zwischen Anpassung und Abgrenzung. Hamburg: Verlag Dr. Kovač.

Salo+Partner (2020): SALO und Corona: Berufsbezogene Erfahrungen von Erwachsenen im Autismus-Spektrum. Autismus, Zeitschrift des Bundesverbandes autismus Deutschland e.V., 90, 20–22.

Statistisches Bundesamt (2023): Bildungsstand: Verteilung der Bevölkerung in Deutschland nach höchstem Schulabschluss im Jahr 2022 [Graph]. In: Statista. Online verfügbar unter: https://de.statista.com/statistik/daten/studie/1988/umfrage/bildungsabschluesse-in-deutschland/, Zugriff am 20.07.2023.

Tebartz van Elst, L. (2023): Autismus, ADHS und Tics: Zwischen Normvariante, Persönlichkeitsstörung und neuropsychiatrischer Krankheit. 3., erweiterte und überarbeitete Auflage. Stuttgart: Kohlhammer.

Theunissen, G. (2014): Menschen im Autismus-Spektrum. Verstehen, annehmen, unterstützen. Stuttgart: Kohlhammer.

Theunissen, G. & Sagrauske, M. (2019): Pädagogik bei Autismus. Eine Einführung. Stuttgart: Kohlhammer.

Tolou, M., Bachmann, C. J., Höfer, J., Küpper, C., Stroth, S., Wolff, N., Poustka, L., Roessner, V., Kamp-Becker, I., Hoffmann, F. & Roepke, F. (2022): How Do Adults with Autism Spectrum Disorder Participate in the Labor Market? A German Multi-center Survey. Journal of Autism and Developmental Disorders, 52, 1066–1076. Online verfügbar unter: https://doi.org/10.1007/s10803-021-05008-6, Zugriff am 24.06.2023.

Vollmer, K. & Frohnenberg, C. (2017): Nachteilsausgleich für behinderte Auszubildende. Handbuch für die Ausbildungs- und Prüfungspraxis. Bielefeld: wbv.

Wagner, L. (2018): Der Junge, der zu viel fühlte. Wie ein weltbekannter Hirnforscher und sein Sohn unser Bild von Autisten für immer verändern. München: Europa.

18 Praxis der Teilhabe an Beruf und Arbeit – bestehende Chancen und weitere Bedarfe

Hans-Walter Kranert

Die berufsförmige Gestaltung von Erwerbsarbeit (▶ Kap. 1) induziert eine biografische Reihung von (1) Schulabschluss, (2) Berufsabschluss, (3) Erwerbstätigkeit und damit eine normative Vorstellung der Berufs- und Erwerbsbiografie (vgl. Georg & Sattel 2020). Konsequenz dieser »Schwellenlogik« ist die Frage nach der individuellen Berufswahl, die inzwischen jedoch nicht mehr auf die Schulabgangszeit begrenzt ist; vielmehr wird diese »als lebenslanger Prozess der Annäherung und Abstimmung zwischen Interessen, Wünschen, Wissen und Können des Individuums auf der einen und Möglichkeiten, Bedarf und Anforderungen der Arbeits- und Berufswelt auf der anderen Seite« verstanden (Brüggemann & Rahn 2020, 13). Dabei bleibt offen, wieviel Deutungs- und Entscheidungshoheit den beiden Seiten jeweils zugewiesen wird – vor allem vor dem Hintergrund von Benachteiligungen und/oder Beeinträchtigungen.

Korrespondierend zur Schwellenlogik zeigt die Kultusministerkonferenz (2017) mit ihrer »Dokumentation zur Beruflichen Orientierung an allgemeinbildenden Schulen« eindrücklich auf, dass in allen 16 Bundesländern und hier in allen relevanten Schularten der Sekundarstufe I die Aufgabe der Berufswahlvorbereitung implementiert und mit Praxisreflexionen unterlegt ist. Somit werden von diesem Angebot grundsätzlich alle Schüler*innen, auch diejenigen mit sonderpädagogischem Förderbedarf, erreicht. Die vorstehenden Beiträge zu den einzelnen sonderpädagogischen Förderschwerpunkten belegen jedoch eindrücklich, dass die Teilhabeoptionen der jungen Menschen an dieser ersten Schwelle nach wie vor Begrenzungen unterliegen. So führen etwa die Visibilität der Beeinträchtigung wie auch der (nicht) erreichte Schulabschluss an separierenden Lernorten unter Umständen zu Stigmatisierungsprozessen, die zu Fehleinschätzungen der potenziellen beruflichen Leistungsfähigkeit führen können. In anderen Konstellationen führen familiale Aspekte – sozioökonomische Faktoren, soziale Netzwerke und/oder individuelle Bildungsaspirationen – zu beeinträchtigenden Konstellationen am Übergang Schule – Beruf, die offensichtlich noch unzureichend durch Dritte kompensiert werden können. Als »gemeinsames« Phänomen der »Besonderung« ergeben sich daraus für junge Menschen mit sonderpädagogischen Förderbedarfen häufiger und intensiver gravierendere Verunsicherungen im Übergang, die mit einem Brucherleben, mit Verzögerungen und /oder Verlängerungen des beruflichen Einstiegs einhergehen (Autorengruppe 2020, 164 ff.). Auch ist die geforderte Berufswahl tendenziell weniger ein selbstverantworteter Annäherungs- und Abstimmungsprozess als vielmehr eine Wahl zwischen vorgegebenen Berufsoptionen, deren Wege zur Zielerreichung zudem häufig vorstrukturiert sind. Der Grad der Fremdbestimmung in diesem Prozess dürfte – auch aufgrund der Inanspruchnahme sozialrechtlicher Unterstützungsleistungen – vergleichsweise höher sein (vgl. BMAS 2021, 157 ff.).

Eben jene Unterstützungsmaßnahmen sind äußerst vielfältig und werden auch zielgruppenspezifisch ausgebracht (Tophoven 2020). Damit findet sich eine Fortsetzung der Förderlogik aus dem schulischen Kontext (sonderpädagogischer Förderbedarf) im Bereich der Berufsbildung (Biermann 2008, 132 ff.), wenn auch mittels eines anderen Kategoriensystem – Benachteiligung (förderberechtigte junge Menschen; §§ 52, 74, 76, SGB III) oder Behinderung (Rehabiltand*innen; § 19, SGB III). In jedem Fall avisieren die ausgebrachten Leistungen das Erreichen einer individuellen Beschäftigungsfähigkeit und sind damit wiederum einer spezifischen Verwertungslogik unterworfen (§ 1, SGB III); Berufliche Bildung als Rechtsanspruch für alle Personen ist daher nicht im Fokus. Dadurch reicht die Spanne erreichbarer Beruflichkeit von keiner solchen über Teilqualifikationen und anerkannte Ausbildungsberufe (einschließlich der besonderen Berufe bei Rehabilitationsbedarf) bis hin zu Hochschulabschlüssen.

Dass die Logik des Erreichens einer individuellen Beschäftigungsfähigkeit über einen Berufsabschluss nicht greift, zeigt der Blick in das Erwerbsleben. So ist die Arbeitsmarktbeteiligung der hier fokussierten Zielgruppen durch unterschiedliche Facetten gekennzeichnet; diese reichen von Unterbeschäftigung über prekäre Arbeitsverhältnisse bis hin zu einem Leben ohne Erwerbsarbeit. Erforderliche Hilfestellungen werden systematisch und umfänglich vornehmlich für die Personengruppe der Menschen mit Behinderung im sozialrechtlichen Sinne ausgebracht; dadurch wird einer Teilgruppe der jungen Menschen mit vorangegangenem sonderpädagogischen Förderbedarf der Zugang zu eben diesen – im Einzelfall notwendigen – Unterstützungsleistungen verwehrt (vgl. Bojanowski et al. 2013). Insgesamt zeigt sich jedoch als Querlage in den Förderschwerpunkten, dass es kaum verlässliche Daten über die Situation ehemaliger Schüler*innen im späteren Erwerbsleben gibt. Lediglich über den Grad der Behinderung (SGB IX) lassen sich Rückschlüsse auf das Berufs- und Arbeitsleben ziehen, was jedoch nur zum Teil deckungsgleich mit dem schulisch verorteten, sonderpädagogischen Förderbedarf ist (vgl. Aktion Mensch 2023).

Wie kann demzufolge ein Mehr an Teilhabe für die hier betrachteten Zielgruppen im Lebensfeld Beruf und Arbeit erreicht werden? Hierfür lassen sich – je nach sonderpädagogischem Förderschwerpunkt unterschiedlich – relevante Ansatzpunkte identifizieren. So ist etwa für eine Teilgruppe primär bedeutsam, das System Familie zu adressieren und hier kompensatorische und/oder ergänzende Hilfestellungen anzubieten, um den sich nach wie vor manifestierenden Bildungsbenachteiligungen aufgrund familiärer Herkunft möglichst frühzeitig in der Bildungsbiografie, spätestens jedoch in der Sekundarstufe II zu begegnen. Hier können Beratungs-, Begleitungs-, aber auch Mentoringangebote unterstützend wirken, die auch auf betrieblicher Ebene sowie der Ebene der jungen Menschen selbst zu erweitern wären; dabei sind vor allem auch Formen der peer-to-peer-Unterstützung mitzudenken. In der sozialrechtlichen Leistungslogik wären auf Seiten des Leistungsträgers Unterstützungsleistungen stärker personzentriert denn – wie bisher dominierend – maßnahme- und/oder zielgruppenorientiert auszurichten. Ein ergänzendes phasen- und schwellenübergreifendes Begleit- und Case Management-

Angebot wäre hier wünschenswert (vgl. Heinrichs et al. 2024). Dabei gilt es das über das Sozialrecht bereits fixierte Wunsch- und Wahlrecht des Einzelnen (§ 8 SGBIX) auch tatsächlich zu priorisieren – aber eben auch für die Personengruppen jenseits der Kategorie Behinderung. Hinsichtlich des Verständnisses von Arbeit und hier der normativen Setzung von Erwerbsarbeit als einziger und primär anzustrebender Form von Arbeit gewinnt ein weit gefasster Begriff von Arbeit und Tätigsein an Bedeutung, wie ihn etwa Huisinga und Lisop (1999, 17) charakterisieren. Ein derart erweitertes Verständnis von Arbeit, welches die Aspekte labour (Arbeit gegen Entgelt) und work (alle anderen Formen wie etwa Erziehungsarbeit oder ehrenamtliches Engagement) integriert (vgl. Standing 2014), würde zugleich die sozialrechtliche Fixierung der Leistungsgewährung auf Beschäftigungsfähigkeit (SGB III) oder Erwerbsfähigkeit (SGB IX) lösen. Diese impliziert nämlich eine stark personorientierte Verantwortung – im Sinne eines einseitigen Anpassungs- und Entwicklungsprozesses des Einzelnen, andererseits führt diese zwangsweise immer zu einem Scheitern eines Teils der jungen Menschen an der Norm der Erwerbsarbeit.

Wer kann jedoch derartige Entwicklungen anstoßen und/oder voranbringen? Historisch betrachtet wäre hierzu vor allem die Heil- und Sonderpädagogik als spezialisierte pädagogische Disziplin prädestiniert (vgl. Kranert & Stein 2024). Hierfür müsste sich diese nicht nur theoriebasierte, sondern auch praktisch ausgerichtete Pädagogik einer inhaltlichen Weiterentwicklung in dreierlei Hinsicht verpflichten:

1. Zunächst müsste die Sonderpädagogik ihre vorherrschende schulische Fokussierung auf die nachschulische und biografisch erheblich länger dauernde Phase des Erwachsenseins erweitern, und hier nehmen Fragen der beruflichen und arbeitsbezogenen Teilhabe eine besondere Rolle ein. Das bedeutet konkret, dass es darum ginge, zunächst das Erkenntnisinteresse darauf zu richten, was mit ehemaligen Schüler*innen mit sonderpädagogischem Förderbedarf nach der Schule »geschieht«: Welche Berufswege schlagen sie ein, wie können sie schulisch Erlerntes zu ihrer Lebensgestaltung nutzen, wie gestaltet sich ihre gesellschaftliche Teilhabe (vgl. Hiller 1999)? Ganz grundsätzlich müsste die Sonderpädagogik das Feld dieses Überganges und den Einstieg in Teilhabe an Beruflicher Bildung und Arbeit deutlich stärker in den Blick nehmen und ihre Theorieentwicklung sowie empirische Forschung hierzu vorantreiben.
2. Über viele Jahrzehnte wurden und werden aus der Sonderpädagogik für die schulische Praxis Handlungskonzepte in Verbindung mit intensiven Verstehensprozessen entwickelt; diese Expertise gilt es in das Lebensfeld Beruf und Arbeit einzuspeisen und gemeinsam mit den hier relevanten pädagogischen Bezugsdisziplinen Berufs- und Wirtschaftpädagogik wie auch Arbeitspädagogik weiterzuentwickeln. Der entsprechende Diskurs ist bislang ausgesprochen gering ausgeprägt und müsste konstruktiv geführt werden, um Handlungskonzepte weiter und neu zu entwickeln (vgl. Burda-Zoyke, Kranert & Stein 2018).
3. Dabei wäre neben der der für die Sonderpädagogik genuinen Wahrnehmung einer advokatorischen Aufgabe – zumindest temporär und bei entsprechender Mandatierung – vor allem auch die Ermächtigung der jungen Menschen selbst konsequent zu verfolgen, in Verbindung mit einem Disempowerment der Pro-

fessionellen sowie einer veränderten Bestimmung ihrer Rolle – ein durchaus nicht einfacher Entwicklungsweg für ein pädagogisches Professionsverständnis im Kontext des Erwachsenenalters (vgl. Theunissen & Schwalb 2012, 35). Diese Perspektiverweiterung ist in den verschiedenen sonderpädagogischen Subdisziplinen in unterschiedlichem Maße bereits vollzogen oder zumindest angedacht, wäre aber übergreifend und umfassend notwendig, um ein Mehr an Teilhabe (an Beruf und Arbeit) für den Einzelnen zu ermöglichen.

Unterhalb der Ebene dieser drei Herausforderungen treten weitere thematische Brennpunkte bei der praktischen Ausgestaltung von Teilhabe in den Vordergrund. Infrage steht etwa die Übergangsgestaltung der »abgebenden« Schulen: Wie gestalten sie für eine zunehmend diverse Schülerschaft den Übergang und vermeiden »Einbahnstraßen«, etwa die »klassische« von der Schule im Förderschwerpunkt geistige Entwicklung in Werkstätten für Menschen mit Behinderungen? Im Hinblick auf eine diverse Schülerschaft begründen auch zunehmende Quoten einer »inklusiven« Beschulung an allgemeine Schulen die Notwendigkeit, ihre Konzepte und Angebote für die letzten Jahrgangsstufen weiterzuentwickeln und stärker auch auf eine heterogene Gruppe von Schülern mit unterschiedlichen Förderbedarfen auszurichten; spezielle Schulen hingegen werden angesichts der sich analog vollziehenden »Verdichtung« ihrer Schülerschaft parallel daran gehen müssen, ihre bisherigen Konzepte auf den Prüfstand zu stellen und weiterzuentwickeln. Von der anderen Seite her gilt es, die vielfältige Angebote aus der nachschulischen Phase, die in Schulen hineinreichen, zu evaluieren und weiterzuentwickeln: die Beratungsaufgaben der Agentur für Arbeit, Konzepte wie die Berufseinstiegsbegleitung oder auch solche für schulmüde Jugendliche (z. B. Produktionsschulen). Hier ginge es auch darum, gemeinsam mit Schulen individuell passbare nachschulische Einstiegspfade zu generieren und einzufädeln: »Bildungswege« (train and place) wie auch »Arbeitswege« (place and train). Unterhalb sowie auch jenseits der klassischen sozialrechtlichen Drei-Gruppen-Teilung (keine Unterstützungsbedarfe, höhere Unterstützungsbedarfe im Kontext der Benachteiligtenförderung sowie hohe Bedarfe im Rahmen Beruflicher Rehabilitation) müssten multiple passgenaue Angebote diversifiziert werden.

Literatur

Aktion Mensch e.V. (Hrsg.) (2023): Inklusionsbarometer Arbeit. Bonn: Aktion Mensch e.V.
Autorengruppe Bildungsberichterstattung (2020): Bildung in Deutschland. Bielefeld: wbv.
Bojanowski, A., Koch, M., Ratschinski, G. & Steuber, A. (Hrsg.) (2013): Einführung in die berufliche Förderpädagogik: Pädagogische Basics zum Verständnis benachteiligter Jugendlicher. Münster: Waxmann.
Brüggemann, T. & Rahn, S. (2020): Zur Einführung in die 2., vollständig überarbeitete und erweiterte Auflage: Der Übergang Schule – Beruf als gesellschaftliche Herausforderung und professionelles Handlungsfeld. In T. Brüggemann & S. Rahn, S. (Hrsg.), Berufsorientierung (S. 11–24). Münster: Waxmann.
Bundesministerium für Arbeit und Soziales (Hrsg.) (2021): Dritter Teilhabebericht der Bundesregierung über die Lebenslagen von Menschen mit Beeinträchtigungen. Teilhabe – Beeinträchtigung – Behinderung. Bonn: BMAS.

Burda-Zoyke, A., Kranert, H.-W. & Stein, R. (2018): Inklusion an beruflichen Schulen – Berufs- und Wirtschaftspädagogik meets Sonderpädagogik. In: A. Langner (Hrsg.), Inklusion im Dialog: Fachdidaktik – Erziehungswissenschaft – Sonderpädagogik (S. 301–308). Bad Heilbrunn: Klinkhardt.

Georg, W. & Sattel, U. (2020): Berufliche Bildung, Arbeitsmarkt und Beschäftigung. In: R. Arnold, A. Lipsmeier & M. Rohs (Hrsg.), Handbuch der Berufsbildung (S. 220–232). Wiesbaden: VS.

Heinrichs, K., Forster-Heinzer, S., Kranert, H.-W., Joho, C., Stein, S. & Buchegger-Traxler, A. (2024): Angebote zur Stärkung der Transitionskompetenz im Übergang Schule – Beruf – ein Vergleich der Länder Deutschland, Österreich und Schweiz. In G. Quenzel & K. Hurrelmann (Hrsg.): Handbuch Bildungsarmut (In Vorbereitung). Wiesbaden: Springer VS.

Hiller, G. (1999): Karrieremuster junger Männer mit geringem Schulerfolg im Bereich Ausbildung und Beschäftigung in den ersten sechs Jahren nach Ihrer Entlassung aus allgemeinbildenden Schulen. In: T. Hofsäss (Hrsg.), Jugend – Arbeit – Bildung (S. 113–148). Berlin: VWB

Huisinga, R. & Lisop, I. (1999): Wirtschaftspädagogik: ein interdisziplinär orientiertes Lehrbuch. München: Vahlen.

Kranert, H.-W. & Stein, R. (2024): Berufsbildungswerke als Orte der beruflichen Rehabilitation – historische Einordnung und aktuelle Konstitution. In: M. Weiser & M. Holler (Hrsg.), Berufsbildungswerke (S. 20–45). Weinheim: Beltz Juventa.

Sekretariat der Ständigen Konferenz der Kultusminister der Länder in der Bundesrepublik Deutschland (2017): Dokumentation zur Beruflichen Orientierung an allgemeinbildenden Schulen (Beschluss der Kultusministerkonferenz vom 07.12.2017).

Standing, G. (2014): Understanding the precariat through labour and work. Development and change, 45(5), 963–980.

Theunissen, G. & Schwalb, H. (2012); Von der Integration zur Inklusion im Sinne von Empowerment. In: G. Theunissen, G. & H. Schwalb (Hrsg.), Inklusion, Partizipation und Empowerment in der Behindertenarbeit (S. 11–38). Stuttgart: Kohlhammer.

Tophoven, S. (2020): Junge Menschen mit Behinderungen: Ersteingliederung in den Arbeitsmarkt durch Leistungen zur Teilhabe am Arbeitsleben. In: A. Rauch & S. Tophoven (Hrsg.), Grundwissen Soziale Arbeit. Integration in den Arbeitsmarkt: Teilhabe von Menschen mit Förder- und Unterstützungsbedarf (S. 45–63). Stuttgart: Kohlhammer.

Perspektiven für einen chancengerechten Arbeitsmarkt – ein Fazit

Hans-Walter Kranert & Roland Stein

Ein genuin inklusiv ausgerichteter Erwerbsarbeitsmarkt war, ist und wird voraussichtlich in Zukunft unter den aktuell vorzufindenden Bedingungen ebenso sein: eine Utopie. Dies basiert auf verschiedenen Faktoren: So ist der Erwerbsarbeitsmarkt in der (sozialen) Marktwirtschaft durch das Austauschprinzip von Lohn und Leistung charakterisiert. Dieser Grundsatz führt zu einem Ungleichheitserleben unter den Beschäftigten, das in den Dimensionen des Zugangs und der Allokation, der Wahlmöglichkeiten und -freiheiten, der Beschäftigungssicherheit sowie auch der materiellen und immateriellen Gratifikation zum Ausdruck kommt. Mögliche relevante Faktoren hierfür sind neben der individuellen Leistungsfähigkeit auch die Bildungsbiografie, das verfügbare soziale Netzwerk, der kulturelle bzw. der ethnische Hintergrund sowie auch das Geschlecht. Dies bedingt beispielsweise die Annahme eines vertikalen Modells des Arbeitsmarktes mit drei Zonen der sozialen Sicherung: Integration, Prekarität und Entkoppelung (Köhler & Weingärtner 2018). Während Beschäftigungsverhältnisse in der erstgenannten Zone als sicher gelten, trifft solches für die zweite Zone nicht zu – und den »Entkoppelten« ist der Zugang zum Arbeitsmarkt und damit auch zu sozialer Teilhabe in diesem Feld weitgehend verwehrt. Des Weiteren ist der Erwerbsarbeitsmarkt im Wesentlichen – abgesehen vom öffentlichen Sektor – privatwirtschaftlich organisiert. Dies führt zu einer autonomen und erwerbswirtschaftlich ausgerichteten Handlungslogik der Betriebe (Gutenberg 1983, 45), die durch gesetzliche Rahmungen (wie etwa Beschäftigungspflicht) oder monetäre Anreize (etwa Lohnkostenzuschüsse) nur bedingt zu Gunsten bestimmter Beschäftigungsgruppen beeinflussbar ist. Somit finden seit jeher nicht alle Menschen Zugang zum Arbeitsmarkt – und wenn, dann in unterschiedlichem Umfang. Erschwerend bewirkt die »Erosion des Normalarbeitsverhältnisses« eine Verstärkung von prekären bzw. unsicheren Beschäftigungsverhältnissen.

Was wäre jedoch erforderlich, um einen stärker inklusiven Prozess am Arbeitsmarkt anzustoßen? Mögliche »Prüfkriterien« hierfür sind neben der grundsätzlichen Zugehörigkeit aller vor allem die Idee einer gemeinsam geteilten Zielsetzung und einer prinzipiellen Anerkennung des Anderen (Felder 2017).

> »Einerseits dient Arbeit und der damit erworbene Verdienst dem Erwerb und Erhalt einer gesellschaftlichen Stellung, es sichert gesellschaftliches Prestige ab. Als arbeitstätige Person ist man darüber hinaus ins Wirtschaftsleben integriert (…). Andererseits ist Arbeit und die Zugehörigkeit zu konkreten Arbeitsgemeinschaften auch eine wichtige Quelle sozialer, zwischenmenschlicher Anerkennung und gemeinschaftlicher Zugehörigkeit« (ebd., 106).

Hierfür bedarf es individueller Chancen, sich derart in einen Arbeitsmarkt einbringen zu können wie auch zu dürfen – eine »Doppelstrategie« (Rieken et al. 2017) ist erforderlich, um eine *Teilhabe* aller zu ermöglichen. Teilhabe ist dabei mehrperspektivisch zu betrachten: Zum einen erfordert dies von der einzelnen Person den Wunsch und auch die Bereitschaft, sich zu entwickeln und sich in die Arbeitswelt aktiv einzubringen – also teilzunehmen. Andererseits sind die Betriebe gefordert, sich gedanklich wie auch realiter zu öffnen, um einzelne Personen in ihrer jeweiligen Vielfalt zu akzeptieren – also ein Teil-Sein zu ermöglichen. Für eine »gleichberechtigte und inklusive Teilhabe« sind daher beide Perspektiven in den Blick zu nehmen, und sie müssten doppelseitig wirksam werden (Kardoff 2014, 10). Konkret bedeutet dies einerseits die Befähigung aller für den Lebensbereich Arbeit über Prozesse beruflicher Bildung, welche grundlegend als Menschenrecht anzusehen und damit als unteilbar zu verorten wäre: analog einer allgemeinen Grundbildung. Dies erfordert zugleich eine breitere Palette von Angeboten auf unterschiedlichen Niveaustufen beruflicher Bildung, die aber auch zertifiziert werden müssen, zugleich ohne die Existenz anerkannter beruflicher Bildungsgänge zu gefährden. Daran anknüpfend wären berufliche Bildungsprozesse hierfür »bottom-up« zu konzipieren (Kranert 2020). Dies bedeutet, im Sinne von Teilhabegerechtigkeit nach Nussbaum (2010) eine verbindliche »baseline« in der beruflichen Bildung für alle zu definieren; darauf würden dann diversifizierende Bildungsgänge aufbauen (Lindmeier 2012). Andererseits sind Betriebe gefordert, Flexibilisierungen in den Beschäftigungsformen anzubieten, um eine Option auf Teil-Sein zu eröffnen; teilweise wird allerdings auch gefordert, »aktiv in die ›Freiheit‹ marktwirtschaftlicher Arbeitsweltstrukturen einzugreifen« (Trenk-Hinterberger 2016, 126). Dies dürfte allerdings weniger erfolgreich sein, wie bisherige Bemühungen in diese Richtung andeuten (vgl. Hiesinger & Kubis 2022). Demgegenüber scheinen soziale Arbeitsmarktmodelle mit individuellen Begleitungsstrukturen erheblich zielführender, wie sie etwa das Spektrum der im SGB II fundierten Regelungen und Maßnahmen eröffnet.

Trotz all dieser Bemühungen wird – wie auch bisher – nicht allen Menschen der Zugang zu einem derart veränderten Arbeitsmarkt auf Zeit oder auch auf Dauer gelingen. Jedoch gehört neben Wohnen und Leben auch Arbeiten zu den menschlichen Grundbedarfen (▶ Kap. 1). Von daher gilt es Beschäftigungs- und Tätigkeitsmodelle (weiter-) zu entwickeln, welche die psychosozialen Funktionen von Arbeit zumindest in Teilen abbilden und zugleich Chancen auf prinzipielle Zugehörigkeit eröffnen. Unterstützend würde hierfür eine Erweiterung des gesellschaftlichen Arbeitsbegriffs wirken, so dass neben Erwerbsarbeit (»labour«) auch andere Formen von Arbeit (»work«) angestrebt und ausgeführt werden könnten. Dies bedingt zwei Voraussetzungen: zum einen, dass sie von den tätigen Menschen als befriedigend und erfüllend erlebt werden – und zum anderen, dass sie im Sinne eines weiten Verständnisses von Arbeit auch mehr Anerkennung in der Bevölkerung erfahren. Über diese Wege wären zentrale Fortschritte hin zu einem chancengerechteren Arbeitsmarkt möglich.

Literatur

Bundesministerium für Arbeit und Soziales (Hrsg.) (2021): Dritter Teilhabebericht der Bundesregierung über die Lebenslagen von Menschen mit Beeinträchtigungen. Teilhabe – Beeinträchtigung – Behinderung. Bonn: BMAS.

Felder, F. (2017): Inklusion und Arbeit. Was steht auf dem Spiel? In: C. Misselhorn & H. Behrendt (Hrsg.), Arbeit, Gerechtigkeit und Inklusion. Stuttgart: Metzler, 229–238.

Gottschall, K. (2018): Arbeit, Beschäftigung und Arbeitsmarkt aus der Genderperspektive. In: F. Böhle, G. Voß, G. Wachtler (Hrsg.), Handbuch Arbeitssoziologie. Band 2: Akteure und Institutionen. Wiesbaden: VS, 361–396.

Gröschke, D. (2011): Arbeit. Behinderung. Teilhabe. Bad Heilbrunn: Klinkhardt.

Gutenberg, E. (1983): Grundlagen der Betriebswirtschaftslehre/1: Die Produktion. Berlin: Springer.

Hiesinger, K. & Kubis, A. (2022): Betrieben liegen oftmals zu wenige passende Bewerbungen vor. IAB-Kurzbericht 11/2022.

Köhler, C. & Weingärtner, S. (2018): Betriebliche Beschäftigungssysteme. In: F. Böhle, G. Voß & G. Wachtler (Hrsg.), Handbuch Arbeitssoziologie. Band 1: Arbeit, Strukturen und Prozess (S. 537–577). Wiesbaden.

Kranert, H.-W. (2020): Berufliche Bildung in Werkstätten – eine kritische Bestandsaufnahme in Zeiten der Inklusion. In: J. Walter & D. Basener (Hrsg.), Weiter entwickeln – aber wie? Beiträge zur beruflichen Teilhabe von Menschen mit Behinderung (S. 79–85). Kassel: 53 Grad Nord.

Kronauer, M. (2017): Arbeit, Exklusion und Ungerechtigkeit. In: C. Misselhorn & H. Behrendt (Hrsg.), Arbeit, Gerechtigkeit und Inklusion (S. 229–238). Stuttgart: Metzler.

Kronauer, M. (2018): Erwerbsarbeit zwischen Inklusion und Exklusion. In: G. Wansing, F. Welti & Schäfers, M. (Hrsg.), Das Recht auf Arbeit für Menschen mit Behinderungen. Internationale Perspektiven (S. 131–144). Baden-Baden: Nomos.

Lindmeier, C. (2011): Inklusion und Bildungsgerechtigkeit. In: B. Lütje-Klose, M.-T. Langer, B. Serke & M. Urban (Hrsg.), Inklusion in Bildungsinstitutionen (S. 21–36). Bad Heilbrunn: Klinkhardt.

Nussbaum, M. C. (2010): Die Grenzen der Gerechtigkeit: Behinderung, Nationalität und Spezieszugehörigkeit. Berlin: Suhrkamp.

Riecken, A., Eikötter, M. & Jöns-Schnieder, K. (2017a): Berufliche Inklusion: Einführung in die Thematik. In: A. Riecken, K. Jöns-Schnieder & M. Eikötter (Hrsg.), Berufliche Inklusion (S. 71–116). Weinheim Beltz.

Riecken, A., Jöns-Schnieder, K. & Walk, M. (2017b): Inklusion in Unternehmen – Status Quo und Quo Vadis. In: A. Riecken, A., K. Jöns-Schnieder & M. Eikötter (Hrsg.), Berufliche Inklusion (S. 7–17). Weinheim Beltz.

Ritz, H.-G. (2015): Teilhabe von Menschen mit wesentlichen Behinderungen am Arbeitsmarkt. Friedrich-Ebert-Stiftung: WiSo Diskurs.

Schmierl, K. (2018): Lohn und Leistung. In: F. Böhle, G. Voß & G. Wachtler (Hrsg.), Handbuch Arbeitssoziologie. Band1: Arbeit, Strukturen und Prozess (S. 505–536). Wiesbaden: VS.

Trenk-Hinterberger, P. (2016): UN-BRK und Teilhabe am Arbeitsleben. In: B. Küstermann & M. Eikötter (Hrsg.), Rechtliche Aspekte inklusiver Bildung und Arbeit (S. 105–133). Weinheim: Juventa.

York, J & Jochmaring, J. (2022): Dilemmata einer inklusiven Arbeitswelt. Menschen mit Behinderung zwischen Sondersystemen und Gestaltungschancen einer Arbeitswelt 4.0?! In: B. Schimek et al. (Hrsg.), Grenzen. Gänge. Zwischen. Welten. Kontroversen – Entwicklungen – Perspektiven der Inklusionsforschung (S. 84–91). Bad Heilbrunn: Klinkhardt.

Verzeichnisse

Verzeichnis der Autorinnen und Autoren

Becka, Michelle, Univ.-Prof. Dr., Julius-Maximilians-Universität Würzburg, Professur für Christliche Sozialethik

Buchmann, Ulrike, Univ.-Prof. Dr., Universität Siegen, Berufs- und Wirtschaftspädagogik

Capovilla, Dino, Univ.-Prof. Dr., Julius-Maximilians-Universität Würzburg, Lehrstuhl für Pädagogik bei Sehbeeinträchtigungen einschließlich inklusiver Pädagogik

Ebert, Harald, Dr., Don Bosco Berufsschule Würzburg, Schulleiter

Enggruber, Ruth, Prof. Dr., Hochschule Düsseldorf, Seniorprofessur für Erziehungswissenschaften, insbesondere Sozialpädagogik im Fachbereich Sozial- und Kulturwissenschaften

Köpcke, Jessica Lilli, Prof. Dr., Medical School Berlin, Professur für Heilpädagogik

Kranert, Hans-Walter, Don Bosco Berufsschule Würzburg

Leonhardt, Annette, Univ.-Prof. Dr., Ludwig-Maximilians-Universität München, Institut für Präventions-, Inklusions- und Rehabilitationsforschung

Lindmeier, Christian, Univ.-Prof. Dr., Martin-Luther-Universität Halle-Wittenberg, Pädagogik bei kognitiver Beeinträchtigung und Pädagogik im Autismus-Spektrum

Morfeld, Matthias, Prof. Dr., Hochschule Magdeburg-Stendal, System der Rehabilitation

Nebe, Katja, Univ.-Prof. Dr., Martin-Luther-Universität Halle-Wittenberg, Lehrstuhl für bürgerliches Recht, Arbeitsrecht, Recht der Sozialen Sicherheit

Sallat, Stephan, Univ.-Prof. Dr., Martin-Luther-Universität Halle-Wittenberg, Pädagogik bei Sprach- und Kommunikationsstörungen

Schellenberg, Claudia, Prof. Dr., Interkantonale Hochschule für Heilpädagogik Zürich, berufliche Integration von Jugendlichen mit besonderen pädagogischen Bedürfnissen

Schipp, Carina, Martin-Luther-Universität Halle-Wittenberg, Pädagogik im Autismus-Spektrum

Schmidt, Kristina, Dr., Institut für Sozial- und Organisationspädagogik, Universität Hildesheim

Schreiner, Mario, Prof. Dr., Hochschule für Technik und Wirtschaft des Saarlandes, Soziale Arbeit und Inklusion

Sijp, Andrea, Julius-Maximilians-Universität Würzburg, Lehrstuhl für Pädagogik bei Sehbeeinträchtigungen einschließlich inklusiver Pädagogik

Stein, Roland, Univ.-Prof. Dr., Julius-Maximilians-Universität Würzburg, Lehrstuhl für Pädagogik bei Verhaltensstörungen

Theisel, Anja, PD Dr., Seminar für Aus- und Fortbildung der Lehrkräfte in Heidelberg

Thielen, Mac, Univ.-Prof. Dr., Leibniz-Universität Hannover, Pädagogik der Teilhabe an beruflichen Übergängen

Walter-Klose, Christian, Univ.-Prof. Dr., Universität zu Köln, Lehrstuhl für Beratung in sonderpädagogischen und inklusiven Arbeitsfeldern

Weiland, Belinda, Martin-Luther-Universität Halle-Wittenberg, Lehrstuhl für bürgerliches Recht, Arbeitsrecht, Recht der Sozialen Sicherheit